LES CORPS-FRANCS 39-40

Du même auteur

La Maison de Curières de Castelnau. Lamant et Christmann, 1975. Ouvrage couronné par l'Académie française (Prix Henri-Martin 1976).

Histoire des princes de Lobkowicz. Berger-Levrault, 1977.

Dictionnaire de la noblesse russe. Contrepoint, 1979.

Commandos d'Afrique. Presses de la Cité, 1980. Prix Raymond-Poincaré 1980.

De la Cour à l'Exil. Nouvelles Editions Latines, 1981. Ouvrage couronné par l'Académie française (Prix Thérouanne 1982).

PATRICK DE GMELINE

LES CORPS-FRANCS 39-40

Collection « Troupes de choc » dirigée par Jeannine BALLAND

Presses de la Cité
Paris

Dans la même collection :

La Légion au combat, Erwan Bergot.
Commando de chasse, Jean Mabire.
Paras de la France Libre, colonel Roger Flamand.
Corsaires en béret vert, René Bail.
Bataillon Bigeard, Erwan Bergot.
Ier Bataillon de choc, Raymond Muelle.
G.M. 100, Jean-Pierre Bernier.
La Légion saute sur Kolwezi, Pierre Sergent.
Les Cadets de la France Libre, Erwan Bergot.
Les Panzers de la Garde Noire, Jean Mabire.
La Bataille des Ardennes, Michel Hérubel.
Les 170 jours de Diên Biên Phu, Erwan Bergot (couronné par l'Académie française).
Normandie-Niémen, Yves Courrière.
La 2e D.B., Erwan Bergot.
Commandos d'Afrique, de l'île d'Elbe au Danube, Patrick de Gmeline. (Prix Raymond Poincaré.)
Panzers en Afrique, Jean-Marie Fitère.
La Guerre des Appelés en Algérie, 1956-1962, Erwan Bergot.
Les Bombardiers de la France Libre, François Broche.
Les Paras du matin rouge, Jean Mabire.
Le Corps expéditionnaire français en Italie, Jacques Rochichon.
La Bataille des Convois de Mourmansk (1941-1945), J.-J. Antier.
Les Sous-Marins de la France Libre, Maurice Pasquelot. (Prix Raymond Poincaré.)
Bataillon R.A.S. — Algérie —, Jean Pouget.
Paras-Légion. Le 2e B.E.P., Pierre Sergent.
La Coloniale — du Rif au Tchad, 1925-1980 —, Erwan Bergot.
Les Hélicos du Djebel — Algérie, 1955-1962, Marc Flament.
Les Chasseurs de la R.A.F. dans la bataille d'Angleterre, juillet-septembre 1940, Jean Bourdier.
La Crète, tombeau des paras allemands, Jean Mabire.
Le Commando du 6 juin. N° 4 Commando, Raymond La Sierra.
La Bataille de Malte, Jean-Jacques Antier.
Bataillon de Corée, Erwan Bergot.

ISBN 2-258-01250-3

Pour mon père
né à Saint-Pétersbourg en 1911
combattant de l'Armée
française en 1939/40

AVERTISSEMENT

Pour l'historien qui s'aventure, sans préjugés, dans une étude de la « drôle de guerre », de septembre 1939 à avril 1940, une évidence s'impose. Les seules unités qui menèrent combat durant toute cette période, en avant des « avant-postes », à l'est de la ligne Maginot comme dans les Ardennes, et de façon plus générale, de Mulhouse à Dunkerque, furent sans conteste les corps-francs. Leurs opérations furent l'unique substance des communiqués de la presse quotidienne avide d'événements que ne favorisait pas un front statique. Un grand nombre des citations de cette époque et de mai-juin 1940 furent attribuées à leurs volontaires qui constituèrent dans une large part l'héroïque cohorte des quelque 124 000 morts que l'Armée française, on ne le souligne pas assez, laissa sur les champs de bataille.

Et pourtant, en dépit de l'immense matière potentielle, tenter aujourd'hui d'écrire l'histoire de ces unités d'élite équivaut à s'aventurer dans un désert où ne poussent, ici ou là, que de maigres buissons sans lien entre eux, peuplé de rares survivants dont, après plus de quarante ans la mémoire s'effiloche, quand elle ne se refuse pas à évoquer une période marquée par la défaite. La plus grande partie des documents a disparu, détruite sur ordre en juin 1940 alors que les unités qui avaient constitué des corps-francs étaient emmenées en captivité en Allemagne.

Rares sont donc les sources écrites officielles ; si l'on excepte les récits reconstitués *a posteriori*, et il est presque impossible de dresser une liste exhaustive de ces corps-francs, si l'on tient pour certain que la plupart des régiments de première ligne, parfois même des bataillons, voire des brigades ou des divisions, en formèrent. Ces unités d'élite, le plus souvent composées de volontaires accrocheurs, combatifs, décidés, menèrent un style de guerre analogue, patrouilles, embuscades, coups de main.

C'est pourquoi, dans les pages qui suivent, à travers les aventures authentiques de quelques-uns de ces corps-francs, choisis parmi ceux sur lesquels il a été possible de retrouver témoignages et documents, l'auteur a tenté de retracer le type de combats qu'elles menèrent, l'atmosphère bien particulière qui fut la leur, le caractère singulier de ceux qui les composèrent.

Tous les faits, dates et lieux sont exacts ; la plupart des noms le sont aussi, à l'exception de ceux que, pour des raisons précises, l'auteur a choisi de dissimuler sous des pseudonymes, transparents pour les témoins et les survivants.

Ainsi, à travers l'exemple de quelques-uns, c'est à tous que l'auteur a souhaité rendre cet hommage mérité. Pour que les Français d'aujourd'hui sachent que, dans cette guerre calomniée, il n'y eut pas que des fuyards, mais aussi, plus nombreux qu'on ne le prétend, plus modestes qu'il n'est de coutume, des héros. Des vrais.

CHAPITRE PREMIER

PREMIERS COUPS DE MAIN DANS LES VOSGES

Presque invisible, le fil est tendu par l'empeigne du brodequin. Un centimètre de plus, et la mine explose. Le capitaine Stéphane Pighetti de Rivasso sent son cœur battre à grands coups, il l'entend même, tant il lui semble que tout, dans la forêt, s'est figé autour de lui. Il voudrait essuyer la sueur qui coule de son front dans les poils de sa barbe. Mais il n'ose pas, de peur que le moindre mouvement du haut du corps fasse bouger sa jambe, son pied. Il lui est souvent arrivé d'envisager la mort. Mais pas ainsi, bêtement, sur une mine, jambes arrachées et tripes pendantes. Plutôt une bonne balle, à la tête de ses chasseurs du 67e BCA, de ses volontaires du corps-franc. L'ennemi en face de lui, bien visible ; pas par mine interposée.

— Surtout ne bougez pas, mon capitaine !

Un frôlement. Le caporal-chef Tillet enjambe précautionneusement le fil déclencheur, se retourne face à Pighetti, s'accroupit lentement. Il pose son mousqueton sur le sol couvert de feuilles morte. L'officier qui le domine de toute sa taille ne voit que le casque, recouvert de son couvre-casque, surmontant les fortes épaules du caporal-chef. Celui-ci suit de l'œil, à droite et à gauche, le fil qui sort traîtreusement de l'humus, dans lequel il a été soigneusement camouflé, et se tend par-dessus le brodequin du capitaine. Celui-ci est pourtant prudent. Tout à l'heure, lorsque cette reconnaissance profonde dans le secteur ennemi a commencé, il a rampé sous les barbelés qu'il venait de cisailler avec Tillet et Fert, le sergent.

— Attention aux mines, les gars, avait-il chuchoté, il paraît que les Boches en placent souvent sous les barbelés !

Ils étaient passés sans encombre, suivis à distance par le reste du groupe-franc, une douzaine d'hommes et deux officiers qui ont tenu à accompagner l'expédition : le sous-lieutenant Régis, Savoyard trapu, entrepreneur de travaux publics dans le civil, et le sous-lieutenant Bernheim, lui aussi réserviste, excellent montagnard et « chasseur » jusqu'au bout des ongles. Pour l'instant, bien camouflés derrière rochers et arbres, retenant leur souffle, ils sont prêts à déclencher leur feu à la moindre alerte. A quelques dizaines de mètres, sans bien comprendre ce qui se passe, ils voient le capitaine figé sur place et Tillet à ses pieds. Le caporal croit avoir repéré la mine. Le fil barre deux chemins à l'intersection desquels, tout étonnés d'être passés sans difficulté et de se retrouver du côté allemand, les trois chasseurs avaient hésité une seconde avant que Pighetti, bras tendu vers l'avant, ait ordonné :

— Par là, on trouvera bien à un moment ou à un autre la casemate qu'on nous a signalée.

Et il s'était avancé sur le chemin pour s'immobiliser presque aussitôt, ayant senti la résistance d'un fil, et entendu simultanément le cri étouffé du caporal qui le suivait immédiatement. Tillet écarte précautionneusement les feuilles, dégage une portion de fil et apprécie la tension en hochant la tête.

— Mon capitaine, priez le Bon Dieu qu'on ait encore un peu de mou. Votre pied a tendu cette saloperie d'au moins vingt-cinq centimètres. Je vais soulever légèrement ; quand je vous le dirai, tirez le pied en arrière.

Le caporal-chef passe les deux mains à plat sous le fil, le soulève d'un millimètre, de deux, de cinq. Lui aussi entend son cœur cogner dans sa poitrine. Les attaches de métal du brodequin font saillie ; il faut soulever sur deux bons centimètres pour que le pied repasse vers l'arrière sans risque.

— Allez-y !

Le capitaine vide son cerveau, obnubilé par la nécessité d'exécuter le mouvement à la fois rapidement et sans dévier. Sa jambe est raide, à la limite de la crampe. Le bout du brodequin glisse sur la terre, centimètre par centimètre.

— Ça y est, maintenant je repose le fil...

Tillet n'a pas cédé au réflexe de tout lâcher, ce qui aurait entraîné une vibration et peut-être, l'explosion. Ses mains redescendent vers le sol, y déposent leur léger fardeau. Puis il s'immobilise, s'appuyant sur les deux mains, les genoux douloureux malgré l'épaisseur conjointe de la capote et du gros pantalon kaki. Il se relève enfin, saisissant au passage son mousqueton. En face de lui, à quelques centimètres, de l'autre côté de la frontière mortelle constituée par le fil, le capitaine le regarde. Deux yeux nets encadrant un nez droit, fermement dessiné.

— Merci.

Pighetti, s'il est profond et passionné, n'est pas d'un naturel expansif. Tillet le sait, c'est en toute connaissance de cause qu'il l'a suivi au groupe-franc. Il connaît la valeur de ce simple mot : « merci ». D'ailleurs, on fait la guerre, et le no man's land coincé entre les avant-postes précédant la ligne Maginot et la première ligne allemande ne prédispose pas aux épanchements.

Le capitaine se retourne vers le reste de ses hommes, fait un signe de la main. Un à un, les chasseurs du groupe-franc rejoignent, après avoir franchi le réseau de barbelés cisaillé.

— On y va, colonne par un.

Un dernier regard au fil de mine, dont la longue portée, peut-être dix mètres, les a sans doute sauvés.

Le groupe reprend sa progression sous les arbres. L'excitation permet d'oublier un peu le froid mordant de ce 18 décembre 1939. Les arbres, en partie dénudés ou parfois encore revêtus d'un rare feuillage, se détachent au-dessus des têtes sur un fond de ciel bas et gris annonçant la neige. Les hommes frissonnent dans leur capote, l'œil et l'oreille aux aguets, le doigt crispé sur la détente de leur arme. Pas un bruit, si ce n'est celui, feutré et sec, des brodequins butant parfois sur une racine ou dérapant sur un tas de feuilles pourries. Peu de jurons, ou alors vite étouffés, les hommes des groupes-francs connaissent la vertu du silence. Les trois officiers scrutent le sous-bois, cherchant la casemate repérée par une patrouille voici quelques jours. Les Allemands ne sont pas inactifs dans le secteur. Toute la journée, on entend travailler les machines. Les plus exercés et les spécialistes du bâtiment ont cru reconnaître des perforatrices, des bétonnières. Incontestablement les soldats du Reich sont mieux organisés que ceux de la République. Aux abris en rondins renforcés de terre, ils opposent les casemates de béton. Et quand seuls les avant-postes français sont entourés de fils de fer barbelés, ce sont de véritables réseaux continus qui protègent la première ligne ennemie. Quant aux mines, le secteur en est littéralement truffé.

Pighetti, en tête du groupe, continue de monter vers le « Collet », à la cote 356,2. Ses prédécesseurs aux avant-postes l'ont averti qu'il fallait s'en méfier, mais ils ont été incapables de préciser s'il était occupé ou non. La conclusion s'impose : méfiance. Le calme même ne lui dit rien de bon.

— La casemate !

Ils sont plusieurs à l'avoir aperçue en même temps. Et pourtant, béton gris sur arbustes gris, il faut, pour la distinguer, une vue exercée par l'expérience. Tous se sont immobilisés. Silencieusement, les chasseurs, courbés en deux, se sont dispersés, dissimulés qui derrière un arbre, qui derrière un rocher, nombreux dans cette forêt vosgienne. Le capitaine, oculaires aux yeux, fouille l'abri bétonné. Rien, pas le moindre signe de vie. De la main, il fait signe à Tillet de s'approcher de lui.

— Tu vois l'angle mort, sur la gauche... ?

— Oui, mon capitaine.

— Bon, prends deux hommes avec toi et tâche de tourner l'ouvrage sans te faire voir. Nous te couvrons. Au moindre signe de présence, tu t'aplatis. Je te suis à la jumelle.

Un signe de tête approbateur. Tillet s'éloigne silencieusement, suivi sur les talons par deux autres chasseurs. Dans ses jumelles, Pighetti les voit progresser à ras de terre. La casemate n'est plus qu'à quelques mètres. Dans la main du capitaine, le pistolet est braqué, cran de sûreté enlevé. Il sent autour de lui la tension, presque palpable, de ses hommes, dont la plupart ont épaulé, prêts à appuyer sur la détente. Cinq minutes s'écoulent. Interminables.

— Vous pouvez venir, le nid est vide !

Tillet s'est redressé près de la casemate. Il agite son casque, au mépris d'un danger qui peut-être est encore là, tapi dans les fourrés. Le groupe-franc se relève. En quelques foulées, les chasseurs sont dans la casemate. Déserte ; seuls quelques détritus, un journal allemand et un chargeur vide dénoncent une présence récente.

Le capitaine saisit son Kodak, prend rapidement deux ou trois photos pour son compte rendu, un croquis pour le commandant. Les chasseurs examinent l'ouvrage bien construit, à moitié enterré, avec emplacement pour arme automatique.

— Venez voir, mon capitaine.

C'est la voix de Chevaleyre, le tireur au F. M., qui s'est éloigné de quelques mètres. Il montre du doigt plusieurs tranchées et des entonnoirs antichars, dont le réseau barre complètement trois chemins convergents. Pighetti prend de nouvelles photos.

— Allez, on repart.

Le détachement revient en arrière, rejoint les barbelés qu'il suit pendant une centaine de mètres. Cote 427,6. Le terrain continue à monter à travers les arbres espacés. Le sommet du Collet n'est plus qu'à une centaine de mètres. Vingt mètres plus loin, ils rencontrent un nouveau réseau de barbelés. Abrité par le tronc d'un gros arbre, Pighetti décroche sa pince coupante.

— Couvre-moi, dit-il après un coup d'œil bref vers Tillet.

Deux enjambées et à croupetons, le capitaine attaque le premier fil. Au « tac » de la cisaille, répond le tonnerre, tout proche, d'une arme automatique. Les impacts labourent le sol autour de Pighetti qui s'est jeté à terre, le casque au ras des feuilles. Derrière lui, le tronc d'arbre qu'il vient de quitter est littéralement haché.

« Cette fois, ça y est », pense-t-il tout en attendant la riposte que ne vont pas manquer d'envoyer ses chasseurs.

Mais il ne se passe rien.

— Que font mes types, bon sang ?

Le halètement de la MG * teutonne reste le seul à déchirer l'air froid.

Furieux, Pighetti cherche ses hommes. Il les aperçoit, tous soigneusement planqués. Chevaleyre et son F.M. doivent être là eux aussi. Que font-ils ? Il distingue parfaitement les Allemands, qui, comme à l'exercice, à moins de soixante mètres vers l'avant, visent et tirent posément. Seuls les arbres les empêchent a priori de faire des dégâts. Des coups de fusil viennent se superposer aux rafales de mitrailleuse. Les chasseurs répondent enfin. Pighetti voit distinctement les flammes de départ. Un bond en arrière et il se retrouve allongé à côté de Chevaleyre, qui prend un air piteux devant son F.M. silencieux. Sans plus se préoccuper d'éclats de voix largement couverts par les détonations, Pighetti laisse éclater sa colère.

— Mon FM refuse de tirer, je ne sais pas ce qui se passe...

— Donne-moi ça.

Pighetti empoigne l'arme, se redresse et fonce en courant vers son arbre de tout à l'heure, qui constitue un excellent point d'observation. A plat ventre, l'arme bien calée sur sa béquille, il vise soigneusement les silhouettes feldgrau à casque carré qu'il voit bouger au-dessus de lui. Son doigt enfonce la détente. Rien. Une nouvelle fois. Toujours rien.

— Saloperie de saloperie, c'est gai !

Inutile de s'attarder. Mousquetons contre arme automatique, le combat est trop inégal.

— Repli général, ordonne Pighetti.

Tout se passe dans l'ordre. Fert et Tillet se replient avec lui, en dernier. Pas d'affolement. Les hommes ont le sang-froid de vieux combattants eux qui, pourtant, voient aujourd'hui le feu pour la première fois.

— Pas de blessés ?

— Si, mon capitaine, un des gars est légèrement touché par éclat. Il s'agit plutôt d'une pierre.

Pemm ! Pemm ! Les têtes rentrent dans les épaules. Au jugé, heureusement sans précision, les Allemands déclenchent un tir de mortier. Le groupe-franc se retire rapidement. En quelques minutes, le décrochage est achevé. Pas de casse. C'est malgré tout un succès et les chasseurs en prennent confiance ; ils croient en la baraka de leur capitaine, ce d'autant plus qu'il leur dit.

— Vous comprenez, mon vieux, confie Pighetti à Régis, le principal est qu'ils soient convaincus de cette baraka. Ainsi, ils me suivront partout et de bien meilleur cœur.

— Mais vous, mon capitaine, vous y croyez sincèrement, en votre baraka ?

---

* MG : Maschinen Gewehr, mitrailleuse.

Pighetti a un moment d'hésitation.

— Franchement, je n'ai aucune certitude, ni dans un sens, ni dans un autre. J'admire que certains de mes gars puissent croire dur comme fer qu'ils ne seront même pas blessés ou, au contraire, qu'ils seront sûrement tués.

Ce que Pighetti ne peut avouer à son subordonné, c'est que lui-même a dû parfois se faire violence pour sortir avec son groupe franc, ne se sentant pas encore totalement en confiance. Ce baptême du feu donne à tous du cœur au ventre, y compris à lui-même.

Le groupe-franc revient à son cantonnement, aux avant-postes. Chevaleyre rend visite au capitaine, il a trouvé la cause du non-fonctionnement de son F.M. ; quoique dégraissé, le peu d'huile naturellement subsistante avait gelé.

— Il faudra signaler cet incident de tir au commandant pour qu'il soit porté à la connaissance de la demi-brigade : par ce froid, il faut même enlever l'huile. Les petits copains d'en face le savaient visiblement !

Le groupe-franc descend au repos à Eguelshardt, minuscule village serré contre la ligne Maginot, à égale distance de Bitche, au nord-ouest, et de Niederbronn, au sud-est. A l'arrivée, une bonne surprise attend Pighetti ; le commandant Eard, grand diable d'un mètre quatre-vingt-cinq, ancien de 14, sorti du rang et couvert de citations, infatigable au point d'être surnommé « Jules » (sous-entendu « Ladoumègue ») par ses chasseurs, lui annonce qu'il l'a proposé pour une citation à l'ordre de la division.

Pighetti ne fait pas partie de ceux pour lesquels « les récompenses ne comptent pas », attitude qu'il estime hypocrite.

— Mais je ne veux pas être cité seul ; Fert et Tilley y ont droit aussi.

— Je vous promets de les proposer avec vous, assure « Jules », tout sera officiel lorsque le bataillon partira au repos.

⁂

Réserviste, mais foncièrement chasseur, le lieutenant Stéphane Pighetti de Rivasso avait rejoint, fin août 1939, le 67ᵉ BCA formé à Annecy à partir d'éléments du 27ᵉ, son ancien bataillon, auquel il était solidement attaché, comme à toute la chose militaire d'ailleurs. Caholique, patriote, homme de tradition, Pighetti a de qui tenir ; son père est tombé glorieusement en 14. Le commandant Eard, hercule nerveux et osseux, tête énergique et mince, taillée à la hache, yeux renfoncés, larges oreilles, lui avait dit de sa voix sourde :

— Je vous confie la première section de la première compagnie.

Durant tout le mois de septembre, il avait façonné ses hommes, tous Savoyards solides, durs à secouer, dit-il, mais qui doivent bien tenir le coup.

Au milieu de ces cultivateurs, ce catholique dénombre un père mariste, un prêtre et deux séminaristes ; une vraie compagnie de calotins. L'effectif d'encadrement, quelques sous-officiers d'active dont le sergent Mégevand, champion de France d'aviron, avait bientôt été complété par l'arrivée de plusieurs officiers, venus rejoindre le sous-lieutenant Régis : le sous-lieutenant Bernheim et un Maixentais, le sous-lieutenant Tuaillon, fils d'un colonel de la Garde, fort en thème mais que Pighetti va s'efforcer de « bleuir » rapidement façon chasseur ! Le bataillon avait embarqué à la hâte pour la Maurienne. Pighetti avait dû sévir, car la discipline n'était pas à la hauteur de ce que souhaitait ce perfectionniste respectueux des traditions. Fin septembre, il avait reçu son troisième galon, juste avant de prendre les avant-postes au col du Mont-Cenis, sur la crête frontière, face à l'Italie.

La vie était peu enthousiasmante. Les chasseurs gardaient la frontière, mais les Italiens n'avaient aucune envie de la violer. Ce qui n'empêcha pas le récent capitaine d'établir avec conscience, mais sans enthousiasme, un plan de défense agréé par le commandant Eard et le colonel Béthouart, patron de la 5e demi-brigade de chasseurs. Les hommes, transformés en terrassiers et maçons, avaient monté à plus de 1 500 mètres du bois, du sable et du ciment pour faire des ouvrages bétonnés. Plus d'instruction possible. C'était, pour tous les cadres, fatigant et sans intérêt.

— C'est raide qu'on nous ait attendus pour organiser la défense du Mont-Cenis, avait confié Régis à Pighetti. Si tout est à l'avenant, ça promet ! Pendant ce temps, on se bat dans l'Est. Bien peu, à ce que l'on sait, mais on se bat.

⁂

On se bat, en effet. Le 7 septembre, des éléments appartenant aux IIIe, IVe et V^e armées françaises avaient pénétré en Allemagne à l'ouest des Vosges, face à Sarrelouis, Sarrebruck et Deux-Ponts. Le haut commandement français engageait l'offensive de la Sarre, destinée à soulager le front polonais d'une partie de l'effort auquel il avait à faire face devant la ruée de la Wehrmacht déjà victorieuse. L'offensive portait les troupes qui y prenaient part quelques kilomètres en avant de la ligne Maginot. Offensive prudente, à l'image des directives du commandement qui précisaient qu'il s'agissait « d'investir progressivement et méthodiquement » la ligne Siegfried entre Hardt et Moselle. La résistance allemande était à la mesure de la modestie de l'attaque ; mais les soldats français avaient fait connaissance avec les mines, dont les Allemands faisaient un large usage, et sur lesquelles sautaient véhicules, convois et personnel. Le généralissime Gamelin savait mieux que personne que ces mouvements ne constituaient qu'un simulacre d'attaque ; faute de moyens matériels suffisants en avions, chars et munitions, l'armée française, pourtant et paradoxalement beaucoup plus forte par de nombreux côtés que l'armée allemande, serait incapable d'entreprendre une action profonde susceptible de réellement soulager la Pologne submergée.

Dès le 30 septembre, les troupes françaises avaient reçu l'ordre de se replier à l'intérieur des frontières. A partir du 16 octobre, la Wehrmacht avait poussé en avant pour libérer son territoire, bousculant les arrière-gardes françaises laissées sur les positions conquises. Le front allait alors se stabiliser pour de longs mois autour de cette épine dorsale qu'était la ligne Maginot, fer de lance de la doctrine du haut commandement.

Conçue pour défendre, ou au moins pour retarder une ruée éventuelle de l'ennemi, la ligne Maginot, bourrée de troupes vivant sous terre, doit aussi être défendue. A chaque division de forteresse se superposent une ou deux divisions dites d'intervalle. Celles-ci poussent en avant un groupe de reconnaissance et un ou deux bataillons. A environ douze kilomètres de la frontière, ces éléments, et en particulier ce que l'on appelle les détachements de sûreté, sont les seuls véritablement au contact avec l'adversaire. Bien que les deux armées en présence aient conclu une espèce de trêve tacite qui va caractériser officiellement la « drôle de guerre », Allemands et Français vont, pendant les longs mois d'hiver et bientôt de printemps, se livrer aux avant-postes, à une guerre de coups de main et d'embuscades dans laquelle les Allemands présentent une incontestable supériorité. Pour le commandement français, en retard d'un conflit, la guerre de positions prime tout le reste.

***

Pour les chasseurs montant la garde devant la frontière italienne, cette guerre d'avant-postes, dont ils entendaient parler à la radio, ou dont ils lisaient les comptes rendus dans les journaux, valait mille fois mieux que leur inactivité statique.

Pighetti s'était donné jusqu'au 30 novembre comme date limite.

— A cette date, disait-il, le bataillon sera en ligne, ou j'y serai sans le bataillon.

Il avait écrit à des relations susceptibles de l'aider. Béthouart, auprès duquel il s'était tuyauté, espérait que sa brigade serait envoyée dans les pays nordiques. Quand... ? Mystère.

— Je penserai à vous pour les « bons coins », avait ajouté le futur héros de Narvik.

Le 18 octobre 1939 fut un jour à marquer d'une pierre blanche. Ordre fut donné d'arrêter la comptabilité, de payer toutes les factures en retard, de mesurer le volume des camions. Le commandant Eard avait fait visiter les organisations du quartier à des officiers « de biffe » : cela sentait l'envoi dans l'Est. Les uns pensaient au Jura. Ce fut les Vosges.

Les chasseurs avaient débarqué du train au lever du jour. Le lendemain, ils étaient arrivés, à pied, dans un petit village aux maisons typiques, encaissé entre les bois, Rothbach, à six kilomètres d'Ingwiller, tout près de la ligne Maginot. On parlait d'avions abattus, mais ça ne sentait pas vraiment la guerre. Le commandant alla jusqu'à fournir mulets et chasseurs aux paysans alsaciens pour les aider dans les travaux des champs.

Pighetti s'était renseigné sur la manière de faire la guerre dans le secteur et avait multiplié les exercices de nuit et les patrouilles. Ceci n'était pas pour déplaire au commandant Eard, qui l'avait convoqué un matin pluvieux et froid. Le capitaine avait essuyé ses brodequins boueux à l'entrée de la petite maison servant de PC.

— Entrez, Pighetti, j'ai à vous parler.

— A votre disposition, mon commandant.

— Voilà, pour la guerre, il me faut des guerriers. Lorsque mes compagnies comporteront un quart de guerriers, je tiendrai un bataillon remarquable.

Pighetti écoutait avec attention. Eard n'était pas le genre d'homme à philosopher dans le vide. Il avait certainement une idée derrière la tête. Le commandant, qui était assis derrière une table encombrée de papiers, s'était levé et ses longues jambes arpentaient la petite pièce dans un va-et-vient incessant.

— Un guerrier, vous le savez comme moi, ajoute quelque chose à ses qualités de soldat. Non seulement il subit avec sang-froid le feu de l'ennemi, mais encore il ajoute à sa résistance une marge d'énergie et de réflexes. En d'autres termes, il est l'homme qui ne se retient pas d'imposer sa volonté aux gens d'en face. Je ne trahis pas un secret en vous disant que nous monterons aux avant-postes d'ici peu. Nous n'y aurons pas de batailles rangées, mais du harcèlement, des patrouilles, des embuscades. Les Allemands sont devenus les as du coup de main. Ce ne sont pas des amateurs, et ils ont formé des spécialistes, les « Stosstruppe * »... Vous voyez, tout un programme !

« A la division, on est conscient qu'on ne peut mener une

* « Stosstruppe » : groupes-francs de la Wehrmacht ; les « Spähtruppe », groupes-francs réduits, étaient plus spécialement chargés de l'observation.

guerre de patrouilles sans renseignements. Cela suppose effectivement des infiltrations, des embuscades, des prisonniers. Missions de petits groupes entraînés. On a donc décidé la formation de corps-francs. Cela n'est pas nouveau ; je me souviens, pendant l'autre guerre, d'unités portant ce nom et qui faisaient du dégât chez les Boches. Plusieurs existent déjà dans les régiments du front. Tout ça est quand même un peu nouveau et il faut s'organiser en cours de route, même si officiellement l'état-major est autorisé à créer des corps-francs depuis le mois de septembre *.

Son va-et-vient avait ramené le commandant devant Pighetti. Il s'était planté face à lui, et de sa voix sourde :

— D'ici quelques jours, je créerai un groupe-franc de bataillon. Mais avant, je veux que vous constituiez un groupe-franc dans votre compagnie. En somme, vous déblayez le terrain. Nous verrons comment réagissent nos hommes. Il me faut uniquement des volontaires, et bien entendu, des types qui en veulent. Vous avez carte blanche. C'est tout.

Pighetti avait salué. Demi-tour.

— Ah, encore un mot. Je vous l'ai dit, mais il est bon de vous le rappeler. Vous déblayez le terrain, cela veut dire que votre groupe doit se débrouiller. Pour tout.

— C'est entendu, mon commandant.

***

Pighetti était heureux. Les avant-postes, un groupe-franc... Cela sentait la poudre, enfin. Il avait eu raison de s'octroyer un délai. Sous la « galette » soigneusement tirée sur le côté gauche, son visage allongé et calme était éclairé d'un léger sourire. De joie et de satisfaction.

— Il me faut douze hommes, triés sur le volet.

Le caporal-chef Tillet avait approuvé silencieusement. Il avait tout de suite été partant, comme les officiers de la compagnie, Régis, Bernheim, Tuaillon, qui espéraient tous prendre le commandement du groupe-franc. Pighetti avait refusé en souriant.

— Non, Messieurs. Comme mon choix mécontenterait deux d'entre vous sur trois, je garde le groupe-franc pour moi. Comme ça, pas de jaloux. Dans un premier temps, c'est-à-dire jusqu'à la montée en ligne, les volontaires resteront dans leurs sections. Mais naturellement, ils manœuvreront ensemble.

Intérieurement, les lieutenants avaient râlé ; mais ils espéraient bien suivre de temps en temps le groupe-franc dans ses opéra-

---

* Directives ministérielles des 16 et 28 septembre 1939.

tions ! Pighetti s'était mis immédiatement au travail. Il voulait être prêt le plus vite possible, en tout état de cause avant la montée en ligne proprement dite.

L'équipement de ses volontaires préoccupait beaucoup le capitaine.

— Faire le Sioux en capote n'est pas commode, disait-il ; mais le faire sans capote, en vareuse bleue de chasseur, c'est se faire repérer.

Il avait donc commandé à Paris quinze salopettes de mécano, tout simplement, kaki-vert, si possible. Cela n'était guère militaire, à l'exception de la couleur, mais puisqu'il fallait se débrouiller tout seul... De même, pas question de se procurer des couvre-casques par la voie réglementaire. Et pourtant, ils étaient indispensables ; on n'imagine guère les patrouilles se déplacer silencieusement dans les sous-bois en heurtant le casque métallique aux basses branches. Superbe mais indiscret concert ! Les Allemands des Stosstruppe, eux, opéraient sans même un casque, la tête simplement couverte du calot réglementaire de la Wehrmacht. Pighetti avait sauté pour la journée à Nancy et il était allé voir son ami Cabanne, à l'état-major du corps d'armée. Grâce à lui, il revenait le soir avec une cinquantaine de couvre-casques. Il avait même failli rapporter des poignards de char d'assaut. Mais il avait seulement failli, et il lui faudra trouver une solution pour obtenir des couteaux de tranchées ou quelque chose d'approchant.

Pighetti avait vraiment l'impression de « déblayer le terrain », pour reprendre l'expression du commandant. Il improvisait sur tout. Mais il avait la foi chevillée au corps. Il entraînait lui-même ses volontaires, tir, marche, de jour comme de nuit. Ses hommes s'aguerrissaient et n'avaient plus qu'une envie, en découdre réellement avec les « gens d'en face ». Ils savaient que dans d'autres secteurs, les groupes-francs étaient passés à l'action : ils avaient bien souvent les honneurs du « communiqué » des quotidiens. Et eux, alors... ?

Le 13 novembre, à la réunion des officiers, le commandant avait annoncé, comme il en avait averti Pighetti quelques semaines auparavant, la constitution du groupe-franc du bataillon.

— Chaque compagnie devra fournir quatre chasseurs et un gradé. Y a-t-il des chefs de section volontaires pour commander le groupe-franc ?

Cinq, huit, dix mains s'étaient aussitôt levées. Pighetti, dans son coin, avait souri d'aise : tous ses officiers en étaient. Le commandant avait apaisé du geste :

— Lieutenant de B..., vous prendrez le commandement du groupe-franc.

Une surprise certaine s'était peinte sur les visages des camarades de l'heureux élu. Certes, celui-ci était le plus ancien, mais il n'avait pas une réputation excellente, et ses notes s'en ressentaient. Alors ?

— Alors ? avait dit le commandant à Pighetti qui, respectueusement, n'avait pu s'empêcher de faire part de son étonnement... B... a certes eu des problèmes ; raison de plus pour lui donner l'occasion d'en effacer l'effet.

Mais cette nomination avait freiné les vocations. Aucun des chasseurs de la compagnie Pighetti ne s'était porté volontaire. Le capitaine avait été obligé de les désigner d'office parmi ceux de son propre groupe-franc. Cela ne l'enthousiasmait guère, pourtant il fallait bien donner l'exemple, ce d'autant plus que les autres commandants de compagnie ne tenaient pas à se séparer de leurs meilleurs éléments. L'un d'entre eux, vite repris par le commandant, avait été jusqu'à tirer les noms au sort !

La formation du groupe-franc de bataillon n'avait pas freiné l'activité de celui du capitaine Pighetti qui, quelques jours plus tard, avait reçu le commandement des avant-postes. Ceux-ci étaient situés à trois kilomètres en avant de la ligne Maginot, en plein bois, répartis sur une longueur de deux kilomètres cinq cents et sur une profondeur d'environ trois kilomètres.

Outre son groupe-franc, Pighetti disposait de sa compagnie, plus deux sections de mitrailleuses de la 3e compagnie, bref, la moitié des effectifs du bataillon. Les avant-postes étaient pour l'instant tenus par des fantassins.

— Gentils, mais pas nerveux, avait précisé le commandant à Pighetti.

Le capitaine qui les commandait n'avait pas été loquace :

— Oh, vous savez, ce qu'il y a faire n'est pas difficile ; il n'y a qu'à attendre la relève ; le Boche ne vient jamais !

— Mais, au moins, y a-t-il l'espoir d'en voir, avait rétorqué Pighetti, déçu.

— Je ne crois pas, à moins d'aller chez eux, mais ils ont posé des mines partout !

« Enfin quelque chose d'intéressant, avait pensé intérieurement le capitaine ; allez chez eux, c'est précisément la vocation de mon groupe-franc. »

Le commandant des tirailleurs marocains tenant les avant-postes à gauche avait été d'un avis différent de son collègue :

— Il y a du Boche partout. Ils viennent rôder la nuit autour du P.C. du bataillon. Ça tire tout le temps ! Ils utilisent des chiens ; toute la nuit, on aperçoit leurs lampes électriques et on entend leurs cris de chouettes.

Pighetti jubilait. Il avait installé son PC au Schinedereck, essentiellement gardé par son groupe-franc et une section, qui disposaient l'un et l'autre, outre leur armement, de mortiers de 81 et de 16 et d'une arme automatique. Le gros du bataillon était resté à Eguelshardt.

Dès ses premières nuits, Pighetti avait fait connaissance avec le no man's land qui caractérisait les secteurs précédant la ligne Maginot, véritable désert, d'où toute population avait été évacuée, au contraire du secteur allemand, où les civils étaient restés jusqu'au voisinage de la frontière. Les villages étaient déserts et bien souvent piégés par les éléments du Génie qui avaient mis en place des destructions. Parfois hélas, les maisons avaient été pillées par des corps de troupe dont la discipline n'était pas à la hauteur de l'idéal dont Pighetti faisait profession. Partout des réseaux de barbelés, auxquels Allemands comme Français accrochaient de vieilles boîtes de conserve vides qui tintinnabulaient au moindre choc, au plus petit frôlement.

Or les nuits étaient animées ; le capitaine s'en était aperçu fort vite. Tout comme le commandant de tirailleurs, il avait la nette impression que la venue de l'obscurité entraînait le réveil de multiples bruits étouffés, trahissant de non moins multiples présences, humaines comme animales, car, ainsi qu'on le lui avait dit, les Allemands utilisaient de nombreux chiens dépisteurs. Superbes animaux alertes, souples et silencieux, entraînés à repérer sans se faire repérer eux-mêmes, c'est-à-dire n'aboyant pas, même en cas de rencontre fortuite. Ces chiens agaçaient d'autant plus les Français qu'il n'était pas recommandé de tirer sur eux, les rafales révélant immédiatement la présence de la patrouille qui risquait dès lors de tomber dans une embuscade et de se faire allumer.

Le froid atteignait moins trente degrés. Les gourbis, simplement protégés par des rondins pare-éclats étaient à peine éclairés ; pas de bougies. Les chasseurs coulaient de la graisse dans des boîtes de conserve autour d'un bout de ficelle. Pas d'eau ; chaque jour, des corvées faisaient quatre cents mètres pour aller en chercher. Beaucoup d'hommes, à commencer par le capitaine, s'étaient laissé pousser la barbe.

— Nous avons l'air de bandits, disait en riant Pighetti à Tillet.

— Ben quoi, mon capitaine, on n'est pas ici pour plaire, mais pour faire peur !

Le capitaine, au bout de quelques jours, avait senti son enthousiasme fondre un peu.

— Vous comprenez, mon commandant, avait-il expliqué à Eard, ce travail d'avant-postes est bien gentil, mais à la longue, cela sent un peu le renfermé.

— Eh bien, profitez au maximum de cette occasion inespérée d'aguerrir vos hommes ; terrain favorable, liberté de manœuvre.

Chaque jour, Pighetti partait donc en reconnaissance avec son groupe-franc, souvent deux fois en vingt-quatre heures. Ses gars étaient toujours prêts à sauter dehors ; qui plus est, le capitaine les avait dispensés de garde et de toute sorte de corvée. Ces sorties n'avaient rien de commun avec celles des points d'appui, prévues dans un périmètre donné et toujours les mêmes.

— Bien pépères, commentait régulièrement Fert, pour qui tout ce qui n'était pas groupe-franc ne valait pas grand-chose.

Pour Pighetti, ces patrouilles de corps-franc lui permettaient de retrouver les émotions de la chasse avec un piquant supplémentaire puisqu'on était à la fois chasseur et gibier.

Après plusieurs reconnaissances, exclusivement en territoire français, le groupe-franc s'était aventuré dans les passages menant à la frontière allemande. Puis le 18 décembre, il avait décidé de mener une reconnaissance profonde au « Collet ». Pour son groupe-franc, c'était le baptême du feu.

CHAPITRE II

PATROUILLES HIVERNALES

Au début de novembre 1939, des pluies torrentielles s'abattent sur le front occidental. Les rivières gonflent et débordent, transformant les champs en de vastes marécages. A Berlin, le Führer ne décolère pas. Il lui semble que depuis que l'ordre du 27 octobre a convaincu ses généraux, jusqu'ici sceptiques, de sa résolution inébranlable de jeter ses divisions sur la France, les éléments naturels se liguent contre lui pour le contraindre à reporter le déclenchement de l'opération. Sur le front, Français et Allemands se font toujours face, veillant sous un ciel perpétuellement chargé de nuées, courbant les épaules, engoncés dans les capotes kaki ou gris-vert qui s'alourdissent de la même manière de chaque côté des lignes.

*
**

— Ce sale temps ne doit pas nous empêcher d'agir, au contraire. Nous ne pouvons laisser le poste ennemi nous observer comme au théâtre. Le commandement a décidé de l'enlever. Votre corps-franc s'en chargera.

— A vos ordres mon commandant.

Le sous-lieutenant Vassal se penche sur la carte d'état-major que le commandant Pauty, patron du 8ᵉ BCP, a tournée vers lui. Les plis du document suivent presque exactement le tracé de la lisière du bois sur laquelle les observateurs ont repéré le poste. Tout près de la frontière allemande, sur la rive gauche de la Sarre, au sud de Sarrebruck. Vassal, qui commande le groupe-franc de la première demi-brigade de chasseurs, connaît bien le coin. Il s'y est promené souvent avec ses hommes. Il sait aussi que le coup de main ne sera pas facile : terrain découvert, barbelés, peut-être mines. Mais il a confiance dans ses trois sections de seize hommes chacune, tous volontaires.

Comme s'il avait lu dans sa pensée, Pauty ajoute :

— Naturellement opération au lever du jour, demain matin 3 novembre. La mise en place devra être achevée à trois heures.

En revenant vers la grange où, légèrement à l'écart du bataillon, son groupe-franc cantonne, Vassal monte mentalement son opération. Lorsqu'il franchit le seuil du vieux bâtiment, après avoir traversé tant bien que mal plusieurs larges flaques boueuses, il lui semble pénétrer dans un petit paradis. Toujours débrouillards, ses chasseurs ont allumé un bon feu et Pontrot, aussi bon cuisinier que lanceur de grenades, distribue avec des mines gourmandes de larges louches de riz tomaté.

— Mon lieutenant, vous avez sûrement faim.

Vassal prend la gamelle que lui tend Pontrot, remercie distraitement, ce qui n'est pas son genre. Si peu son genre que les chasseurs groupés autour du brasero arrêtent de manger pour l'interroger du regard.

— Extinction des feux à 20 heures. Nous attaquons le poste de Simbachmühle avant l'aube.

Un murmure de satisfaction accueille ces paroles. Vassal se rengorge intérieusement. Il éprouve, lui le modeste, un orgueil étonnant lorsqu'il parle de « son » groupe-franc. Si ses hommes affichent le plus complet mépris pour les tâches matérielles habituelles à tout cantonnement, ils ne vivent que pour le moment où, derrière leur lieutenant, ils vont aller « faire un tour en Allemagne », suivant une expression désormais consacrée. Pour beaucoup, fortes têtes à l'origine, ils se sont portés volontaires, parce que le groupe-franc leur paraissait pouvoir constituer un exutoire à un ennui que rien ne semblait devoir atténuer. Et puis, peu à peu, l'entraînement en commun, la vie à part de l'unité, le sentiment d'être des soldats différents en avaient fait des combattants, des guerriers, soudés à leur chef, qu'ils auraient suivi jusqu'à Berlin, s'il le leur avait demandé et si Hitler le leur avait permis.

A 2 heures du matin, dans une nuit opaque et lourde de pluie, les 48 hommes se rassemblent dans l'espace qui s'étend devant la grange. Quoique l'on soit encore loin du secteur d'attaque, on n'entend aucun bruit, si ce n'est les ordres chuchotés par les sous-officiers. Chacun assure son arme, vérifie la présence des chargeurs, du poignard et des grenades. Les couvre-casques empêchent le moindre éclat métallique. Ombres noires dans l'obscurité quasi totale, les hommes du groupe-franc s'enfoncent dans la campagne, en colonne par un. En tête, les chefs de section s'éclairent de temps à autre d'un bref coup de lampe de poche, dont la clarté diffuse est encore atténuée par les doigts disposés en écran devant l'ampoule.

Il est trois heures. La mise en place est achevée.

— Vérifiez les armes... Faites passer.

Le groupe-franc est arrêté à deux cents mètres en avant de la ligne des A.P. Devant, un espace relativement plat, entrecoupé de bouquets d'arbres. Un peu plus loin, à deux kilomètres environ, se situe la lisière du bois et le poste de Simbachmühle, que rien ne trahit pour l'instant.

— On avance.

Les brodequins commencent à fouler les herbes mouillées, sur lesquelles, parfois, glisse un homme qui se rattrape en jurant entre les dents. L'air est frais, sentant la terre humide, les feuilles pourries. Pas de lune. Les yeux se sont habitués à l'obscurité et chacun distingue sans difficulté le camarade qui marche légèrement devant lui. Le groupe-franc progresse depuis plus de deux heures, avec une extrême prudente. Il est 6 h 25. En tête, Vassal s'accroupit, cherchant à percer le brouillard qui s'est levé. Le sous-lieutenant se dit que si ce brouillard protège leur progression, il empêche aussi de voir les obstacles, ce qui ne laisse pas de l'inquiéter. Autant qu'il puisse en juger, son groupe-franc se trouve à 400 mètres du but. Il jette un regard vers le ciel qui commence à blanchir.

— Dépêchons-nous, le jour va poindre, nous devons attaquer avant si nous voulons bénéficier de l'effet de surprise.

Le groupe-franc redémarre, silencieux, dans le brouillard qui s'épaissit progressivement. Un aboiement éclate sur la gauche, légèrement en avant.

— Merde, les chiens !

Vassal est furieux ; se faire éventer si près du but, c'est trop bête.

Sa décision est vite prise. Tourné vers l'adjudant Lebel, l'un de ses chefs de section, aplati dans une flaque à deux mètres de lui, il ordonne :

— Il faut arrêter le groupe dans sa progression. Inutile de foncer plus avant par ici, les chiens nous attendent et derrière eux, leurs maîtres.

— Bien vu, mon lieutenant.

L'adjudant se relève en soufflant un peu. Dans la nuit qui s'éclaircit de plus en plus, tout en restant suffisamment sombre pour permettre aux chasseurs de se confondre encore avec l'obscurité, les hommes du groupe-franc se regroupent, tendus instinctivement vers leur chef, qui réfléchit rapidement.

— Les frisés peuvent parfaitement croire qu'il s'agit d'une simple patrouille, voire de rien du tout. Il faut tenter d'attaquer plus à droite.

Les volontaires repartent en avant, après avoir longé un chemin sur environ trois cents mètres, parallèlement à la lisière du bois. Vassal s'arrête à nouveau, la tête penchée, comme un veneur qui écoute. Venant du nord, on entend distinctement des hommes parler allemand. A quelques centaines de mètres à peine, il règne une agitation certaine. Sans doute, malgré l'espoir que nourrissait Vassal quelques minutes auparavant, les Allemands ont-ils éventé l'attaque et se préparent-ils à les recevoir.

Il est presque sept heures et quart. Malgré le brouillard, les chasseurs distinguent par à-coups la masse sombre du bois dans lequel ils vont entrer. Le sous-lieutenant est en tête. En quelques foulées, il se trouve dans le sous-bois. Instinctivement, il serre dans sa main la crosse de son pistolet. Derrière lui, l'adjudant Lebel avance sur ses talons, mousqueton braqué. Puis viennent, silencieuses, les trois sections du groupe-franc.

— Ça y est, en plein dedans !

Vassal a à peine eu le temps de penser que sa capote s'est durement accrochée aux barbes de fer du réseau disposé parallèlement à la lisière du bois. Vision ou instinct, les Allemands, qui doivent être en alerte depuis l'aboiement du chien, se mettent à hurler :

— *Alarm ! Alarm !*

Vassal ne réfléchit plus ; il sent la proximité de l'objectif et bondit en avant. Malgré la clarté diffuse, le brouillard n'est pas encore levé, loin de là, et au bout de cinq mètres de course, il rentre de plein fouet dans deux fils de fer tendus à hauteur de jambes. L'impression désagréable d'être bloqué sur place par un ennemi invisible est accrue par le tintamarre produit par les boîtes de conserve vides, accrochées en chapelet et qui s'entrechoquent violemment. Presque en même temps se déclenche un feu d'enfer ; les Allemands réagissent de toutes leurs armes, tirant au hasard vers leur réseau de barbelés, au fusil et à la mitraillette. Vassal entend distinctement le sifflement des balles qui se fichent dans le sol ou les arbres avec un bruit mat, hachent les buissons et les fourrés environnants.

— En avant ! Foncez, débordez par la gauche !

Le groupe-franc se reforme et bondit, poussé par Vassal qui hurle ses ordres pour couvrir le tonnerre roulant des armes. En quelques secondes, les hommes arrivent au contact. Les grenades françaises volent par-dessus les barbelés ultimes protégeant le poste ennemi ; elles éclatent dans la tranchée courant parallèlement au réseau de fil de fer. A travers le brouillard tout illuminé d'éclairs orange et rouges, les Français voient distinctement leurs adversaires dont plusieurs se sont effondrés sur le parapet de la tranchée. Des grenades à manche éclatent à leur tour au milieu des chasseurs, certaines heurtant les basses branches qu'elles transforment aussitôt en éclats déchiquetants. Le groupe-franc est maintenant sur l'arrière du poste, qu'il a pris à revers. Un grand diable d'Allemand se dresse face aux assaillants. Pontrot ne comprend pas ce qu'il dit, il ne l'entend même pas au milieu du fracas. Il ne voit qu'une bouche hurlante, largement ouverte, une main qui saisit fébrilement une des grenades passées dans le ceinturon.

« C'est lui ou moi », réalise, en un quart de seconde, le petit Pontrot, si petit que ses camarades l'ont surnommé « Tom Pouce ». Son mousqueton tressaute dans sa main, il a tiré en courant, un peu au jugé, sans même prendre le temps de viser. En face de lui, la bouche de l'Allemand reste grande ouverte, et la main se crispe sur la capote, n'achevant pas le geste qu'elle avait commencé. Pontrot, qui est maintenant à un mètre de lui, aperçoit la tache sombre qui s'agrandit à la hauteur du ceinturon, tout près de la plaque. L'Allemand s'effondre en tournant sur lui. Mort.

A trois mètres de là, Vassal retient un chasseur qui vient de trébucher. Il continue à crier ses ordres. Pontrot a l'impression que le visage du lieutenant est comme marbré de sang. Le sien ? Celui du copain qu'il vient de retenir ? C'est le sien ; une grenade l'a arrosé d'éclats. Le casque l'a protégé des plus gros, mais trois autres lui ont labouré la joue droite et le front ; il saigne abondamment, mais garde tout son calme, s'essuyant d'une main qui ne tremble pas. A quelques mètres, deux sous-officiers sont tombés à leur tour, blessés l'un par balle, l'autre par grenade. Les Allemands comptent aussi plusieurs blessés et un ou deux morts, mais ils se ressaisissent et sous la direction de leur Oberleutnant, se préparent à contre-attaquer. Vassal se rend compte que si le combat n'est pas inégal en nombre, il risque de l'être en puissance de feu ; car les Allemands semblent disposer d'une arme automatique. Le succès de l'opération ne peut être complet. Il faut se replier, en se contentant d'avoir infligé des pertes aux adversaires.

— Repli général... Emmenez les blessés.

Tirant au pistolet, Vassal reste en arrière avec trois hommes et Pontrot, protégant le repli du groupe-franc. Dissimulant les silhouettes, le brouillard se fait complice des chasseurs qui sont comme absorbés par un mur de coton. Les Allemands poussent des hurlements de triomphe et accroissent leur feu, battant leur réseau de barbelés dont les boîtes de conserve tintinnabulent frénétiquement aussi bien au passage des Français que sous les balles des deux camps. En repassant cette barrière sonore, Pontrot ne peut s'empêcher de penser à la fête foraine et aux stands de tir. Mais ici, ni poupée folklorique ni ours en peluche si un tireur atteint sa cible !

Vassal reprend pied sur le chemin. Il fait presque jour maintenant.

— Bilan ?

— Trois blessés mon lieutenant, sans vous compter...

— Moi, ce n'est rien. Tout le monde est là ?

— Oui, mon lieutenant, ça ira, sourit l'un des sous-officiers blessé, appuyé sur deux camarades.

— On rentre, vite. Les gars d'en face songent peut-être à nous faire un brin de conduite. Inutile de les attendre.

La pluie recommence à tomber. Enjambant les flaques, les chasseurs regagnent les A.P. Vassal pense déjà aux termes du compte rendu qu'il va envoyer, d'ici quelques heures, au commandant Pauty et, à travers lui, à ceux qui, à l'état-major, attendent le résultat de la sortie.

*
**

— Bonne chance les gars !

Il est onze heures un peu passées. Les hommes du groupe-franc du 69e RIF regardent défiler devant eux leurs camarades du 3e bataillon du 125e RI, qui s'établissent sur la ligne du Kreutzberg, cote 371. Le groupe-franc est parti le matin même de Forbach pour couvrir, avec d'autres corps-francs réunis sous le commandement du commandant Cilot, le mouvement effectué par les fantassins du 125e. Mission terminée, les hommes du groupe-franc attendent l'ordre de se regrouper en réserve vers l'extrémité ouest de la clairière du Pasteur.

Le caporal Keller, le F.M. 24/29 sur l'épaule, regarde pensivement devant lui. Encore une mission sans casse. Tant mieux. Il aimerait cependant un peu de baroud. C'est pour cela qu'il est venu au groupe-franc. Vivre entre les murs d'une casemate ne lui sourit guère. Il se trouve mieux en plein air, vivant à part avec ses copains, ses chefs, bien installés dans une ferme abandonnée, simplement reliés au régiment par le fil du téléphone ou par le vélo sans garde-boue des estafettes. C'est le principe de base, dans les groupes-francs ; cantonnement à part, pas de corvées, armement théoriquement meilleur, équipement spécial. Keller se met à rire intérieurement. Equipement spécial ! Très spécial même !

Lorsqu'il est monté en ligne, en octobre, son pantalon-culotte kaki était trop petit et il portait en fait, sous sa capote réglementaire, un pantalon civil d'une couleur indéfinie ! Il n'était d'ailleurs pas le seul. Profitant de la position particulière des volontaires des corps-francs, lui comme ses camarades ne s'étaient guère gênés pour adopter des vêtements civils, surtout des pull-overs beaucoup plus efficaces que les jerseys de l'intendance, beaucoup trop fins pour affronter les premiers froids d'un hiver s'annonçant comme devant être particulièrement rigoureux. Gants et écharpes de laine amoureusement tricotés par les mères, les sœurs, les marraines de guerre ou les petites amies ajoutaient leur note à une tenue déjà passablement folklorique. Au point que certains combattants, bardés comme il se doit de munitions et de grenades en quantité respectable, évoquaient plus le franc-tireur que le soldat protégé par la convention de Genève ! Les choses s'étaient un peu arrangées, mais la seule innovation véritable en matière d'identification militaire des groupes-francs consistait en l'étoile de drap bleu cousue sur la manche gauche de la capote.

Keller est tiré de sa méditation par la bourrade de son voisin.

— Hé mec, tu rêves, on avance.

Keller sursaute, remonte son FM et emboîte le pas à son camarade, un Parigot bon teint, qui ne rate pas une occasion de faire profiter son entourage d'un accent gouailleur dénonçant ses origines bellevilloises à cent mètres.

Le commandant Cilot, canne à la main, passe à grandes enjambées, hâtant le mouvement des hommes. Il voudrait relier les éléments du 3e bataillon à ceux qui devraient se trouver sur la droite du dispositif.

Il est presque 11 h 30. Soudainement une fusillade éclate, brève mais violente ; le feu d'une patrouille allemande remontant sur le revers nord-ouest du mamelon 371.

L'ennemi a surgi inopinément et ouvert le feu. Les hommes du corps-franc réagissent immédiatement ; mousquetons et mitraillettes entrent en action. Le commandant Cilot s'aperçoit rapidement qu'il faut couvrir le flanc gauche des éléments d'infanterie laissés sur le Kreutzberg. Il donne aussitôt l'ordre au groupe-franc du 69e RIF de se reporter en avant sur le rebord nord de la grande carrière qui est ouverte au flanc du Kreutzberg, non loin du bois d'où part une fusillade intermittente.

Keller court, suivi de son pourvoyeur, Lemoine, vers le bord de la carrière. En quelques secondes, il couche son mètre soixante-dix dos à l'à-pic, installe son FM, cherche un angle de visée pour arroser l'Allemand.

— Merde !

Droit devant lui, à dix mètres, un épais buisson de ronces bouche complètement la vue ; il n'y a aucun champ de tir possible. Comme lui, Lemoine a vu. Plié en deux, mousqueton à la main, il pousse en avant, contourne le buisson. Dix secondes plus tard, il réapparaît, faisant signe à Keller de venir.

— Par ici, j'ai trouvé un coin au poil !

Keller se relève et bondit en avant, ne sentant même pas, dans l'excitation du combat, le poids de son arme. Il contourne à son tour le buisson, et se retrouve face à la pente que grimpent à petites foulées trois Allemands, deux fantassins casqués et un officier portant sa casquette en bataille.

« Merde de merde », pense Keller, qui n'a pas eu le temps de se coucher. Lemoine s'est jeté à terre, Keller ne le voit même pas.

— *Hände hoch, halt !* hurle l'officier allemand.

Pour toute réponse, Keller, debout, bien calé sur ses jambes écartées, lâche une courte rafale, bénissant la bretelle retenant le F.M. à la hanche et qui lui permet de tirer sans autre préparation.

Les trois Allemands se sont laissés tomber sur place. Les balles sifflent au-dessus de leurs têtes. Sur la droite de Keller, le feu redouble. Les Allemands se relèvent, reprenant leur ascension vers Keller qui appuie instinctivement sur la détente. Une nouvelle rafale et l'officier s'effondre, comme rejeté en arrière par un énorme coup de poing. Sa casquette vole à côté de lui, coiffe vers le ciel. Ses deux compagnons restent couchés. Keller aperçoit légèrement plus bas, sur la droite, les servants d'une mitrailleuse légère, gisant autour de leur arme désormais inutile.

Le caporal tend le bras vers Lemoine.

— Passe-moi un chargeur, vite !

Pas de réponse. Keller se retourne. Il n'y a plus personne. Son groupe s'est replié, sans s'apercevoir qu'il n'était pas avec eux. Il n'a pas d'autre solution de repli que celle de sauter dans la carrière qui s'ouvre derrière lui. Devant, sur les côtés, des uniformes vert-de-gris et surtout un feu d'enfer. Keller mesure du regard les quelque huit mètres qui le séparent du fond de la carrière, blessure gris blanc à flanc de colline, tranchant sur le vert sale et le brun de la végétation d'automne. A la grâce de Dieu ! Il saute, se reçoit sur les jambes trois mètres plus bas, sur un replat d'où la descente est possible vers le sol. Un sifflement ; tête dans les épaules, le corps écrasé contre la terre blanchâtre à l'abri précaire d'un wagonnet rouillé, Keller attend l'explosion. Les granatenwerfer et les obus de 75 commencent à tomber dru. Relevant son casque, Keller regarde vers le rebord sud de la carrière, à cinquante mètres de lui. Des silhouettes s'y agitent, en partie dissimulées par quelques arbres rabougris. Français ? Allemands ? Impossible de s'en rendre compte avec certitude. Keller se remet debout. Devant lui, le chemin d'exploitation de la carrière serpente vers ce qui lui paraît être la sortie. Il s'arrête une seconde, met un genou en terre, resserre les lanières à boucle de ses surbottes de caoutchouc, enfilées directement sur ses brodequins et ses bandes molletières, bien pratiques dans la boue, mais relativement encombrantes compte tenu de leur taille démesurée !

A la sortie de la mine, des voix résonnent. Keller pousse un soupir de soulagement ; l'accent nord-africain empêche de les confondre avec n'importe quel dialecte teuton[*]! Une dizaine d'hommes habillés de kaki grenades à l'épaule, l'accueillent en riant ! En riant même si fort qu'il doit s'arrêter pour comprendre leur hilarité à la seule vue de son accoutrement, entièrement recouvert de poussière blanche lui donnant plus l'apparence d'un meunier en goguette que celle d'un combattant ! Les tirailleurs du corps-franc du 23e RTA l'intègrent dans leurs rangs. Le lieutenant qui le commande se renseigne auprès de lui sur la position des Allemands qui se battent toujours de l'autre côté de la crête.

— Ne restons pas ici, je vais tâcher d'établir la liaison.

Durant tout l'après-midi, le groupe reste sur sa position. Les Allemands sont maintenant bien établis dans le bois. Le lieutenant réfléchit. L'adversaire va certainement lancer des patrouilles toute la nuit. Etant totalement isolé, il est plus prudent de passer la nuit sur place et de tenter de rejoindre au petit jour. Recru de fatigue, traînant plus qu'il ne porte son F.M., Keller s'écarte un peu du groupe. Il s'assied au pied d'un arbre et s'endort lourdement.

Le froid le réveille. Il est roulé en boule au pied de son arbre. Combien de temps a-t-il dormi ? Il est incapable de le dire ; mais le jour est levé, un jour gris et sale. Il est seul.

— Ah, les salauds !

Les tirailleurs sont partis, oubliant l'isolé qui s'était joint à eux. Keller serre les dents ; il n'a qu'une seule idée en tête, obsédante ; rejoindre ses lignes, retrouver son groupe-franc. Il fait rapidement le point. D'abord se débarrasser de son F.M. ; sans munitions, il ne lui sert plus à rien, sinon entraver ses mouvements. Mais il ne doit pas tomber entre les mains des Boches, trop heureux d'en faire un trophée, voire de l'utiliser s'ils le peuvent. Assis par terre, le caporal démonte l'arme. Puis avec une pierre aplatie, il creuse plusieurs trous à quelques mètres les uns des autres ; il enterre soigneusement les pièces du FM, recouvre les trous de terre, de feuilles et de brindilles. Il se recule, satisfait ; on ne voit plus rien. Keller lève la tête vers le ciel, essuyant ses mains sales sur sa capote. Le jour ne perce pas le sous-bois qui reste dans la pénombre. Il ôte son casque, se gratte les cheveux, sa barbe de vingt-quatre heures, rappelant à lui ses souvenirs d'instruction. Il faut s'orienter avant tout. Sur sa gauche, un rai de lumière plus importante filtre à travers les branches. Keller s'y dirige, tirant sa montre de sa poche intérieure ; il la met toujours là pour la protéger des chocs. Le sourcil froncé, il observe les aiguilles, repère l'ouest, la direction de Forbach d'où il est parti la veille.

Il se met en marche, l'œil et l'oreille aux aguets. Désagréable sensation d'être un animal de chasse. Silence des bois, troublé uniquement par un craquement de branche, un appel d'oiseau. Keller marche toute la matinée, avec la nette impression, à plusieurs reprises, de retourner sur ses pas, de tourner en rond. Deux ou trois fois, il se jette sous un buisson, croyant avoir entendu des voix, le pas d'une troupe en marche. Il s'arrête brusquement ;

devant lui, les arbres s'espacent, une large portion de ciel gris est bien visible ; c'est l'orée du bois. Avant de sortir, Keller écarte avec précaution les basses branches de l'arbre qui le sépare des premières prairies précédant Forbach. Son regard parcourt lentement la ligne des haies, s'arrête sur les quelques fermes ou granges piquées comme des jouets sur la campagne déserte.

Déserte ? Pas tant que ça... Avec un geste de dépit, Keller vient d'apercevoir les casques carrés d'une patrouille allemande qui, à trois cents mètres en contrebas, fouille minutieusement fossés et buissons. Malgré la distance, Keller distingue nettement les bâtons avec lesquels les soldats frappent devant eux. La retraite est coupée par là. Keller se rejette dans les bois. Il s'enfonce à nouveau sous les arbres. L'après-midi passe, lentement, très lentement. Il faut encore attendre la nuit, la seconde depuis le combat du Kreutzberg.

Keller s'est allongé au pied d'un arbre. Il pense à sa mère, veuve, qui l'attend à cent kilomètres de là, en Lorraine ; à sa fiancée, qui pleurait en l'accompagnant à la gare, lors de sa dernière permission, ou plutôt l'unique permission qu'il a obtenue juste avant la formation du corps-franc. Il est loin de penser, le petit caporal, que la veille au soir, à Munich, un autre caporal, devenu chancelier, Adolf Hitler, a échappé à un attentat et que, durant toute la journée que lui vient de passer dans ce bois, la Gestapo, sur les dents, a arrêté, questionné, fouillé pour trouver les coupables. Ce n'est pas son problème, à lui. Son problème, c'est de se sortir de là, de rejoindre ses camarades et de reprendre le combat derrière un nouveau F.M.

Il n'ose pas s'endormir. Il a faim. Parti sans rations de combat, il n'a rien avalé depuis la veille. Il a soif ; les quelques gorgées d'eau sale lapées dans un ruisseau lui ont laissé un mauvais goût dans la bouche. Pourvu qu'il n'ait pas attrapé une quelconque saloperie ! Il s'est levé à demi sur les coudes. Il croit entendre un craquement, des frôlements. Pas de doute, on marche non loin d'ici. Camarades ou ennemis ? Dans le doute, le plus sûr est de ne pas bouger.

A quelques mètres de lui, une dizaine d'hommes passent, en tirailleurs. La patrouille s'éloigne ; elle n'a rien vu. Keller respire, pas pour longtemps. Quelques minutes plus tard, une nouvelle troupe suit la première. Les hommes marchent en colonne. Pour Keller, ce ne sont que des ombres grises, pour l'instant sans nationalité. Les ombres se sont brusquement jetées à terre. La patrouille est à quelques mètres. Keller est plaqué contre la terre. Il pense avoir été aperçu malgré l'obscurité relative ; le sous-bois n'est pas très fourni et peut-être l'un des hommes a-t-il distingué une silhouette, la sienne. Un objet atterrit à côté de lui. C'est un petit caillou. Les patrouilleurs allemands, tels des enfants au bord d'une mare, lancent ce qu'ils ont à portée de la main. Un autre caillou roule devant lui. Keller s'apprête à reculer, lorsqu'un troisième projectile vient frapper son casque qui, par malchance, n'est pas recouvert de son couvre-casque de tissu kaki. Le caporal a l'impression que le choc métallique a réveillé la France entière. En face de lui, c'est toujours le silence. Repéré pour repéré, il faut savoir à qui on a affaire. D'une voix angoissée, il interroge :

— Tirailleurs ?

Il n'obtient pas de réponse. Par contre, il est conscient que les frôlements ont repris et se rapprochent de lui. La patrouille progresse en rampant. Elle passe dans un trou de clarté relative, ou plutôt de moindre obscurité, à cinq mètres du Français. Celui-ci pousse un juron étouffé ; il vient de reconnaître la forme caractéristique du casque allemand. Quelques secondes plus tard, deux mains brutales le saisissent, le relèvent. Il est prisonnier.

La patrouille a déjà repris son chemin, laissant Keller à la garde de deux voltigeurs qui le poussent en avant, le Mauser dans les reins.

« Quelle bande d'abrutis, pense Keller, ils ne m'ont même pas fouillé ! »

Devant, les Allemands se sont arrêtés à nouveau. Keller entend les rafales accélérées de deux F.M. français, dont le rytme ne peut être confondu avec aucun autre, et surtout pas avec le halètement poussif des MG allemandes. Précisément, celles-ci répondent. Keller a en effet aperçu, tout à l'heure, deux mitrailleuses légères. Il s'est arrêté à son tour, comme ses deux gardiens, qui, d'un geste machinal, ont manœuvré la culasse de leur arme. Le combat paraît s'éloigner, puis il revient vers le petit groupe. Des fusées montent audessus de la cime des arbres, éclairant le bois d'une lueur blafarde qui le transforme en paysage lunaire. Quelques secondes passent puis un ronflement monte, suivi d'un éclatement violent. La tête dans les épaules, les mains retenant son casque, Keller jubile ; du 75 ! Les artilleurs français répliquent. En quelques minutes, le bois reçoit plusieurs dizaines d'obus. A côté du caporal, ses anges gardiens se sont jetés de côté pour se protéger derrière les arbres. Pour l'instant, et pour un court moment peut-être, ils ne s'occupent pas de leur prisonnier.

« C'est le moment, le seul », pense Keller.

Patiemment, insensiblement, il commence à reculer en rampant, tâtant derrière lui avec ses pieds pour éviter les obstacles, surveillant les deux Allemands uniquement attentifs à se garantir du bombardement. Keller transpire à grosses gouttes. Il s'attend à ce que, d'une seconde à l'autre, l'un de ses gardiens s'aperçoive de sa tentative et fasse feu sur lui. La distance augmente entre eux et lui, vingt mètres, trente mètres. Il n'y a toujours aucune réaction ; les obus tombent par rafales. Quarante mètres... Keller se redresse, tourne les talons et bondit. Il est sauvé !

Le jour du 10 novembre se lève. Engourdi par les courbatures, car il est resté terré dans un trou durant plusieurs heures, Keller commence à descendre la pente qui se trouve sur sa gauche et qui devrait mener, s'il ne se trompe pas, vers la lisière du bois. Il dévale prudemment, entraînant quelques pierres avec lui. Deux coups de feu claquent au-dessus de sa tête. Il accélère et termine sa course dans un buisson où il se cache, haletant. Derrière lui, les coups de feu se sont tus ; ses Allemands de la nuit sans doute, qui l'ont vu, mais qui semblent ne pas oser se lancer à sa poursuite.

Keller laisse passer un quart d'heure, puis émerge à nouveau de sa cachette. Il repart vers le pied de la pente, retient un mouvement de joie ; il ne s'est pas trompé. Devant lui, s'étire la lisière du bois et, juste derrière, une voie ferrée. Il s'arrête, rendu prudent par l'expérience. Les Allemands peuvent être là et battre la clairière où il se trouve. Mais il n'y a rien. Si pourtant ; une fumée suspecte monte de la voie ferrée elle-même, sur la droite. Keller en a assez de jouer les fugitifs. Il va tenter sa chance. Un bond et il se retrouve de l'autre côté de la voie ferrée, aplati dans les fourrés qui la bordent et annoncent un nouveau petit bois.

Le silence règne toujours. Le caporal se rend compte avec soulagement qu'il n'a pas été vu. Le petit bois dans lequel il se trouve n'est pas large et, de son buisson, il aperçoit la lumière qui traverse la lisière opposée. Il se relève et s'en approche, observant l'autre côté. Aucune trace de vie, seul un chemin borde les arbres. Keller l'emprunte, se dirigeant vers la gauche, dans la direction dans laquelle, cette nuit, il a entendu les F.M. français. Au bout d'une demi-heure de marche, il parvient à un carrefour, d'où part une route goudronnée bordée de maisons. Une pancarte indique : « Hôpital-Silence ». Keller jubile ; selon lui, il n'y a qu'un seul hôpital dans le secteur, celui de Forbach, aux lisières est de la ville.

Encore une centaine de mètres et sur le côté de la route, un soldat kaki veille, mousqueton à l'épaule. C'est une sentinelle du 50e GRDI *, dont le poste est là, à l'abri sous les autres. Keller se fait connaître. Le sous-officier chef de poste arrive, lui tape sur l'épaule. Il est recru de fatigue, mort de faim et de soif, le visage mangé de barbe et la capote raidie de boue. Mais il a rejoint les lignes, tout simplement parce qu'il avait décidé qu'il ne voulait à aucun prix être prisonnier.

**

Le mois de décembre 1939 est marqué essentiellement par l'héroïque résistance qu'oppose la minuscule armée finlandaise

* G.R.D.I. : Groupe de Reconnaissance de Division d'Infanterie.

(300 000 hommes) au rouleau compresseur soviétique, dont les colonnes marquent le pas devant la neige, les hautes futaies, les levées aux arêtes vives qui bloquent les chars. Vivant de lait, chaussés de ski, vêtus de blanc, les soldats finlandais emmenés par leur chef, le maréchal Mannerheim, tiennent tête à Ivan. Des milliers de soldats soviétiques meurent de froid et de faim. Les Finlandais ne font pas, en bloc, plus de 2 000 prisonniers, mais cueillent peu à peu les survivants et saisissent une énorme correspondance qui démontre l'immense détresse russe. Le 12 décembre, dans un mémorandum éloquent, Churchill préconise un débarquement en Norvège pour soutenir la Finlande ; il espère ainsi affaiblir l'URSS, donc saper Hitler, lié pour l'instant à Staline par le pacte germano-soviétique. La France se contente d'envoyer des armes.

Au 1er décembre, les pertes françaises ont été pour l'armée de terre : 1 136 tués, pour la marine : 266 disparus et pour l'aviation : 42 tués. Sur le front, la situation n'a guère évolué. Français et Allemands poursuivent leur guérilla, dans l'atmosphère débilitante de « drôle de guerre » (pourquoi cette appellation aussi impropre ?) analogue à celle connue depuis septembre. Le seul changement, mais il est de taille, est la neige, qui recouvre les lignes, ajoutant un linceul blanc aux températures d'extrême froid de cet hiver exceptionnellement rigoureux : de — 20 à — 30 degrés.

Les corps-francs, comme tous les soldats des avant-postes, y ont gagné une pièce d'habillement qui va rapidement les singulariser. Il s'agit de la peau de mouton, dont les hommes imaginent mal se passer, malgré la gêne qu'elle procure dans les mouvements. C'est un simple rectangle de peau avec un trou au milieu pour glisser la tête, à la manière d'un poncho. Elle se noue sous les bras grâce à des petits lacets de toile blanche. Selon les corps-francs, dont la tenue est aussi variée que les unités elles-mêmes, la peau de mouton est plus longue ou plus courte. Le principal, pour les hommes, est d'en posséder une qui, passée par-dessus la capote, protège du froid. Lorsque le printemps viendra, et que la température sera moins rigoureuse, elle sera enfilée directement sur le chandail kaki. Ajoutée aux surbottes de caoutchouc et, parfois, au chèche blanc dans lequel on s'enveloppe la tête et le cou, aux gants imperméables en toile doublée de peau pour améliorer la préhension, la peau de mouton complète l'équipement habituel du combattant de groupe-franc. Dans certaines unités, le casque est même abandonné, au profit du béret basque, souvent d'origine civile, qui évite tout choc métallique risquant d'alerter l'ennemi. L'honneur du corps-franc veut que le béret soit bien tiré sur l'oreille !

L'armement s'est également peu à peu normalisé, même si, ici et là, règne encore une relative fantaisie : mousqueton, parfois fusil Lebel, plus rare, mais qui permet le tromblon lance-grenades V.B. grenades OF à bouchon allumeur modèle 35. Celles-ci peintes en gris-bleu clair garnissent surtout les poches, et ne sont suspendues en abondance au ceinturon et aux bretelles que pour les besoins des photographes correspondants de guerre. Suspendu à sa bretelle modèle 27 qui permet le tir aussi bien couché que debout, le F M 24/29 fait partie de la dotation de tout corps-franc. Ce tir, comme le souligne le manuel technique, « n'est pas sans efficacité s'il est bien exécuté ; il a toujours un effet moral considérable ». On trouve aussi les mitraillettes et le poignard. La mitraillette est encore peu répandue en décembre 1939, mais malgré sa faible puissance d'arrêt et son calibre réduit, le combattant du corps-franc la considère comme une arme idéale pour les coups de main ; d'ailleurs, les Allemands des « Stosstruppe » en sont, eux, largement pourvus. Quant au poignard, il relève souvent de la débrouillardise du chef de corps-franc, et les modèles varient considérablement, du couteau « genre scout » à celui de « nettoyeur de tranchée ».

Les pourvoyeurs emportent les chargeurs de F.M. dans une musette à bretelle « enveloppante » partie en toile, partie en cuir, réglable en longueur par une boucle à ardillon ; aux six chargeurs ils peuvent ajouter le cas échéant, certains accessoires comme la béquille ou le correcteur de tir contre avions.

Ainsi équipés, reconnaissables à l'étoile bleu foncé à cinq branches cousue sur la manche gauche, voire à l'insigne en arc de cercle sur lequel se détache la mention « corps-franc » (plus rare), les volontaires des groupes-francs peuvent affronter l'adversaire.

***

Père blanc « dans le civil », le lieutenant Guilbert, patron du groupe-franc du 1er bataillon du 99e régiment d'infanterie alpine, se demande si les « amis d'en face », comme il se plaît à les nommer, vont revenir aujourd'hui. Ses alpins sont soigneusement dissimulés qui dans des tranchées allemandes, qui sous les branches, alourdies de neige, des sapins qui recouvrent toute cette partie de la forêt vosgienne, non loin du col du Maimont, tout près de la ligne frontière.

Les « amis d'en face », le groupe-franc les a repérés la veille, 27 décembre, sous la forme d'une patrouille venant du sud-ouest vers la borne 10 en longeant les barbelés. La mission essentielle des groupes-francs consiste à chasser le renseignement et pour cela à faire des prisonniers. C'est pourquoi Guilbert avait préféré préparer son affaire et revenir aujourd'hui. Toute la soirée, dans la maison à colombage d'Obersteinbach où cantonne son groupe-franc, il a réfléchi. Son plan est simple. En surgissant sur leurs arrières, faire prisonniers les Boches en les forçant ainsi à se jeter sur un F.M. mis auparavant en batterie face à eux. Il faut donc que la patrouille allemande emprunte le même itinéraire le long des mêmes barbelés.

Pour l'instant, rien ne se passe et le Père Guilbert sent monter en lui une impatience n'ayant rien d'écclésiastique !

Revêtus de ponchos et de cagoules blancs, les hommes du corps-franc sont invisibles. Partis d'Obersteinbach à 7 h 30, ils ont progressé durant une heure et demie dans la neige, dépassant le col du Maimont, l'observatoire du même nom, puis suivant la ligne frontière jusqu'à la borne 10. La progression a été difficile, la neige est profonde et molle. Le lieutenant Guilbert a formé trois groupes de six hommes, le premier qu'il commande lui-même, le second aux ordres du sergent Cusin, le troisième à ceux du caporal Vivier. Chaque groupe possède un F.M. ; en fait la dotation du groupe-franc n'en prévoit que deux, mais les bons rapports entretenus par Guilbert avec le commandant de la 3e compagnie, qui tient le point d'appui du Maimont, ont permis d'obtenir de ce dernier le prêt d'un troisième F.M.

Guilbert a demandé en outre au commandant un groupe de combat qu'il a placé, en protection, sur la crête ouest du Maimont, avec pour mission d'empêcher un éventuel mouvement tournant de l'ennemi vers l'est. Ce groupe est invisible, dissimulé aux regards par la crête couverte d'arbres. Un second groupe, celui de Vivier, a pour mission d'empêcher les Allemands de déboucher vers le nord-ouest pour soutenir la patrouille prise à partie. Un troisième groupe surveille le vallon au nord de la borne 10. Guilbert l'a repéré pour sa forte pente, assez découverte, et qui présente un passage à l'écart des mines, que les Allemands pourraient parfaitement emprunter. Enfin le premier groupe, celui de Guilbert, placé dans une tranchée, attend en première ligne que la patrouille de la veille veuille bien se montrer.

Le lieutenant Guilbert, pour la cinquième fois en dix minutes, consulte le cadran de sa montre. 10 h 13... Voilà près d'une heure que le groupe-franc attend sur place. Rien, aucun signe de vie dans un paysage uniformément blanc et immobile.

— C'est à croire qu'ils se sont doutés de quelques chose, chuchote Guilbert à son adjoint, qui frotte avec application son nez devenu rouge sous la morsure du froid.

Guilbert fouille le paysage à l'aide de ses jumelles, guettant le moindre mouvement. Les Allemands, eux aussi, ont adopté les survêtements blancs, et ils se confondent parfaitement, surtout lorsqu'ils sont immobiles, avec les étendues immaculées.

— Mon lieutenant ! Regardez par là !

Par là, c'est au nord-ouest, exactement à l'opposé de l'endroit où la patrouille a été aperçue la veille. Guilbert se lève et, moitié rampant, moitié courant, il va se poster dans la tranchée occupée par son second groupe. Il les voit tout de suite ; en tête, un groupe de sept hommes emmené par un officier et un adjudant, pistolet mitrailleur au poing. Derrière, un autre groupe, que Guilbert ne peut dénombrer avec certitude. Silencieusement, les culasses des Français ont manœuvré. Les respirations sont comme suspendues dans l'air froid. Incongru, un paquet de neige vient tomber lourdement à côté du chasseur Brizard, voltigeur de droite du second groupe. Celui-ci sursaute, troublé dans l'attention aiguë qu'il porte à la colonne allemande progressant à enjambées prudentes et lourdes vers l'endroit où sont dissimulés les Français.

Le mousqueton bien calé sur le rebord de la tranchée, Brizard prend lentement sa ligne de mire. Il voit le torse d'un Allemand se profiler au bout du canon. Brizard a enlevé ses gants de laine pour mieux disposer de la souplesse de ses doigts. Il risque de sentir sa main s'engourdir, il le sait, mais ces fichus gants l'empêtrent à chaque fois qu'il veut tirer. Alors, tant pis. Son index se replie lentement. La détonation lui déchire le tympan et lui paraît rouler monstrueusement dans les vallons. Devant lui, au bout du canon, le torse de l'Allemand n'est plus à sa place. L'homme est à terre, bougeant le bras. Ses camarades se sont couchés aussitôt, se protégeant comme ils le peuvent du feu roulant qui a immédiatement convergé vers leur groupe.

Le F.M. du groupe 2 aboie ses rafales. L'adjudant à la mitraillette s'est relevé ; il a visiblement repéré l'arme automatique et attaque. L'alpin Chazal tire instinctivement, visant la cagoule blanche sous laquelle on distingue les contours du casque carré. L'adjudant s'écroule à son tour, une balle en plein front. L'officier prend le relais et vise à son tour le F.M. Chazal ne prend pas le temps de réapprovisionner son arme et balance une grenade OF qui va éclater au milieu du groupe ennemi.

L'officier n'a pas pu tirer. Il fixe le sergent Cusin, patron du second groupe, qui l'a couché en joue. Brizard a bondi de sa tranchée et arrive dans le dos de l'officier qui lève les mains, lâchant son arme qui tombe dans la neige, aussitôt ramassée par le Français. Le reste du groupe allemand tente de déborder vers l'ouest afin de tourner le groupe-franc. Les Alpinjaeger avancent en tirant. Guilbert les a aperçus et ouvre le feu sur eux, sans résultat.

Ulman, voltigeur du troisième groupe, et qui a rejoint le second, abat deux des assaillants qui avaient mis en joue l'un des hommes du corps-franc. Devant Ulman, le sergent blessé par la grenade de Chazal tente de sortir du trou dans lequel il est tombé. Ulman rejette son arme sur l'épaule, saisit l'Allemand à plein corps. Il est petit, heureusement, et Ulman peut le charger sur son dos sans trop de difficulté. Pesamment, il repart vers les lignes françaises, passant sans difficulté les réseaux de barbelés qui se détachent sur les champs neigeux. Derrière lui, le lieutenant Guilbert regroupe son monde. Protégés par le F.M. resté en batterie, les hommes du groupe-franc ramassent les Allemands blessés ou morts. L'officier est à côté de Guilbert, mains sur la nuque. Il regarde d'un œil sombre les Français aller et venir, regrouper les armes tombées à terre, un Mauser, la mitraillette de l'adjudant, à qui Chazal a ôté sa patte d'épaule. Guilbert compte ses gars ; pas un manquant, pas un blessé. Par contre, du côté allemand, le bilan est lourd ; un officier prisonnier, un sous-officier blessé, cinq hommes ou gradés blessés ou tués. C'est un succès !

Guilbert appelle Cusin, dont le visage barbu pétille de joie.

— Fais donner un coup de corne pour prévenir le 3e groupe de se replier. On rentre à la maison.

Au coup de corne répondent, comme un écho, quelques détonations. Le groupe-franc s'est figé sur place. Les coups de feu viennent du nord de la borne 10, là où le troisième groupe veillait devant un espace découvert. Une seconde, Guilbert hésite, s'apprêtant à donner l'ordre de foncer soutenir les isolés. Il n'en a pas le temps. A cinquante mètres, émergeant de la crête du vallon, ses hommes se replient. En une minute, le caporal Vivier est auprès de Guilbert.

— Ce n'est rien, mon lieutenant, jusque-là on n'avait rien vu du combat mais au moment où on a entendu la corne, on a repéré trois ou quatre fritz qui grimpaient vers la borne 10. On a tiré dessus... Ils courent encore !

Le groupe-franc se replie sans histoire. Guilbert ferme la marche. Légèrement devant lui, Chazal entend comme un murmure sortant de ses lèvres. Il s'est retourné une première fois, croyant que le lieutenant l'appelait. Mais il a compris que ce n'était pas à lui que Guilbert s'adressait. Malgré le casque, le pistolet et les deux galons d'or, le lieutenant restait prêtre. Le murmure était une prière. Pour les Allemands tués dans l'embuscade.

CHAPITRE III

EN AVANT DE LA LIGNE MAGINOT

— On caille, mon capitaine.

De la tête, Pighetti approuve silencieusement. Il est presque trois heures du matin. Depuis près de deux heures, les chasseurs sont face aux lignes allemandes, transis par un froid qui doit avoisiner moins 21 degrés. Les doigts sont gourds malgré les gants, les dents claquent. Les chèches laissent à peine filtrer les regards brillants. « Si les Allemands viennent, se dit Pighetti, aurons-nous l'immédiate réaction nécessaire ? »

Il a pourtant monté cette embuscade avec soin. Depuis plusieurs jours, la ligne Maginot se plaignait que « les Boches venaient la regarder sous le nez ». Un lieutenant a même ajouté que l'ennemi lançait des cailloux dans les embrasures pour l'agacer ! Ce qui a quand même laissé Pighetti un peu songeur. Le compte rendu d'un capitaine était encore plus éloquent ; cris de chouette, coups de lampe électrique. Le malheureux capitaine avait pensé être encerclé dans son P.A. par un ennemi silencieux sur lequel il avait balancé presque toutes ses grenades. Pighetti avait alors organisé une première reconnaissance qui s'était terminée par un bombardement intense. Cette nuit, une nouvelle embuscade est donc tendue sur les principaux points de passage possible des rôdeurs allemands. L'approche n'a pas été facile. Les hommes s'étalent en colonne par un à dix mètres d'intervalle. Il a beau avoir neigé, la nuit est noire et il ne faut pas se perdre de vue. Tous les cinquante mètres, les chasseurs s'aplatissent sur le sol trempé pour épier, écouter. Seule l'expérience permet de distinguer clairement la différence entre la fuite d'un lièvre, un sifflement du vent dans les branches de sapin et le glissement suspect d'un pas. Tout est calme. De l'autre côté de la frontière, à la faveur d'un brusque déchirement de nuages les dévoilant pour quelques secondes sous la lueur blafarde de la lune, on distingue les champs allemands.

Un chasseur soupire, tout en remuant ses doigts de pied glacés au fond de ses godillots. Si au moins on avait emporté des couvertures ! A sa droite, un jeune soldat, nouvellement arrivé au groupe-franc, soupire à son tour.

— Décevantes, hein, petit, ces embuscades de nuit... ?

Le garçon sourit, un peu gêné, il ne veut pas avoir l'air... Mais c'est vrai qu'il est déçu, lui qui rêve de baroud.

— Bah, t'inquiète pas, reprend « l'ancien », tu les verras les Boches, et même plus souvent que tu ne le souhaiteras.

Une heure passe à nouveau. Pighetti est furieux, dépité, et ramène dans l'ordre ses chasseurs au cantonnement. Vin chaud, bottes de foin odorantes, les hommes du groupe-franc savourent ce véritable confort. C'est d'ailleurs sur les avantages matériels du corps-franc qu'ils insistent, avec une gouaille pudique, lorsqu'on leur demande pourquoi ils se sont portés volontaires. Pas question, pour eux, de parler de combats et du besoin impérieux de se battre plus et avant les autres contre les Allemands. Ils préfèrent évoquer ce qu'il est convenu d'appeler leurs « facilités de vie ».

— On fait un coup dur, ou même on reste comme cette nuit, à se les geler face aux Boches qui ne viennent pas, explique « l'ancien » au « bleusaille », d'accord, mais quand on revient, on est au chaud, on dort, on mange bien. Puis demain, s'il le faut, on repartira. Mais j'aime mieux ça que balayer ou faire le poireau derrière les barbelés en attendant les Boches !

En fait, pense Pighetti, ces super-guerriers ne veulent pas de la discipline militaire traditionnelle ; ils préfèrent obéir à un homme, qu'ils assimilent à un chef de bande, qu'à un officier de tradition commandant traditionnellement dans une unité traditionnelle. Pour eux, pas de garde, pas de corvée ; huit jours d'opérations, huit jours de repos. Et surtout pas de passivité, de patience sous les souffrances ; mais de l'action, ou du moins, mettre toutes les chances de son côté pour en avoir. Pour ces hommes, la pire des conditions militaires consiste précisément dans celle de biffin des forteresses, enfermé dans cette ligne Maginot dont les casemates et les tourelles se profilent à quelques kilomètres en arrière. Et puis, faire partie d'un groupe-franc, c'est déjà être auréolé d'un certain prestige vis-à-vis du reste du bataillon ou du régiment qui sait parfaitement que les privilèges sont largement justifiés par les risques.

Pighetti repose son quart, vide. Il pense à ce qui lui a été rapporté par un lieutenant revenant des A.P. : le « Collet », qui a vu le baptême du feu de son groupe-franc, le 18 décembre 1939 *, serait maintenant occupé. On verra ça.

---

* *Cf.* p. 11.

Quelques jours plus tard, le capitaine est fixé. Deux reconnaissances ont permis d'acquérir la certitude que le Collet n'est pas occupé de façon permanente, comme le sont les deux importants points d'appui qui le surplombent, la cote 427,6 et le Staffelskopf.

Le plan de Pighetti devient alors évident et simple : il faut pénétrer au Collet, et y attendre tranquillement l'ennemi. Mais les premières embuscades sont infructueuses. On gèle et par ailleurs, les traces de pas sont tellement visibles dans la neige qu'il est impossible que les Allemands ne les aperçoivent pas ! En désespoir de cause, pour appâter l'ennemi, le capitaine projette de faire sauter une mine repérée par une patrouille et de laisser un faux blessé. Il a même son volontaire pour ce rôle, Quittançon, un ancien des brigades internationales, communiste bon teint un peu ivrogne, surpris dans un café pour y avoir tenu des propos défaitistes et qui de ce fait, a échappé de peu au Conseil de guerre. Deux mois de corps-franc l'ont calmé !

Enfin, le 3 janvier, l'événement se produit. Le groupe-franc vient de s'installer au Collet, largement avant l'aurore. Neige, froid, vent, tout y est. Les chasseurs se camouflent, comme ils en ont pris l'habitude ces derniers jours ; ils sont arrivés à connaître chaque pouce de terrain de ce fichu point d'appui.

Mégevand, le champion d'aviron, occupe l'emplacement le plus avancé. Alors que pour la troisième fois, il portait les yeux sur la cote 427,6, désespérément vide, il a sursauté ; trois Allemands filent à travers bois vers le point d'appui qui surmonte la cote. Il est impossible de tirer ; on y voit mal, ils sont trop loin et les arbres ne facilitent pas la vue. Et puis, il est hors de question de donner l'alarme soi-même.

Les Allemands disparaissent. Pighetti, averti par un chasseur, est venu s'accroupir à côté de Mégevand.

— Crois-tu qu'ils nous aient repérés ?

— Sais pas, mon capitaine... On va vite être fixés s'ils donnent l'alarme.

Pighetti réfléchit. Si les Allemands n'ont vu qu'un ou deux chasseurs, peut-être vont-ils tenter de les cueillir sans trop de méfiance. Après tout, voilà suffisamment longtemps que le groupe-franc veut en découdre avec les Boches pour ne pas être mécontent d'en avoir — peut-être — enfin l'occasion.

— Attendons-les. On verra bien.

Pighetti se relève après avoir donné une tape sur l'épaule de Mégevand qui reprend son observation. Le capitaine va s'abriter derrière un rocher avec Chevaleyre et son F.M. Mégevand est cinq mètres en avant.

— Défense de tirer avant que je vous en donne le signal.

Les minutes passent. Tous attendent, dans un sentiment d'énervement grandissant. Les yeux font mal à force de fixer droit devant. Brusquement des hommes apparaissent sur la pente de la cote 427,6. Leurs silhouettes se détachent parfaitement sur la neige. Pighetti en compte vingt-cinq, descendant en colonne par un à travers bois. Ils sont à soixante-dix mètres environ. La distance diminue de seconde en seconde, cinquante mètres... quarante mètres, les chasseurs sentent leur arme leur brûler la main, la tentation de tirer devient de plus en plus forte. Ceux qui sont près de Pighetti lui jettent des regards furtifs et impatients, à la limite du reproche.

Chevaleyre tripote son F.M., regarde pour la dixième fois son chef et finit par chuchoter :

— Je peux tirer, mon capitaine... ?

— Attends encore un peu, il faut qu'ils soient à portée de main afin qu'après le premier feu, nous puissions leur sauter dessus et faire des prisonniers.

Vingt mètres... tout à coup, à cinquante mètres derrière le premier groupe d'Allemands, débouche un second échelon d'une trentaïne d'hommes. Quinze mètres... Maintenant ! Pighetti serre le bras de Chevaleyre qui appuie aussitôt sur la détente... sans résultat, le F.M. ne percute pas.

— Nom de Dieu, ça recommence !

A cinq mètres, Mégevand a vu le signal de Pighetti et il a épaulé son mousqueton, visant l'un des hommes de tête du groupe allemand. Froid ou malchance, son mousqueton ne percute pas plus que le F.M. de Chevaleyre. Dans la même seconde, en troupiers accomplis, les deux hommes ont réarmé, sans changer de cartouche. Leurs armes tirent en même temps. Au coup de feu du mousqueton répond une rafale du F.M. Le groupe-franc tire de toutes ses armes.

En face, les Allemands se sont arrêtés sur place, totalement surpris. Près de la moitié de leur groupe sont déjà hors de combat, tués ou blessés. Chevaleyre engage un second chargeur dans son F.M. Mégevand, profitant de la position favorable du groupe-franc, qui surplombe les Allemands, cesse de tirer au mousqueton et dégoupille grenade sur grenade. En contrebas, l'affolement commence à gagner, les grenades de Mégevand ayant fait de nouvelles victimes. Pighetti s'apprête à lancer ses hommes à l'attaque, au corps à corps, lorsque le second échelon allemand intervient. Les adversaires ont mis en batterie deux mitrailleuses et arrosent copieusement les Français. Leurs mitraillettes ajoutent leur aboiement au concert haletant des deux armes lourdes.

Rageur, le capitaine Pighetti ne peut que constater l'impossibilité d'avancer. Il est impensable d'essayer de passer deux réseaux de barbelés sous un tel feu ; d'autant plus que des renforts allemands semblent déboucher du second point d'appui, le Staffelskopf, sur la gauche du groupe-franc. Pighetti sait que la 3e section de sa compagnie couvre ce côté, mais la sagesse commande de décrocher, même s'il est frustrant de ne pas ramener de prisonnier avec un tel tableau.

— Repli général !

Le groupe-franc décroche sous les balles allemandes. Mégevand est légèrement blessé, un autre chasseur, commotionné. Mais pas de comparaison avec les pertes qu'ont enregistrées les Allemands.

Le groupe-franc est rentré. Il repart au repos à Eguelshardt après avoir reçu une pluie de citations ; médaille militaire pour Mégevand, une palme pour Pighetti et des clous pour six chasseurs. Dans quelques jours le 27e BCP va quitter le secteur. Béthouart l'a précédé, appelé à Paris pour préparer sa gloire et celle de ceux qui l'accompagneront. Elle s'appellera Narvik.

Le capitaine Pighetti de Rivasso se retrouve lui aussi en permission à Paris. Une idée l'obsède, et elle lui vient des Allemands ; se procurer un chien, le dresser, en faire un patrouilleur. Au ministère, le commandant chargé du service des chiens le reçoit très mal. Et c'est un ami, qui, finalement, lui procure un magnifique bouvier des Flandres.

— Assez inquiétant, murmure le capitaine en prenant livraison de son nouveau soldat.

« Assez inquiétant », pense aussi l'armurier chez qui Pighetti entre l'après-midi même, pour acheter 15 poignards « genre scout », précise-t-il au marchand. Il repart son paquet sous le bras.

— Mes gars seront ravis !

***

Le sous-lieutenant Barral buvait son café à petites gorgées gourmandes. De l'autre côté de la table, l'adjudant Pensil *, son adjoint, attaquait la troisième page d'une lettre que sa femme recevrait dans quatre ou cinq jours, si la poste aux armées fonctionnait normalement. Dans la grande pièce de cette maison alsacienne, en bout du village de Schwartzenbach, les hommes du groupe-franc du 15e BCA venaient de terminer leur dîner. Le cuistot et deux chasseurs achevaient de ranger gamelles et quarts dans le vaste placard de la non moins vaste cuisine. Ici, rien de commun avec le cantonnement du bataillon. Certes, la maison a été aménagée pour des militaires en campagne. En témoignent le sous-sol, bourré de caisses de grenades et de cartouches, les râteliers d'armes et les couvertures kaki réglementaires, mais les hommes couchent dans de vraies chambres, transformées en chambrées avec châlits, chauffées par des poêles de faïence caractéristiques de cette Alsace qui veut envers et contre tous rester française.

* Pseudonyme.

Sur la table, le sous-lieutenant a disposé feuilles de papier, crayons rouges et bleus, cartes d'état-major. Dans un coin, sous la fenêtre obstruée par un édredon, une caisse laisse déborder un contenu guerrier surmonté d'un pistolet lance-grenades et d'une boîte de chargeurs. A cette heure de la journée, la pièce, que tout le monde a baptisée « le salon », évoque plus la soirée de colonie ou la veillée scoute que le cantonnement de guerre à trois kilomètres des avant-postes. Les chasseurs lisent, écrivent, rêvent sous les deux lampes à pétrole. Les bruits métalliques venant de la cuisine font presque croire que, dans un instant, une mère de famille va revenir dans la grand-salle pour achever la soirée avec « ses hommes ».

Les vingt et un du groupe-franc savent pourtant que cette nuit, vers trois heures du matin, ils vont pousser une reconnaissance profonde en territoire ennemi. Alors ils profitent de l'instant qui passe, dans cette maison qui est devenue un peu la leur. Ils se sentent isolés, « délicieusement isolés », précise même le caporal Letremble *, instituteur dans le civil, mais prêts à sauter sur leur arme si la sonnerie du téléphone retentit dans l'entrée et si, au bout de la ligne, le commandant du bataillon ou le colonel Bérenger, commandant les avancées est, réclame l'intervention immédiate du groupe-franc.

Barral pose son quart vide et attire à lui la carte d'état-major, froissée à force d'avoir été consultée. Son doigt suit le bois de Winsbach, descend un ravin, remonte vers la cote 484,28. Suivant les renseignements, là se trouve un poste ennemi. Barral veut le reconnaître et si possible le neutraliser. Certains diraient reconnaissance de routine. Là est justement le danger ; la routine. Et puis, en opération, il n'y a jamais de routine. L'événement imprévisible peut toujours se produire. Ne jamais être trop sûr de soi et, surtout, ne mésestimer ni la force, ni l'intelligence de l'adversaire. Barral relève la tête, regarde ses chasseurs. Certains sont déjà allés se coucher, les plus raisonnables. Le repos est indispensable avant toute sortie. Les autres lisent ou écrivent encore, en étouffant un bâillement. La fumée des cigarettes monte en volutes gris-bleu dans la lumière de la lampe. Tous jeunes, moins de vingt-trois ans, avec l'air sérieux des montagnards, tempéré par la physionomie ouverte et insouciante de la jeunesse. Et pourtant, combien de citations déjà pour ces garçons dont le passé guerrier pourrait faire envie à bien des anciens !

— Allez, tout le monde au lit ! Extinction des feux dans dix minutes.

Barral s'est levé. Avec un raclement de godillots ferrés sur les lattes de parquet, les chasseurs regagnent leurs châlits. Barral

* Pseudonyme.

s'étend voluptueusement sur un bon vieux lit paysan. Il regarde sa montre ; dans quatre heures, debout ! Dehors la neige s'est remise à tomber. La maison du groupe-franc, abritée par un petit bois de sapins, est silencieuse et noire. Seul veille l'homme de garde, tapant de la semelle pour se réchauffer.

En colonnes, les alpins ont franchi les trois kilomètres qui les séparaient des avant-postes. Ils arrivent au point d'appui 6. Le lieutenant qui le commande est enfoui dans un abri qui paraît à Barral une oasis de chaleur au milieu d'un univers de froid et de neige. Il connaît un peu son camarade, réserviste, mais qui en veut. Il accepte avec joie un quart de vin chaud qui lui réchauffe aussi bien la gorge que les doigts.

— Prêt ? questionne le chef du P.A.

— Oui, nous y allons tout de suite — un bref coup d'œil à sa montre — il est presque trois heures.

Le groupe-franc quitte le point d'appui par le poste de droite et descend, en file indienne, vers le carrefour qui, sur la carte, porte le nom de cote 314. La nuit est relativement claire ; les chasseurs distinguent parfaitement le paysage. La neige crisse sous les semelles, seul bruit enregistré par les oreilles des hommes pourtant aux aguets. Le chemin oblique vers la gauche, longe un bois passant au pied d'une croupe de terrain qui surplombe durant dix minutes le petit groupe. Une masse plus sombre.

— Le bois de Winsbach, chuchote Letremble.

— Il faut le contourner, réplique Barral sur le même ton, le poste doit être au-dessus. Il y a peut-être du monde.

La progression reprend. A travers les arbres espacés qui constituent la lisière du bois, les chasseurs aperçoivent nettement la pente qui monte lentement vers le sommet de la croupe.

— Attention, des barbelés !

Un réseau court en effet, se détachant avec précision sur le sol couvert de neige. Les chasseurs enjambent les fils qui ne sont pas tendus très haut. C'est l'instant de vérité. Qu'un champ de mines soit disposé là et tout saute. Le lieutenant est en tête. Il examine les quelques mètres qui restent à parcourir avant d'atteindre les arbres qui doivent, selon lui, ceinturer immédiatement le poste allemand. Dans le silence observé par le groupe-franc, une toux intempestive fait sursauter Barral. Furieux, il se retourne déjà vers ses hommes, quand il réalise que la toux ne vient pas de derrière lui, mais de devant, du poste allemand. La toux reprend, amortie par la distance et le brouillard, mais cependant assez nette pour ne pas avoir de doutes sur son origine.

— Pas de problèmes, le poste est occupé !

Barral a parlé comme pour lui-même, mais tous les chasseurs ont pensé à la même chose, et, instinctivement, chacun a vérifié la culasse de son mousqueton ou le chargeur de son pistolet mitrailleur.

Le sous-lieutenant fait un signe circulaire. Les chasseurs ont compris. Silencieusement, ils se déploient sur place, se dissimulant le mieux qu'ils peuvent derrière un arbre, un arbuste, voire un buisson couvert de neige. Barral reste seul. Il reprend son avance, couvert, il le sait, par les mousquetons braqués de ses hommes. Le poste allemand doit être à cinquante mètres environ ; le brouillard, de plus en plus dense, empêche de l'apercevoir. Mais la toux du guetteur permet de le situer exactement. Un autre réseau de barbelés apparaît. Barral le passe sans grande difficulté en utilisant un petit arbre pour se faire un tremplin. Il prend dans sa poche une grenade offensive.

— Je m'en vais tâcher de lui guérir définitivement son rhume, à ce Boche.

Il n'est plus possible d'avancer debout, ou même courbé. Un nouveau réseau de barbelés se présente, très dense, qu'il est difficile de franchir sans attirer l'attention. Barral s'allonge sur le sol et commence à ramper. Il lui semble que le fil de fer remonte vers le poste, ou du moins vers l'endroit d'où provient la toux. S'il peut s'approcher suffisamment, et avec un peu de chance, sa grenade pourra atteindre l'adversaire.

A ce moment précis, le paysage s'éclaire autour de lui. Avec une lenteur quasi solennelle, une fusée éclairante grimpe dans le ciel, dévoilant de sa clarté blanche un paysage plus blanc encore. Le brouillard est cependant suffisamment épais pour protéger le groupe-franc. Mais Barral a l'immédiate impression qu'il a été aperçu. Des chuchotements s'ajoutent aux quintes de toux du guetteur enrhumé qui s'efforce cependant d'étouffer ce bruit intempestif. Le sous-lieutenant continue malgré tout de ramper ; s'il veut lancer sa grenade avec un maximum de chances d'atteindre son objectif, il lui faut s'approcher encore.

Un bruit de pas rapides, étouffés par la neige, mais cependant bien perceptible, le fige sur place au bout de quelques minutes. Il se repère par rapport au poste qu'il estime être droit devant lui, à moins de cinquante mètres. La cavalcade file en direction du vallon qui, à cent mètres environ aboutit dans le ravin de Schlangenbach, au nord de la cote 314.

Barral est d'un naturel fonceur, mais il pense à ses hommes qui attendent à quatre-vingts mètres de là, et qui risquent d'être surpris par la patrouille qui vient de quitter le poste et file droit sur eux. Il faut la prendre de vitesse. En quelques minutes, empruntant son itinéraire aller, il regagne le petit bois où l'attend son groupe-franc.

— Pensil, chuchote-t-il à son adjoint, collé contre un arbre, faites replier le groupe sur le bois de Winsbach, et échelonnez les hommes. Les Boches viennent d'envoyer une patrouille, vous risquez de les avoir sur le dos dans quelques minutes. Moi, je repars avec deux grenadiers reconnaître une organisation amie qui devrait se retrouver tout près d'ici... Je vous rejoins tout de suite !

— Bien mon lieutenant.

Les 21 chasseurs décrochent silencieusement. Barral et ses deux hommes retrouvent rapidement les deux abris construits par des tirailleurs quelques semaines auparavant. Ils sont en bon état, reliés par un boyau qui ne semble pas avoir été occupé par les Allemands.

La balle vient se ficher dans l'un des rondins de l'abri dans lequel Barral s'est glissé pour en vérifier l'état à la lueur de sa lampe électrique. Presque en même temps lui parvient le bruit de la détonation. Celle d'un pistolet. Le tireur paraît se cacher derrière un petit escarpement rocheux, légèrement en dessous de l'endroit où ils se trouvent. Les trois chasseurs se sont jetés dans le boyau, armes braquées. Au même instant ils distinguent le bruit d'une course rapide venant cette fois du dessus de leur position, filant le long d'une petite croupe. Barral entend distinctement un cri de chouette ; quelques minutes plus tard, il voit nettement cinq silhouettes, se détachant sur la neige, traverser en ligne le ravin de Schlangenbach à peu près à l'endroit que le groupe-franc a emprunté à l'aller. Ils se dirigent droit vers les Français qui les attendent dans le bois de Winsbach, près des escarpements rocheux qui surplombent l'un des réseaux de barbelés.

Un commandement rauque est suivi d'une succession de rafales de mitraillette et de coups de pistolet. Les Allemands tirent en marchant. Une seconde rafale déclenche la riposte d'un des F.M. du groupe-franc. A la position des flammes de départ, Barral situe ses hommes au bas de la croupe dominée par les rochers. Les Allemands — ils sont une douzaine, plusieurs groupes ont dû se rejoindre — marquent le pas. De son observatoire, Barral voit le bras d'un des assaillants décrire une large courbe.

« Grenade », pense-t-il aussitôt.

Le tireur au F.M. a vu lui aussi le geste du grenadier allemand, face à lui. Il tire une nouvelle rafale, pensant en une fraction de seconde que la grenade est de toute façon partie dans sa direction et qu'elle va peut-être éclater sur lui... La grenade à manche tombe à dix ou quinze mètres du F.M., se désintègre dans une lueur orange. Le tireur a enfoncé sa tête dans ses épaules, collé à la terre comme pour faire corps avec elle. Il relève les yeux, étonné d'être indemne. Le tir du F.M. reprend, accompagné par le feu des mousquetons français auquel répondent les Mauser. Les Allemands tirent beaucoup, mais trop haut, n'atteignant personne. Une grenade française vole vers les Allemands, lancée par la main d'un sous-officier grimpé sur les escarpements rocheux. A son éclatement répondent deux cris et une nouvelle rafale de mitraillette.

Un second ululement de chouette retentit sur la gauche.

— Ils décrochent, mon lieutenant, souffle l'un des grenadiers qui ont suivi Barral. Ce doit être un signal.

Les Allemands reculent en effet, progressant rapidement vers le haut.

Barral rejoint Pensil. Son adjoint est dépité.

— J'ai tenté de les tourner par le haut pour leur couper la route à la grenade, et puis ce putain de F.M. — il désigne son arme — avec lequel je tirais à la hanche, s'est enrayé sans prévenir. Ils s'en sont aperçus et j'ai commencé à servir de cible !

Un troisième cri de chouette, plus éloigné, leur parvient du haut de la croupe.

— Ils doivent se rallier, ces Sioux, rigole Pensil... Quand j'étais à l'école on disait que chez nous, les Chouans utilisaient ce mode de signalement... Ça me fiche mal aux tripes que les Boches nous fauchent ça.

Barral sourit. Entendre Pensil, ce républicain bon teint, évoquer les Chouans et même les revendiquer, ce n'est quand même pas mal ! Le groupe-franc se replie à son tour, franchit sans encombre le réseau de barbelés qui se trouve au pied du bois de Winsbach et remonte vers le point d'appui 6.

— Dites, mon lieutenant, vous croyez qu'il nous gardent du vin chaud... ?

⁂

Pour la troisième fois le téléphone grelotte.

— Sous-lieutenant Pescure *, j'écoute.

— ...

— En effet, mon commandant. Il est trop tard pour y aller maintenant, mais le groupe-franc peut partir demain matin, à six heures. Nous tâcherons de ramener du renseignement.

— ...

— Bien, mon commandant, je fais le nécessaire.

Pescure repose le combiné.

— Maillan... ?

Un grognement répond. Le sous-lieutenant Maillan * a toujours l'air endormi. Grand, un peu fort, il paraît pataud à ceux qui le voient pour la première fois. La première fois seulement, car il suffit de l'observer en opération pour constater l'allant qui saisit ce futur ingénieur en électricité dès que l'action commence. Avant la guerre, il poursuivait des études à l'Ecole Violet. Il était parti

* Pseudonyme.

aussitôt, rejoignant le 5e régiment d'infanterie coloniale auquel les hasards de la mobilisation l'avaient affecté. Guerre aux avant-postes. Maillan s'ennuyait un peu et il avait tout de suite été volontaire pour le corps-franc du bataillon. Pescure l'avait vu arriver avec un sentiment mêlé de satisfaction, car il avait besoin de cadres, et d'inquiétude car le physique de Maillan ne laissait pas deviner un tempérament de fonceur. Et puis, dès les premières sorties, le nouveau avait révélé son sens du combat et une belle aptitude au commandement. Les deux hommes, naturellement réservés dans leurs sentiments, avaient fini par se lier d'une franche camaraderie, doublée d'une confiance totale du sous-lieutenant maixentais pour celui que ceux qui ne le connaissaient pas prenaient pour un amateur.

— Alors, on y va... ?

Maillan s'étire, touchant de ses longs bras le plafond, assez bas, il est vrai, de la chambre qu'il partage avec Pescure. Celui-ci considère son camarade avec un sourire amusé.

— Tu me diras quand tu seras disposé à entendre.

Nouveau bâillement. Maillan réajuste son baudrier, tire sur sa vareuse, rectifie la position.

— Voilà, je suis prêt, à tes ordres, mon lieutenant.

— Merci. Le commandant vient d'appeler de Rohrbach. A la division, on voudrait des renseignements sur ce qui se passe dans le Mertzenwald.

— Tu crois qu'ils préparent une attaque ?

— Je n'en sais rien, le vieux ne m'a pas précisé. « Du renseignement », c'est la seule précision qu'il a bien voulu me donner. Les fritz occupent-ils le Mertzenwald, et de quelle manière. Alors, demain matin, à six heures, on s'en va.

A l'extérieur, dans la clairière qui entoure le point d'appui occupé par le groupe-franc, une dizaine d'hommes s'entraînent. Sous la direction du sergent-chef Lorchoy, un ancien boxeur amateur, les coloniaux lancent des grenades, rampent sous des fils de fer aménagés en couloirs de cinquante centimètres de haut. Un autre groupe, un peu plus loin, monte et démonte à toute vitesse deux F.M. et plusieurs mitraillettes. Le sergent Vinssart, armurier dans le civil, examine d'un regard aigu et professionnel les pièces des armes qui s'alignent sur une couverture au fur et à mesure du démontage. Il souffre quasi physiquement lorsqu'il aperçoit ou croit apercevoir une tache de rouille ou un chargeur mal graissé.

Pescure sort sur le pas de la maison, ajustant le béret basque « d'origine civile » que lui et ses hommes ont pris l'habitude de coiffer au repos, voire en opération. Les « anars » traditionnels des groupes-francs sont trop heureux de pouvoir adopter une tenue « fantaisie » sans pour autant encourir les foudres du colonel. Le groupe-franc n'est pas sorti depuis trois jours. Trois jours consacrés à l'entraînement, au sommeil réparateur, à la préparation tous azimuts.

Pescure s'approche de Lorchoy qui, les poings sur les hanches, mâchonnant une vieille allumette, surveille les contorsions de ses tirailleurs rampant sur la terre glacée sur laquelle des plaques de neige gelée forment de véritables patinoires. Pour une fois, les hommes ont coiffé le casque. Si on lui demande pourquoi, Lorchoy répond d'un air malicieux que chaque frottement métallique attirant un coup de pied dans le c... pour le maladroit, ses gars prennent vite l'habitude de baisser suffisamment la tête !

— Dites donc, Lorchoy, arrêtez votre entraînement avant la tombée de la nuit. Demain, à six heures, nous partons dans le no man's land. Que vos gars roupillent leur content !

— Bien vu mon lieutenant. De toute façon, j'avais l'intention d'arrêter. Ils se tortillent depuis une bonne demi-heure et avant, ils ont fait assez de maniement d'armes pour en remontrer à n'importe quel colonel en mal de revue !

— Dites à notre cuistot de donner double ration de vin ce soir et de soigner le menu ; vous me rejoindrez après avec Vinssart et Carpentier, je vous expliquerai de quoi il s'agit.

Pescure retourne vers la maison ; il regarde le ciel, gris et bas, chargé de neige. Cela promet une nuit calme du côté des avant-postes, à moins que les Boches profitent de la circonstance pour venir tâter les barbelés français.

Le groupe-franc s'éloigne dans la nuit, marchant en deux files sur les bords de la route goudronnée. Le ciel s'est éclairci et un vent assez vif fait ployer les branches dénudées des sapins. La route s'enfonce dans le sous-bois, le goudron laissant place, peu à peu, à un mélange de terre et de cailloux qui étouffe à peu près les pas. Le groupe laisse sur sa gauche une maison forestière abandonnée, dont le toit en pente descend presque jusqu'au sol. Les tuiles de bois portent de larges plaques de neige, qui donnent à la scène une apparence de carte postale dans laquelle on n'attend plus que la biche et le faon chers aux gravures de calendriers ou de cartes de vœux. Il est vrai qu'on est le 13 janvier 1940 et que les vœux sont de circonstance.

Pescure et Maillan ont pris chacun un groupe de combat, et progressent à une cinquantaine de mètres l'un de l'autre, tâchant de se repérer au mieux dans le sous-bois. Toutes les minutes, les deux officiers et leurs adjoints lancent un coup de lampe vers le sol, ce qui leur permet non seulement de reconnaître le chemin, mais encore de contrôler leur présence respective.

Pescure marche légèrement en tête. Depuis une demi-heure, ils n'ont rien vu qui décèle une éventuelle et récente occupation ennemie, ni même un passage des Allemands. Par contre, ils ont buté à de nombreuses reprises sur du matériel français abandonné dans le bois, havresacs, couvertures, matériel de campement. Pescure est toujours étonné par ce genre de découverte. L'intendance n'est pas si généreuse pour laisser ainsi, à la disposition de tous et en particulier des Allemands, un matériel en excellent état ! De même, le groupe-franc dépasse et explore plusieurs abris en construction, parfois même terminés. Au moins s'ils avancent, les soldats français sauront où s'abriter.

Le groupe-franc se regroupe à un carrefour important, où convergent plusieurs chemins. Pescure allume sa lampe et la braque sur la carte d'état-major qu'il vient de sortir de son porte-cartes.

— Nous sommes là...

Maillan, qui vient de le rejoindre et regarde par-dessus son épaule, indique de son index ganté le sud de la cote 368,2, point de jonction, du Mertzenwald, du Rehbrunnen et du Baumbusch.

— Tu as raison, je me demande si...

Pescure regarde autour de lui. Par prudence et par habitude, les tirailleurs se sont dispersés tout autour du carrefour, à l'abri des arbres.

— Oui, reprend Pescure, nous allons attendre un peu ici. On ne sait jamais, s'il prenait aux fritz la fantaisie de venir par ici, ce serait trop bête de les manquer !

Maillan approuve silencieusement. Il retourne vers ses gars. Les deux chefs se sont compris. Les ordres passent. Comme un seul homme, les coloniaux se sont couchés sous les arbres, se dissimulant à l'abri du moindre branchage. Les deux F.M. dont dispose le groupe sont mis en batterie, prenant en enfilade les trois chemins qui aboutissent au carrefour. L'attente commence. Pescure consulte son cadran lumineux. Au bout de trois quarts d'heure, il renonce. Allongé à côté de Maillan, il lui souffle à voix basse :

— J'ai le sentiment qu'ils ne viendront pas. Nous ferions mieux de poursuivre la progression vers 371, entre le Rehbrunnen et le Baumbusch...

Pescure a braqué sa lampe sur la carte à demi dépliée. Maillan suit le chemin qu'indique son chef.

— Et après 371 ?

— Si on n'a rien trouvé, on revient par les lisières nord du Baumbusch.

— Compris.

Maillan déplie son mètre quatre-vingt-trois et ses quatre-vingt-dix kilos. Derrière les deux officiers, les hommes du groupe-franc se répartissent en tirailleurs, râtissant le terrain bahuté et encombré d'abattis. Certains arbres présentent des blessures récentes, pulpe blanche sur écorce grise ou noire, témoignant des travaux exécutés par les Français pour construire leurs abris. Dix minutes plus tard, les coloniaux parviennent devant un abattis plus important situé à deux cents mètres environ au sud de la cote 371. Plusieurs coups de feu éclatent dans le silence de l'aube naissante. Les hommes se sont tous jetés à terre. Maillan a vu les flammes de départ : une embuscade. On distingue, malgré l'obscurité et les arbres, quatre silhouettes accroupies ou couchées.

Les culasses des mousquetons ont manœuvré.

— Feu à volonté, commande Pescure.

Mousquetons et mitraillettes aboient ; les deux tireurs au F.M. visent l'abattis, prêts à vider leurs chargeurs sur tout ce qui bougera. Cela bouge effectivement, mais hors de portée des Français. Profitant d'un défilement prolongeant l'abattis, les Allemands s'enfuient à couvert, déchargeant une dernière fois leurs armes en direction du groupe-franc.

En quelques secondes, celui-ci parvient à la position abandonnée. Seules quelques douilles vides et brûlantes marquent le passage de la patrouille ennemie.

— Allez, on continue, nous allons peut-être les retrouver !

Pescure, l'œil brillant d'excitation, entraîne du geste et de la voix ; objectif : la cote 371, à moins de deux cents mètres maintenant. Les hommes surgissent sur la crête en plein brouillard. Impossible non seulement de repérer éventuellement les fuyards, mais encore d'observer le nord du Baumbusch. Après dix minutes passées sur place à tourner en rond, Pescure décide de repartir. Au passage, exploration du Baumbusch qui ne porte aucune trace d'occupation permanente. Une fois atteinte, sans encombre, la lisière est, retour dans les lignes françaises. A neuf heures, le groupe déguste un café brûlant.

Cinq jours plus tard, Pescure décide de revenir au Mertzenwald.

— Vous comprenez, mon colonel, a-t-il expliqué au chef de corps, je voudrais compléter, si cela est possible, les renseignements recueillis sur le Mertzenwald le 13...

Pescure n'attendait pas d'approbation. Il jouait d'ailleurs sur le velours et il le savait. Lorsque il lui avait confié le commandement du groupe-franc, le colonel lui avait dit sans ambages qu'il avait « carte blanche »... sauf pour faire des bêtises, bien entendu. En fait, le colonel qui pratiquait le langage le plus net, avait employé un autre mot. Mais comme le colonel avait besoin de savoir ce que faisaient les Allemands, que ces renseignements étaient utiles tant pour le régiment que pour la brigade, et même pour la division, il était bien obligé de laisser à son subordonné les rênes un peu longues...

A 5 h 30, les 14 hommes du groupe-franc, accompagnés d'un groupe de combat, quittent le point d'appui pour s'enfoncer dans le no man's land. La progression est lente et difficile ; la neige est tombée d'abondance. Les coloniaux ont revêtu ponchos et cagoules blancs qui font les délices des photographes de guerre. Pescure n'aime pas ce temps. Il sait que le froid est mauvais pour les armes, dont les mécanismes ont une trop grand propension à se bloquer, empêchant le tir tant d'un mousqueton que d'une mitraillette et même d'un F.M.

Le groupe s'est arrêté pour un court repos dans une petite clairière au nord du Mertzenwald. L'haleine des hommes forme des petits jets de vapeur sortant des bouches haletantes. Ils discutent à voix basse. Maillan et Pescure sont assis l'un à côté de l'autre sur une souche renversée, les fesses au frais.

— On repart dans dix minutes ; je voudrais revenir chez nous vers 8 heures.

Il regarde sa montre, qui en marque 7.

— Parfait, ça nous laisse juste une heure. C'est plus qu'il n'en faut.

Un cri retenu leur parvient :

— Mon lieutenant, mon lieutenant, venez voir !

Pescure et Maillan se sont levés en même temps ; ils courent vers Pochard, soldat de 1re classe qui, pour faire mentir son nom, pratique une sobriété de chameau, et qui veille, en sentinelle avancée, au nord-est de la clairière.

Pescure regarde dans la direction que lui indique le bras tendu de Pochard. Une très forte patrouille allemande, que l'officier estime aussitôt à une cinquantaine d'hommes, entre lentement dans le bois, à cent mètres du groupe-franc. Seuls le brouillard et le sous-bois empêchent les arrivants d'apercevoir les Français.

— Bravo, Pochard, on va se les offrir !

En une minute, les hommes de Pescure se sont mis en position de combat ; les deux F.M. sont en batterie, tireurs prenant leur ligne de mire, et pourvoyeurs prêts à passer les chargeurs. Leurs camarades, appuyés à un arbre ou allongés sous les buissons et les basses branches, ont épaulé leur mousqueton ou préparé leurs grenades.

— Lorsque je lèverai le bras, feu à volonté, ordonne Pescure.

Les Allemands approchent sans méfiance, ce qui prouve, pense Maillan, qu'ils ne s'attendent pas à voir les Français se promener dans le coin. En tête, marche un officier, dont il est impossible de distinguer le grade, sans doute un capitaine, vu l'importance du groupe. Les adversaires ont l'air fortement armés : mitraillettes, F.M., nombreuses grenades à manche passées dans le ceinturon. Pour tous ponchos et cagoules blancs, comme ceux qui les attendent. Pescure compte encore dix secondes. Un bruit de neige foulée, de branches craquantes, monte de la troupe allemande qui semble progresser sans précautions excessives. Le pistolet de Pescure se lève lentement, tout comme celui de Maillan, à cinq mètres de lui. Pescure vise soigneusement l'officier qui marche en tête et qui semble venir droit sur lui. Le bras gauche du sous-lieutenant se lève brusquement et dans la seconde, les quatorze canons du groupe-franc crachent leurs balles.

Devant, les Allemands se sont bloqués. Une dizaine d'entre eux se sont écroulés en gémissant. En bons soldats, les Gebirgsjaeger réagissent cependant très vite. Sous les commandements rauques de leurs officiers, ils bondissent en avant, surprenant à leur tour les Français qui se trouvent au corps à corps. Les éclatements de grenades interfèrent avec les aboiements des mitraillettes. Les F.M. ne peuvent plus tirer sans risque de toucher les combattants de leur propre camp. Pescure hurle ses ordres dans le tumulte ; à ses côtés, le sergent-chef Lorchoy s'est effondré, une balle en pleine tête. Pochard, qui signalait encore tout à l'heure l'approche des Allemands, gît à quelques mètres, les yeux grands ouverts, le ventre déchiré par les éclats d'une grenade qu'il a reçue dans les jambes et qui a blessé grièvement son camarade Balanger. Maillan se bat un peu plus loin, aux prises avec une quinzaine d'Allemands qui ont coincé son groupe contre un bouquet d'arbres. Il les tient en respect à coups de mousqueton, pendant que Blaisot, son tireur F.M., tente désespérément de mettre son arme en batterie.

Pescure a embrassé la scène d'un regard circulaire. Sa main gauche pend inerte et ensanglantée.

— Mon lieutenant, vous êtes blessé !

Sans cesser de tirer, le sergent-chef Carpentier s'est approché de son officier, qui crispe le front sous la douleur.

— Rien de grave... Il faut se replier, nous ne sommes pas en nombre !

Il crie maintenant, pour tenter de couvrir le vacarme.

— Repli général dans le bois, décrochez, décrochez...

Le groupe-franc amorce aussitôt son mouvement. L'entraînement en commun, mille fois renouvelé, donne ses résultats. Les hommes valides aident leurs camarades blessés, saisissent les morts, les tirent ou les portent en arrière. Les Allemands, s'apercevant de la manœuvre, appuient leur assaut, tentant de revenir au corps à corps qu'ils avaient été contraints de lâcher devant la résistance des coloniaux.

Maillan réussit à se dégager. Tout son groupe a suivi. Le bruit du combat diminue d'intensité. Essoufflés, les hommes se sont regroupés autour de Maillan.

— Mais que foutent-ils, nom de Dieu ?

Le calme Maillan semble s'énerver. En fait, il est inquiet. Son groupe est seul, à cinq cents mètres environ du lieu de combat, avec ses blessés, tous légers. Pescure n'est toujours pas là... Maillan se dit qu'il a dû utiliser le ravin d'Obergailbach, facilement accessible de l'endroit de l'engagement, pour revenir vers les avant-postes français. D'ailleurs, c'était le chemin de repli que Pescure lui-même avait indiqué. Maillan ne peut plus attendre, il ne peut pas exposer ses six hommes du groupe franc et les quatre du groupe de combat, dont plusieurs sont blessés, à un retour en force des Allemands qui, malgré leurs pertes, gardent la supériorité du nombre. On retrouvera Pescure en arrière.

Le jour est maintenant totalement levé. La neige tombe en légers flocons, brouillant la visibilité pourtant déjà réduite. Il est 8 h 20. Voilà une demi-heure que le groupe Maillan s'est replié. Une violente fusillade se fait brusquement entendre vers le nord du Mertzenwald. Les coloniaux se sont arrêtés, serrant instinctivement leur arme. Leur regard anxieux et interrogateur paraît traverser la barrière d'arbres qui les sépare de leurs camarades. Car il ne peut s'agir que d'eux... Ils ne se sont donc pas repliés, ou plutôt ils ne l'ont pas pu, sans doute trop engagés dans le combat, à moins qu'ils aient été trop alourdis par les morts et les blessés. Maillan crispe les mâchoires. Il pense à son camarade... Après tout, Pescure est assez gonflé pour avoir voulu, malgré sa blessure et son infériorité numérique, tenter de ramener un prisonnier, afin de compléter, comme il le disait au colonel, les renseignements recueillis le 13 janvier. Maillan arrête ses hommes.

— On reste là... Carpentier, filez aux A.P. et ramenez du renfort. Si dans deux heures le lieutenant n'est pas là, nous irons le chercher.

— A vos ordres, mon lieutenant.

Carpentier, petit et vif, remonte sa mitraillette sur l'épaule et s'enfonce dans le bois, vers les lignes françaises.

Il revient une heure plus tard, accompagné par une section de la 3e compagnie commandée par le capitaine Barry.

— Alors ? crie celui-ci à Maillan à cinq mètres.

— Alors rien, mon capitaine. On n'entend plus un bruit et nous n'avons pas vu âme qui vive.

Le capitaine montre un front soucieux au-dessus des lunettes cerclées d'écaille. Contrairement aux hommes des groupes-francs, il ne porte pas de poncho blanc, mais un manteau réglementaire et, au lieu du béret, sa tête est recouverte du casque habituel, dont la jugulaire serre ses joues pourtant maigres.

Maillan s'est approché de lui. Il fume nerveusement.

— Mon capitaine, si vous êtes d'accord, attendons onze heures et si Pescure n'est pas là, nous rentrons tous dans le bois pour voir ce qui s'y passe.

— Vous avez raison mon vieux, mes gars — nos gars — se reposent et se préparent d'ici là... Quelle heure avez-vous ?

— 10 h 10...

— Bon, attendons encore un peu.

Trois quarts d'heure s'écoulent, interminables. Maillan fait les cent pas, sursautant à chaque craquement suspect, demandant dix fois aux sentinelles si elles n'aperçoivent rien. Onze heures. Les neuf hommes de Maillan et la section du capitaine Barry s'enfoncent dans le Mertzenwald. Maillan voudrait courir ; son inquiétude n'a fait que grandir au cours de cette interminable attente. Il se reproche maintenant d'avoir obéi à Pescure et d'avoir décroché seul. Il aurait mieux valu rester collé à l'autre groupe, il aurait fallu... Mais Maillan sait bien que sa responsabilité, celle que lui avait donnée Pescure, c'était précisément de décrocher en bon ordre et de ramener sains et saufs les hommes de son propre groupe aux A.P. français.

Un silence pesant règne dans le bois qui paraît désert. Nulle trace de vie, nul cri, nul gémissement ou appel de blessé.

— Pas possible, ils se sont volatilisés, les Boches comme les copains !

Le Postec, l'un des nombreux Bretons du groupe-franc, s'est parlé à lui-même ; mais sa réflexion a été entendue par Maillan et Barry, qui échangent un regard sombre ; cette pensée correspond trop à leurs craintes...

Un sifflement grandit, suivi d'un violent éclatement. Le souffle de l'obus, qui a percuté à dix mètres à peine sur la gauche du groupe, jette à terre plusieurs soldats. Les éclats labourent les arbres alentour. Maillan, qui s'est couché à l'abri d'une souche morte relève le nez... pour le baisser aussitôt. Un deuxième obus vient de tomber, encore plus près que le premier. Le Postec émet une plainte continue, comprimant son poncho sur son bras gauche. Une large tache de sang s'élargit de seconde en seconde autour de la déchirure béante qui laisse apercevoir la chair à vif.

Maréchal, son « pays », s'est précipité malgré les éclats qui volent à ras de terre. Il presse son pansement individuel sur la blessure de son copain. Le bois ressemble à une cathédrale dont l'orgue serait devenu fou. Le bombardement est devenu intense. Tous les hommes se sont enterrés, les mains sur la tête, attendant d'être délivrés de ce vacarme assourdissant par l'obus qui les écrasera. Maillan est blessé au visage. Tout autour de lui, il ne voit que blessés. Par chance il ne semble y avoir aucun mort. Le lieutenant rampe vers le capitaine Barry, dont le casque est tout de travers, le cimier arraché par un éclat.

— Mon capitaine, on ne peut pas rester là... Nous allons tous y passer.

Entre deux éclatements, Barry lui crie :

— Il faut décrocher, absolument impossible d'avancer plus loin !

— Et les autres ?

— Ils ne sont plus là ; ou bien ils sont morts, ou bien les Allemands les ont emmenés... Les gars d'en face ne risqueraient pas un tel tir d'artillerie si leurs copains se trouvaient encore dans le bois !

Maillan hoche la tête. Il est obligé d'admettre que le capitaine a raison. La peau de sa joue pend. Il la plaque d'un air rageur, tentant de la recoller grâce au sang qui coule, chaud et visqueux, sur son visage.

Le groupe-franc et la section décrochent à la faveur d'une accalmie. Maillan ne laisse personne en arrière. Grâce au ciel, aucun mort. Mais tous les hommes du groupe-franc, sans exception aucune, sont blessés.

En marchant sous le pâle soleil de janvier, soutenant le sergent-chef Carpentier, qui, atteint à la jambe gauche, béquille avec le mousqueton de l'un de ses gars, Maillan pense sombrement que sur 14 coloniaux du groupe-franc, partis ce matin à 5 h 30, à 12 h 30, 8 ont disparu, dont le lieutenant Pescure, et les 6 autres sont blessés, tout comme les quatre hommes du groupe de combat qui accompagnaient l'opération. Avec un sourire amer, Maillan songe que demain, si cela se trouve, le communiqué officiel que les Français liront dans leurs journaux se bornera à constater que quelques accrochages sporadiques ont eu lieu en avant de la ligne Maginot, mais que la situation générale du front reste calme.

C'est Maillan qui, à la lueur d'une bougie rédigera le compte rendu destiné au colonel. Il pense avec tristesse que cette mission aurait dû échoir, comme d'habitude, à son camarade Pescure. C'est lui qui aurait dû, comme il le fera aujourd'hui pour la première fois, détailler pour les services de l'état-major l'opération et les observations ce soir endeuillées par la mort ou la disparition du chef et de plusieurs de ses soldats.

Carpentier trébuche. Maillan assure sa prise, confus d'avoir été une seconde distrait par ses pensées.

— Pardon mon vieux, encore un peu de courage, on arrive...

⁂

A la fin du mois de janvier 1940, la plus grande partie des unités combattant en première ligne, notamment dans le secteur de la ligne Maginot, ont constitué leurs groupes-francs. Ceux-ci existent donc essentiellement à l'échelon des régiments ou des bataillons, et, le cas échéant, à celui des brigades, voire, mais cela est plus rare, de la division. Depuis septembre 1939, date de la formation des premiers groupes-francs, l'organisation et la structure de ceux-ci ont naturellement beaucoup évolué. Tant en raison de la mise en place administrative que, et cela va de soi, sous l'influence des événements qui se sont chargés, au jour le jour, de façonner les choses comme les hommes.

Le terme de « corps-franc », qui désigne l'ensemble des combattants répondant à ce type, à mi-chemin entre une spécialité d'infanterie et une subdivision d'arme, ne correspond ni à une structure, ni à un effectif très précis.

Officiellement, c'est-à-dire sur le papier, le groupe de base est constitué par la « sizaine » (appelée aussi « équipe ») qui, comme son nom l'indique, comprend cinq ou six hommes choisis pour leur allant parmi ceux « qui en veulent », comme il est convenu de le dire à l'époque. Il ne suffit d'ailleurs pas « d'en vouloir », et même d'être volontaire pour être accepté dans le corps-franc. Il est également nécessaire de faire preuve de qualités bien spécifiques, celles qui font, d'un soldat parmi d'autres, un spécialiste du coup de main, de l'embuscade. Le volontaire idéal ne se trouve pas systématiquement. Bien des chefs de corps doivent, en certaines circonstances, recruter des éléments qui ne correspondent pas totalement à la définition figurant dans les notes de service. Chaque sizaine reçoit, outre l'armement individuel, un F.M. 24/29 ; ce qui correspond au double de la dotation normale d'un groupe d'infanterie traditionnel (un F.M. pour douze hommes).

Au-dessus de la sizaine, on trouve le « groupe-franc », désigné aussi sous le nom de « trentaine », comprenant donc cinq équipes au maximum, commandé généralement par un lieutenant. Plusieurs groupes-francs peuvent, en cas de nécessité, par exemple pour une opération déterminée, être réunis provisoirement. Ils prennent alors le nom de « groupement-franc », généralement sous l'autorité d'un capitaine, ce qui est d'autant plus logique que l'effectif maximal d'un groupement ne peut excéder six groupes-francs, soit environ 180 hommes ou une compagnie.

Cette structure, harmonieuse, est souvent théorique. Plus proche de la réalité, car tenant compte de l'expérience des premiers mois de guerre, la note de service signée le 5 janvier 1940 par le général commandant la IXe armée, permet de mieux situer les différentes composantes des groupes-francs :

« Le général commandant le groupe d'armées n° 1 a décidé la création de groupes-francs dans toutes les unités relevant de son commandement.

« II. — En conséquence, il sera créé dans toutes les unités d'infanterie et de cavalerie de la IXe armée des groupes-francs, à raison de un groupe par bataillon d'infanterie ou de Dragons portés, par groupe de Reconnaissance ou demi-régiment de cavalerie *.

« III. — Ces groupes-francs, composés initialement de volontaires sélectionnés, auront l'effectif approximatif d'une section et

* Au cas où il ne serait pas possible de trouver dans ces unités l'effectif volontaire et qualifié nécessaire, le nombre de groupes francs serait réduit plutôt que de compromettre leur qualité.

ne devront pas comprendre une proportion excessive de gradés (au maximum 1 ou 2 de plus que l'effectif réglementaire d'une section). Leur commandement sera assuré par un lieutenant (ou sous-lieutenant) choisi avec soin. En particulier, on évitera de désigner des officiers trop jeunes chez qui les qualités d'allant ou d'enthousiasme ne s'allient pas à une expérience suffisante.

« Tant qu'un armement spécial ne peut être affecté aux groupes francs, les sous-officiers entrant dans leur composition seront armés du pistolet (ou du revolver), les hommes du mousqueton. Des poignards seront prochainement distribués aux R.I.

« IV. — L'instruction des groupes-francs sera poussée activement en vue des missions qu'ils auront à remplir (patrouilles de contact — coups de main — embuscades), en réservant une place importante au combat de nuit et au combat sous bois.

« Pour profiter au maximum de l'expérience acquise par les unités ayant été au feu, des contacts seront établis, à la diligence des généraux commandant les divisions, entre les officiers commandant les groupes-francs.

« V. — La constitution des groupes-francs ne doit pas entraîner de mutations à l'intérieur des corps : gradés et hommes continuent à appartenir à leur unité d'origine, et ne sont réunis que pour l'instruction.

« VI. — Il convient toutefois de ne pas perdre de vue que la formation de ces groupes-francs ne vise initialement qu'à mettre toutes les unités d'infanterie à même d'affirmer, dès leur montée en ligne, leur ascendant sur l'adversaire.

« Mais il ne saurait être question de constituer en permanence, à l'intérieur de ces unités, des groupes-francs dotés en quelque sorte d'un statut spécial et absorbant l'élite des combattants. Par ailleurs, la constitution de groupes-francs ne doit pas empêcher de poursuivre, pour la majeure partie des effectifs, l'instruction spéciale dont il s'agit. »

(signé) le général commandant la IXe Armée
P.O. le chef d'état-major
D'ARGENLIEU.

En fait, et contrairement à la volonté du commandement exprimée notamment dans cette note, les groupes-francs, dès l'origine, et encore plus au début de 1940, constituent des formations à part, relativement indépendantes, vivant en enfants perdus sous l'autorité des officiers chefs de groupe qui restent maîtres non seulement de l'organisation interne, mais encore, bien souvent, des missions qu'ils envisagent.

Le groupe-franc commence par s'affranchir du cantonnement

de son unité d'origine. Il s'installe à quelque distance, dans une maison ou une ferme abandonnée, ou dans un campement improvisé tout près des avant-postes. L'organisation de son cantonnement lui incombe entièrement et la débrouillardise des chefs de groupe jointe à la bienveillance du colonel ou du chef de bataillon qui a besoin du groupe-franc font que celui-ci se crée un confort réel mais nécessaire généralement supérieur à l'installation toute rudimentaire de la première ligne.

Tout ceci est d'autant plus accepté que les missions constantes des groupes-francs, les risques sérieux pris par leurs volontaires font exception dans cette période débilitante, sur le plan militaire, qu'est la « drôle de guerre ». Si le communiqué quotidien de la presse française fait si souvent état des opérations menées par les groupes-francs, c'est que celles-ci sont bien souvent les seules dignes d'être relatées, ne serait-ce que pour maintenir le moral de « l'arrière » ! Les nombreuses citations décernées à cette époque aux volontaires des groupes-francs sont là aussi pour témoigner de l'activité, même sporadique, de ces formations à part.

A part, les groupes-francs le sont enfin par l'équipement et l'armement. L'équipement d'abord. A l'origine hétéroclite, s'efforçant de répondre au jour le jour au besoin des hommes en fonction des combats, il ne se défait pas, les mois passant, d'une relative fantaisie. Bien souvent, les effets civils adoptés en raison de leur côté pratique, tels que bérets ou chandails tricotés, sont « militarisés » ou plus exactement « réglementarisés ». L'introduction de la peau de mouton, du poncho, de la cagoule, du serre-tête, du passe-montagne et du pantalon de golf est due essentiellement aux groupes-francs, même si ces pièces d'uniformes sont en fait adoptées par l'ensemble des troupes combattant aux avant-postes. La peau de mouton surtout, va populariser très vite, grâce aux photographes, au cours de l'hiver rigoureux 39-40, la silhouette du volontaire du groupe-franc dans l'esprit des Français. Simple rectangle de peau retournée, percée en son milieu d'un trou pour y glisser la tête et nouée sous les bras par de petits lacets de toile blanche, la « peau de mouton » sera l'indispensable alliée du soldat des avant-postes contre le froid et la neige.

Comme signe de reconnaissance, les hommes du groupe-franc ont adopté l'étoile bleue des Eclaireurs, sous le nom desquels ils sont d'ailleurs souvent désignés, et qu'ils portent au bras gauche. Certains corps-francs pousseront les velléités d'indépendance jusqu'à posséder leurs propres insignes métalliques émaillés, à l'instar des régiments d'infanterie dont ils sont issus.

Autre signe d'indépendance, et en même temps de prudence, l'omission des écussons de col, normalement portés sur la capote et la vareuse avec couleurs et numéros d'unités. Parfois, sans être omis, ces écussons sont recouverts comme dans toute l'armée en campagne par une bande de tissu kaki, les « volets de dissimulation ».

L'armement ensuite. Outre les mousquetons, revolvers, tromblons lance-grenades V.B. et F.M., communs à toutes les unités, les groupes-francs se distinguent par le port du poignard ou couteau de tranchée et surtout par le luxe, plus ou moins répandu, suivant les cas, que représente le pistolet mitrailleur. Cette arme automatique, maniable et rapide, est considérée comme une arme redoutable, permettant des attaques et des contre-attaques instantanées et foudroyantes. Le modèle le plus répandu est le pistolet mitrailleur Erma-Vollmer, arme d'origine allemande, mais que la Wehrmacht n'utilise pratiquement pas. Sa simplicité de fonctionnement et de mise en action et son système de visée font que l'instruction nécessaire à la connaissance de cette arme peut être limitée à une semaine. Seuls les chargeurs sont fragiles et les chocs doivent, si possible, lui être évités. Au point de vue moral, l'Erma-Vollmer est indiscutablement d'un grand appoint. Ce P.M. est très apprécié tant des combattants que des chefs de corps. Le lieutenant-colonel de Bourmont, commandant le 2e RI, écrit ainsi, en mars 1940, qu' « une section avec ses 3 F.M. et armée totalement de ce pistolet transporte ainsi sous peu de volume et peu de poids une puissance de feu formidable qui, bien utilisée, nous donnera toujours l'avantage. Le pistolet mitrailleur est donc une arme indispensable au groupe-franc ».

Les chefs de corps « soignent » leurs groupes-francs au point de leur attribuer d'importantes aides en nature et en argent : champagne, vin, rhum, café, sucre en abondance. Un chef de bataillon de chasseurs à pied, sous la rubrique « bien-être du corps-franc », énumère ainsi les largesses dispensées au groupe-franc de son bataillon :

« Une somme de 1 000 francs est à la disposition du lieutenant Tucker pour l'amélioration du bien-être de ses gradés et chasseurs. Une somme de 2 000 francs lui sera immédiatement versée pour le premier prisonnier allemand ramené par son groupe-franc. En outre, il a été attribué à ce groupe : 3 kg de beurre, 10 kg de confiture, 10 kg de conserves, 5 litres de Dubonnet, 3 litres de cognac, 60 litres de vin, 20 bouteilles de champagne. Un autre envoi lui sera adressé au courant (*sic*) de la semaine. »

Il ajoute un peu plus loin :

« Il y aurait peut-être lieu que de leur côté les coopératives de corps d'armée fassent un effort en resservant une partie de leurs bénéfices qui pourrait être employée à l'achat de chaussures caoutchoutées pour éviter tout bruit. »

Cette organisation minutieuse — encore qu'elle le soit plus sur le papier que dans une réalité parfois anarchique, au moins dans les débuts — n'a pour but que de permettre aux corps-francs d'accomplir leur mission dans les meilleures conditions possibles sur le front statique qui est celui de l'hiver 39-40. Le commandement a besoin de savoir continuellement ce que font les Allemands, comment ils sont installés, quelles positions ils occupent. Pour cela, il est nécessaire d'aller chercher les renseignements où ils se trouvent, c'est-à-dire dans les lignes ennemies et dans le no man's land, déserté de tout habitant, qui sépare les deux armées.

Aller chercher les renseignements, cela veut surtout dire s'infiltrer chez les Allemands, repérer les ouvrages, les champs de mines et bien entendu faire des prisonniers. Un mort ne parle pas, alors qu'un prisonnier, avant d'être envoyé vers l'arrière, peut livrer à l'officier de renseignements nombre de détails sur les unités, les défenses, voire les plans d'attaques, qui, bien exploités, pourront être plus qu'utiles aux états-majors. Du régiment au corps d'armée, on est toujours friand, chez les grands chefs, des renseignements qui permettront de monter une opération, qu'elle soit de petite ou grande envergure, ou au contraire de prendre toutes dispositions pour enrayer l'assaut préparé par les Allemands.

Bien souvent d'ailleurs, le lieutenant chef de groupe-franc « sent » encore mieux que ses chefs, installés plus en arrière des avant-postes, le moment où il est nécessaire de former une patrouille ou de tendre une embuscade. Question de métier et de sensibilité guerrière. D'où la grande indépendance de tous ces jeunes officiers, agissant autant sur ordre de leurs supérieurs que de leur propre initiative et rendant compte après !

Les Allemands en font tout autant, et les Stosstruppe de la Wehrmacht, parfaitement entraînés, eux aussi, bénéficiant bien souvent d'un armement supérieur à celui des groupes-francs, exécutent le même travail dans les mêmes conditions. Cela créera parfois, tout comme chez les aviateurs, une sorte de fraternité d'armes par-delà les frontières, les uniformes et les idéologies.

***

Ainsi, au début de l'année 1940, au bout de cinq mois de guerre, alors que seuls la neige persistante et le froid intense empêchent Hitler de lancer la grande offensive qu'il avait prévue pour le 17 janvier à travers les Ardennes belges en passant par la Meuse et la Sambre, les corps-francs, multipliant les coups de main et les patrouilles dans le no man's land, sont autant de coups d'épingle dans la première ligne allemande sur le front occidental.

En fait, un autre événement a contraint Hitler à reporter son ordre. L'atterrissage forcé, à Mechelen-sur-Meuse, d'un avion de liaison allemand transportant deux officiers dont l'un, le major Reinberger, de la 7e Fliegerdivision, détient des documents ultra-secrets donnant tous les détails de l'attaque sur la Belgique neutre ! L'alerte est donnée. Les troupes françaises serrent la frontière que les Belges libèrent pour laisser le passage ; le brouillard, la neige et le froid constituent autant d'obstacles pour les soldats français. Mais ils se tiennent prêts. Pendant ce temps, écumant de rage, Hitler apprend la prise de ses documents et ses météorologistes lui confirment la persistance du mauvais temps. Hitler s'incline et ajourne l'opération *sine die*. Les troupes françaises regagnent leurs positions de départ. La drôle de guerre se poursuit.

Les tués de Forbach sont de ceux dont il faut pleurer la mort, mais chanter la mémoire.
(Général Requin, commandant la IVᵉ armée).

CHAPITRE IV

LES TUÉS DE FORBACH

La lampe à acétylène se balance au plafond de la petite pièce décorée d'un unique buffet, d'images pieuses et de quelques chaises. La lumière avare éclaire la carte d'état-major dépliée sur la table, fixée aux quatre coins par deux cendriers, un briquet et une blague à tabac. Deux hommes sont penchés, le premier appuyé sur ses bras repliés ; le second une main dans la poche, l'autre tenant une courte pipe, coincée entre l'index et le pouce, et dont il tire quelques bouffées machinales.

Le fumeur s'appelle Félix Agnely. De petite taille, mais bien prise dans sa tenue sur laquelle brillent les deux galons d'or de lieutenant. Sa physionomie est ouverte, intelligente. Le visage se distingue par une courte moustache et une paire de lunettes de myope, à verres fumés. Dans le civil, Agnely est entrepreneur de transports à Nice ; il est marié, père de cinq enfants et ancien combattant de la Grande Guerre, d'où il a ramené six citations. Parti dès le premier jour du conflit, il a rejoint le 24ᵉ bataillon de chasseurs alpins, rattaché à la 29ᵉ DI, dont le chef, le général Gérodias, lui a très vite confié la formation et le commandement du corps-franc de la division. Mission accomplie en quelques semaines, et succès rapides.

L'homme appuyé sur la table, examinant d'un œil aigu, pour la dixième fois, la carte déployée, est son adjoint, le lieutenant Joseph Darnand. Quarante-trois ans, taille moyenne, massif, une forte tête grisonnante ; des yeux clairs, pénétrants, une bouche large à la lèvre supérieure légèrement relevée, surmontée d'une fine moustache.

Une impression de puissance s'allie à un charme certain. Le grade et la moustache ne sont pas les seuls points communs de Darnand et Agnely. Darnand est également entrepreneur de transports, ses adversaires disent « déménageur », mais il s'en moque, il n'y a pas de sot métier, et son entreprise est également à Nice. Lui aussi est un ancien de 14. Parti volontaire à dix-sept ans, il a récolté sa première citation en novembre 1917. Le 14 juillet 1918, à la tête d'un groupe de pointe du 366ᵉ RI, en Champagne, il entraîne ses hommes jusqu'à la quatrième ligne ennemie et revient avec dix-huit prisonniers dont un lieutenant-colonel. Il rapporte aussi un document qui apprend au commandement français que la grande offensive allemande doit se déclencher le lendemain à 4 h 40 en direction de Châlons. Le général Gouraud peut prendre immédiatement toutes dispositions et préparer la contre-attaque qui aboutira, en novembre, à la fin de la guerre.

« C'est le tournant de la guerre », dira le maréchal Pétain, qui remettra la médaille militaire à Darnand devant le front des troupes le 20 juillet. L'adjudant Darnand termine la guerre titulaire de sept citations. La Légion d'honneur viendra en 1921, au retour de l'armée d'Orient. De lui, Poincaré écrira : « Darnand a été un des artisans de la victoire. »

Revenu à Nice, ce fils de cheminot fonde sa propre société, qui prospère très rapidement. Puis il se lance dans la politique ; il est profondément patriote et adversaire déclaré des tripatouillages républicains. Nouveau point commun et même point de rencontre avec Agnely. Tous deux militent à l'Action française, puis s'affilient au C.S.A.R. (Comité Secret d'Action Révolutionnaire), en d'autres termes la fameuse et mystérieuse « Cagoule » du polytechnicien Eugène Deloncle, dont le but avoué est de renverser la république et de combattre le marxisme, en liaison secrète avec de nombreux éléments de l'armée.

Agnely et Darnand travaillent alors ensemble et introduisent clandestinement des armes provenant d'Italie, que les camions de Darnand transportent dans toute la France. On est en plein Front populaire.

Ils finissent par être pris. Agnely bénéficie d'un non-lieu, alors que Darnand est condamné à six mois de prison dont trois avec les droits communs.

Courageux, patriotes, conspirateurs. Beaucoup de points communs. Les différences se situent surtout au niveau des caractères ; Darnand est sérieux, renfermé ; Agnely est vif, brillant causeur, élégant, aimant paraître. Deux amis de vingt ans que la guerre a réunis une nouvelle fois. Au front. En première ligne.

Depuis le 22 janvier, la 29ᵉ DI se trouve en première ligne et occupe sous Forbach les positions qui lui ont été assignées par le général Requin, patron de la IVᵉ armée. Forbach, en temps ordinaire ville frontière entre la France et l'Allemagne, est maintenant au cœur du no man's land, désertée de ses habitants, occupée alternativement, et pour quelques heures seulement, par Français et Allemands.

Le corps-franc de la 6e demi-brigade de chasseurs comprend les groupes-francs des 24e, 25e et 65e BCA et est donc commandé par Agnely. Depuis son entrée dans le secteur, il a effectué de nombreuses patrouilles dans la région de Morsbach, et exploré le Wiesberg, l'Eichwiesenhubel, le Guensbach-Emersweiler et « Auf dem Hubel ». Au cours de ces patrouilles, aucun contact n'a eu lieu avec l'ennemi, en dehors d'un léger accrochage au cours duquel un prisonnier avait été fait ; mais l'homme n'avait pas parlé. Le commandement a donc résolu l'exploration de la région sud de Forbach, suite et complément du travail accompli jusqu'alors.

Pendant que Darnand bourre une nouvelle pipe, Agnely relit pour la troisième fois l'ordre d'opération pour le lendemain, 8 février, signé de sa main et qui vient d'être tapé en trois exemplaires. La mission paraît simple. Il s'agit de pousser un groupe d'observateurs vers la sortie sud-ouest de Forbach à hauteur de la caserne de Guise. Le groupe devra observer le terrain afin de constater la présence ou l'absence des Allemands. En cas de présence, il faudra noter leurs mouvements, leur force, les travaux entrepris, bref toutes informations susceptibles d'intéresser le commandement. Ces renseignements permettront, ultérieurement, de disputer l'accès du no man's land à l'ennemi, de déterminer son dispositif et de chercher à faire des prisonniers.

— Répétons une dernière fois, Jo, et ensuite, au lit !

— Bien, alors, par quoi commence-t-on ?

— D'abord les éléments... Nos trois groupes-francs. Celui du 24e, commandé par Coppolani, secondé par Polverelli. Il passe en avant avec deux patrouilles de pointe chargées de la reconnaissance. Les hommes s'installeront dans les deux maisons en vis-à-vis entre la Patte d'Oie, point extrême de notre progression, et le carrefour situé à 500 mètres au sud-ouest. Ensuite, 200 mètres en arrière, celui du 25e qui servira d'appui à l'élément de pointe. Jaurena l'emmènera ; et j'adjoins à ce groupe l'adjudant Legrand et trois frontaliers du 69e RIF. Le 65e enfin. Notre père mariste le commandera, comme d'habitude, avec Lenfumey et Baroni. Ils constitueront le groupe de recueil et s'installeront sur la route nationale, à cinq cents mètres en arrière. Ils nous serviront de couverture au moment du retour.

Le sous-lieutenant François-Julien, père mariste et préfet des études d'un collège du Var, se distingue par une tenue qui n'a rien de militaire si l'on excepte l'étui à revolver battant sa hanche par-dessus le chandail. Mais, au feu, c'est un véritable diable.

Agnely s'est arrêté une seconde. Comme s'il mettait déjà en place ses chasseurs. Darnand en profite pour intervenir d'une voix calme :

— Je te propose de joindre au groupe de tête le sergent Sydoum, de l'Infanterie de forteresse. Il est volontaire et connaît bien le coin.

— Adopté.

Agnely poursuit :

— En dehors de nos propres groupes-francs, se joindront à nous ceux du 3e R.I.A. et du G.R.D.I. Les alpins sont commandés par l'aspirant Michaud et son adjoint, l'adjudant-chef Thomas.

— Effectifs ?

— Trois groupes échelonnés. Ils sortiront par l'avant-poste 1 de Morsbach et iront s'installer sur la lisière nord du Wiesberg. Ils devront interdire l'arrivée d'éventuels renforts venant d'Orting, du bois de Fahrenberg et de la région du Schlosberg.

— En somme, ils flanquent l'avant-garde ?

— Exact. Enfin, pour interdire de leur côté l'accès de renforts qui tomberaient, soit de la voie ferrée, soit de Marienau, vingt hommes du GRDI commandés par le margis de Segonzac.

— Et l'artillerie, Félix ?

— Elle n'interviendra que si nous le leur demandons par fusée, en cas de difficultés au moment du décrochage. C'est bien clair ?

— Parfaitement.

Une bouffée de pipe. Agnely marche dans la pièce, vers la fenêtre dont les volets sont soigneusement clos.

— Bon maintenant, le plus important. Il s'agit d'une mission d'observation et de renseignements. Je ne veux pas de coup de feu, sauf évidemment si nous sommes attaqués directement à courte distance. De toute façon, si quelqu'un ouvre le feu, ce sera au niveau du groupe de pointe essentiellement ; en d'autres termes, toi ou moi. Allez, tout est dit pour ce soir, on se couche, demain départ à 3 heures.

Agnely éteint la lampe à acétylène qui se balance sous le lustre. Le sifflement s'arrête, remplacé par le vent qui souffle à l'extérieur. Les deux hommes s'étendent sur leur lit. Agnely s'endort rapidement, la conscience en paix. Au cours des nuits précédentes, il a mené plusieurs patrouilles dans le secteur. Il n'a rien voulu laisser au hasard. Tout est prêt. Si tout va bien, le corps-franc sera de retour vers 17 ou 18 heures.

⁂

2 h 45. Les hommes finissent de s'équiper. Ils ont troqué leur canadienne à col de fourrure habituelle contre des tenues blanches taillées dans des draps de lit : pantalon, poncho maintenu par le harnachement, couvre-casque. Dans sa chambre, le sous-lieutenant François-Julien achève de dire la messe. Un sergent a communié.

Tout est prêt pour le départ. Agnely, en fermant la porte de la maison où ils ont dormi, se retourne vers Darnand :

— Si nous sommes accrochés et si nous avons des pertes, nous ne laisserons pas de corps à l'ennemi...

A 3 h 10, le corps-franc, une centaine d'hommes, est rassemblé devant l'avant-poste 2 de Morsbach. Agnely et Darnand inspectent une dernière fois leurs chasseurs. Sur la route deux silhouettes emmitouflées regardent les premiers chasseurs franchir la ligne de barbelés : le général Gérodias et le chef de bataillon Pochot, commandant le 1ier bataillon du 3e RIA.

Dans un grincement métallique, on ouvre les chicanes de barbelés. Les sentinelles, embusquées derrière leurs créneaux, appuyées sur leur mousqueton ou leur F.M., suivent des yeux les hommes du corps-franc qui s'enfoncent dans la nuit relativement claire. Il est 3 h 15. Les groupes-francs sortent dans l'ordre prévu. En tête celui du 65e BCA, marchant sur les talons du lieutenant François-Julien. Derrière les hommes du 25e, puis ceux du 24e. Enfin, les éléments du 3e RIA et du GRDI.

La progression est difficile. Le dégel n'est pas loin et la glace se fendille sous les pas. Les chasseurs distinguent mal la route du bas-côté, et les bottes de caoutchouc sont rapidement pleines d'eau et de neige fondue. Malgré cela, les gars avancent de bon cœur sur deux files parallèles de chaque côté de la route, retenant un juron lorsque le pied glisse. Agnely et Darnand, canne à la main, sont en tête. Leur groupe de pointe, le 24e, marche pour l'instant en troisième position.

Au bout de vingt minutes, le groupe de François-Julien s'arrête, prenant sa position de guet et de protection dans une maison à hauteur de la cote 210. On est encore loin de la Patte d'Oie, à environ cinq cents mètres. Agnely, en quittant le groupe de recueil, déjà installé, fait un petit signe de la main et poursuit son chemin. Le vent souffle du nord-est, mais n'apporte aucun bruit des lignes ennemies, si ce n'est le halètement lointain des hauts fourneaux.

— Nous avons le vent pour nous, dit Agnely, ils ne nous entendront pas venir.

— Heureusement, plaisante Darnand, car tu fais plus de raffut que six artilleurs : tu ne rates pas une branche morte sur ton chemin !

Agnely est très myope, mais dans la nuit, sa canne et son instinct de patrouilleur remplacent ses yeux.

Les maisons se resserrent. La route est droite, rien en vue. Mais Agnely ne se départit pas de sa prudence. Il interrompt souvent sa marche, se bloquant sur place, l'œil fixe derrière les lunettes. Ses hommes s'arrêtent aussitôt, s'abritant derrière un arbre ou un mur, ne quittant pas le lieutenant du regard. Ils savent que malgré sa myopie, il « sent » l'ennemi et peut le repérer, même bien caché.

Sur la droite de la route, une masse sombre grandit : les bâtiments de la caserne de Guise. Les formes se précisent au fur et à mesure que la distance diminue. L'adjudant Legrand, qui commande le groupe-franc du 25ᵉ BCA, dispose ses hommes dans un immeuble faisant face à une petite rue longeant la caserne, sur le côté gauche de la route suivie par le corps-franc. De là, il pourra, s'il le faut, appuyer efficacement les chasseurs du 24ᵉ.

Agnely pense que les deux autres groupes-francs doivent être en place, en couverture : sur le flanc gauche, occupant les ponceaux de la voie ferrée, vers le pont du ruisseau, le Mosbach, les cavaliers du GRDI, et sur le flanc droit, les hommes du 3ᵉ RIA en position sur la cote 239.

Le 24ᵉ repart seul, désormais véritablement en pointe.

— A tout à l'heure, lance, souriant, Agnely au lieutenant Goudchaux, détaché par la division, et qui reste avec le groupe d'appui.

Les vingt chasseurs progressent maintenant seuls, derrière Darnand et Agnely. Sydoum touche le bras de celui-ci, montrant silencieusement les nombreuses traces de pas qui s'impriment dans la neige gelée. Des traces de pas qui vont dans la direction opposée à celle du corps-franc.

— Ils ont dû venir hier, mon lieutenant, les traces sont glacées !

— Bien vu, approuve Agnely ; les Boches devaient revenir des petits postes.

Agnely regarde autour de lui. Le groupe est à environ cent mètres de la Patte d'Oie. Toujours le silence.

— Trois éclaireurs pour aller reconnaître la station de tramways.

On aperçoit celle-ci au milieu de la Patte d'Oie. Trois chasseurs s'éloignent, laissant le groupe réparti le long des maisons, tentant de se fondre avec le mur, l'œil aux aguets.

Vingt minutes passent. Les trois silhouettes reviennent.

— Alors ?

— Alors, mon lieutenant, on a vu de très nombreuses traces de pas, de véritables pistes. Mais pas trace de travaux et encore moins de Boches !

Agnely regarde sa montre. Elle marque six heures. Le lieutenant songe que pour remplir au mieux la mission d'observation qui lui a été confiée, et en diminuant les chances de contact, le groupe a intérêt à s'installer dans deux maisons se faisant vis-à-vis, sensiblement à l'endroit où ils sont arrêtés.

— Coppolani, tu prends position dans la maison en face, au rez-de-chaussée.

Le sergent-chef Coppolani fait un signe du bras à ses hommes et silencieusement, va s'installer dans l'immeuble que lui a désigné Agnely, à gauche de la route en regardant la Patte d'Oie.

— Polverelli, tu fais la même chose avec tes gars, dans ce bâtiment.

Le bout de la canne désigne une autre maison de belle apparence, vis-à-vis de la première, mais légèrement en retrait.

— Surtout ne vous faites pas remarquer ; observez et notez ce que vous voyez — si vous voyez quelque chose — et ne tirez que sur mon ordre ou en cas d'agression !

Agnely suit du regard le groupe du sergent Polverelli, regarde les silhouettes blanches pénétrer dans la maison, puis il se retourne vers Darnand.

— Nous nous installons au premier étage de la maison occupée par Coppolani. Nous verrons mieux ce qui se passe là-bas.

Les deux officiers grimpent l'escalier, suivis par le sergent Sydoum et un de ses camarades du 69e RIF. La pièce dans laquelle ils pénètrent ouvre sur la rue par une porte-fenêtre et un balcon. Sydoum s'y allonge aussitôt, à même la pierre glacée, afin de mieux surveiller le carrefour. Les deux officiers s'installent derrière lui, le regard fouillant la rue. Celle-ci est à nouveau déserte. Les portes des maisons abandonnées claquent au vent. Des fenêtres sans rideaux, noires, aucune lumière ne filtre. La neige s'est remise à tomber légèrement, recouvrant les traces de pas. Le silence, toujours le silence, dans l'aube qui se lève lentement.

Voilà près de deux heures que le corps-franc est maintenant en observation. Brusquement, Sydoum fait signe à Agnely.

— Les voilà !

Agnely se penche discrètement. Une patrouille vient en effet de paraître. Elle marche au pas. Les hommes, revêtus de la capote vert-de-gris de l'infanterie de ligne, arme sur l'épaule, obéissent à un Feldwebel qui, après avoir rapidement inspecté l'endroit, laisse une sentinelle à proximité des immeubles occupés par le groupe-franc. Puis le sous-officier s'écarte un peu, retournant en arrière vers la Patte d'Oie, sur la place de laquelle, dans un grand remue-ménage de pelles et de pioches, une quarantaine de travailleurs viennent d'arriver.

Agnely et Darnand ne perdent rien du spectacle. Tous deux, si bouillants d'habitude, sont calmes ; il s'agit d'une mission d'observation. Mais quelles cibles ! Les hommes sont plus nerveux ; les ordres sont cependant les ordres et chacun se contente d'observer. Les Allemands travaillent sans relâche. Certains pénètrent dans les maisons, utilisant la voie normale, c'est-à-dire la porte ; mais ils ressortent par les fenêtres, ce qui indique à coup sûr aux Français qui les épient qu'ils ont piégé les entrées avec des engins explosifs. Un peu plus tard, des bruits caractéristiques dénoncent la pose de mines dans le secteur.

A 10 h 25, les guetteurs du corps-franc constatent une certaine agitation à la Patte d'Oie. Ils comprennent vite ; un groupe d'officiers allemands vient d'arriver sur place.

Le Hauptmann Burger, commandant le 1er bataillon du régiment d'infanterie n° 479 qui tient les avant-postes devant Forbach, est effectivement venu inspecter l'état d'avancement des travaux. Son unité fait partie avec les régiments 458 et 478, de la 258e division d'infanterie de la Wehrmacht, division de 4e vague, mise sur pied en août 1939, composée de Poméraniens et de Mecklembourgeois. Burger est entouré de plusieurs de ses officiers. Carte en main, il écoute les explications, demande telle ou telle précision. Ils semblent étudier soigneusement les débouchés sud-ouest de la ville et Agnely se demande s'il ne prévoit pas la pose d'un nouveau champ de mines. Sur un geste de l'un de ses compagnons, une dizaine de sous-officiers viennent se joindre à la discussion.

Les Français trépignent ; les doigts caressent les armes. Un vrai supplice de Tantale ! Sydoum, sur son balcon, se retourne vers Agnely, désignant du geste le groupe vert-de-gris avec une mimique interrogative dont le sens n'échappe pas au lieutenant. Posément, celui-ci hoche la tête de droite à gauche. Non, ne pas tirer !

En face, le groupe se disperse, inspection terminée. Agnely fronce le sourcil, quelque chose cloche. Deux des officiers, alors qu'ils allaient tourner les talons, se sont brusquement arrêtés, tête penchée vers le sol. L'un d'eux va même jusqu'à s'accroupir. Ils discutent avec animation, se tournant vers la caserne et faisant des gestes du bras vers la rue principale. Sydoum souffle :

— Ils ont du repérer les traces laissées par les copains ce matin !

Darnand approuve silencieusement. Mais les Allemands ne s'obstinent pas. Les deux officiers finissent, après un dernier commentaire, par repartir vers leurs lignes, croisant une patrouille qui vient, sous le nez d'Agnely, de Darnand et de leurs hommes, relever les premières sentinelles postées depuis huit heures.

Le nouveau factionnaire, Mauser à la bretelle, piétine sur place, suivant la recette connue de tous les soldats du monde pour se réchauffer. L'Allemand fouille dans sa poche, en sort un cigare qu'il hume avec délectation. La flamme de son briquet éclaire d'une lueur plus vive son visage. Il tire les premières bouffées en soupirant d'aise puis se penche vers l'appui d'une fenêtre du rez-de-chaussée de la maison contre laquelle il est appuyé. Les chasseurs le surveillent, se demandant ce qu'il a pu trouver. L'homme tient dans sa main un numéro de *Match,* abandonné là sans doute par les anciens propriétaires. Il en entreprend la lecture sans se douter que quarante paires d'yeux suivent la moindre de ses mimiques.

De l'autre côté de la rue, le sergent Polverelli et son camarade, le caporal-chef Mondolini se réchauffent en soufflant dans leurs doigts. La pièce dans laquelle ils se trouvent est entièrement vidée de ses meubles, à l'exception de quelques chaises sur lesquelles les deux chasseurs se reposent à tour de rôle de la station debout qu'ils occupent derrière les volets donnant sur la rue. A travers les claires-voies, ils surveillent les quelques mètres ouvrant devant la maison. Leur champ de vision est moins étendu que celui de leurs camarades d'en face, mais permet cependant de se rendre compte avec précision de ce qui se passe à l'extérieur.

Soudain, Polverelli arrête de souffler dans ses doigts joints.

— Ecoute...

— Quoi donc, je n'entends rien, répond Mondolini en écarquillant les yeux.

— Ecoute, je te dis.

Mondolini entend à son tour un bruit de pas sur le gravier du jardinet qui s'étend derrière la maison, étouffé en partie par la neige fondue, mais cependant nettement perceptible.

— Les Boches !

Avec ensemble, les deux hommes ont sauté sur leur pistolet mitrailleur, appuyé contre le mur. Les pas se sont rapprochés... Ils vont entrer dans la maison par la porte de derrière.

— Ils vont tomber sur les copains...

Une partie du groupe est restée dans l'une des pièces du rez-de-chaussée. Eux aussi ont dû entendre. Ils ont entendu, et, le doigt sur la détente de leurs mousquetons, ils retiennent leur souffle.

La porte s'entrouvre, difficilement, sans doute bloquée par la neige. Un rai de lumière jaune. Deux Allemands entrent, chuchotant entre eux. Ils ne paraissent pas être en patrouille, mais ressemblent plutôt à deux pillards venant « visiter » une maison abandonnée, et repérée depuis plusieurs jours. Ils avancent, éclairant leur chemin du faisceau de leur lampe électrique. Les pas résonnent dans la demeure, passent devant la pièce du rez-de-chaussée dans laquelle une douzaine d'hommes attendent, le souffle court. Maintenant, l'escalier craque sous le poids des deux hommes. Polverelli arrête de respirer. Son pistolet mitrailleur est braqué sur la porte. Les pas se sont arrêtés devant celle de la pièce voisine. Polverelli sait qu'elle est totalement vide ; les Allemands ne devraient pas s'y attarder. Effectivement, les lourdes bottes de la Wehrmacht semblent revenir en arrière, foulent à nouveau le palier. Devant Polverelli, la porte de la pièce où il est embusqué avec Mondolini tourne lentement sur ses gonds. Un rai de lumière jaune illumine les lattes de parquet. Dans la pénombre entretenue par les volets fermés, les Français voient entrer les deux soldats vert-de-gris. Polverelli a bien pensé une seconde les faire prisonniers sans bruit, mais le réflexe de tirer l'emporte. Son pistolet mitrailleur tire deux rafales. Les Allemands s'effondrent, l'un sur le pas de la porte, le second dévalant lourdement l'escalier.

Dans le silence ouaté, les deux détonations ont résonné, comme incongrues, produisant dans la même seconde une multitude de réactions. En bas, de l'autre côté de la rue, la sentinelle a poussé un cri, saisi son fusil et lâché *Match* et cigare... Elle court vers ses camarades de la patrouille de couverture qui se replie elle-même vers la Patte d'Oie, où le groupe de travailleurs grouille en une masse affolée.

Dans la maison occupée par le groupe Coppolani, Agnely et Darnand, qui saucissonnaient, ont bondi à la fenêtre. Le lieutenant a tout compris en un clin d'œil.

— Feu à volonté, hurle-t-il par la fenêtre.

Dans ces conditions, il n'y a plus de consignes qui tiennent. Le sergent Sydoum épaule déjà son F.M. Polverelli a fait sortir ses hommes dans la rue et prend position le long du mur longeant l'immeuble, face à la Patte d'Oie. Il fait ouvrir le feu, répondant aux armes automatiques allemandes qui, de la station de tramways, arrosent déjà la rue principale. Les Allemands se sont très vite ressaisis. Les officiers, après avoir couru vers la maison d'où sont parties les détonations, ont immédiatement mis en place leurs groupes de combat. Une mitrailleuse Maxim, bien abritée dans la station, et protégée par des sacs de terre, tire sans relâche. Le groupe Coppolani tire aussi de tous ses pistolets mitrailleurs et balance grenade sur grenade. Plusieurs Allemands gisent à terre, touchés de plein fouet dans leur fuite vers un abri.

Agnely, très calme, dirige le feu. Il faut faire taire la mitrailleuse et les autres armes automatiques qui ont pris la rue en enfilade et arrosent les façades des maisons où sont retranchés les chasseurs. Une grenade V.B. jaillit d'un tromblon dans la direction indiquée. Le tir est trop précipité et la grenade heurte un balcon avant de retomber sur le seuil de la porte, devant Darnand.

— Trop court, remarque-t-il philosophiquement.

Il se penche, la saisit et la rejette, quelques secondes avant qu'elle n'éclate.

Au premier, Sydoum grimace de douleur ; touché au foie et aux poumons, il a eu la force de se relever de son balcon, et est venu s'écrouler dans la pièce. Blessé aussi le chasseur Caillat, dont le bras pend, inutilisable. Mondolini le remplace au F.M., tirant jusqu'à ce qu'une balle l'atteigne à la tête.

— Attention, ils tentent de nous tourner !

Une volée de balles vient de griffer les murs et les volets, provenant du côté opposé où se trouvent les Allemands.

Le F.M. servi par le sergent-chef Coppolani arrose devant lui, alimenté par Caillat, qui malgré sa blessure, passe les chargeurs de sa main valide. Un autre groupe ennemi, qui tentait de déborder, est stoppé net dans sa progression.

Voilà plus d'une heure que le groupe-franc se bat avec acharnement. Agnely et Darnand se dépensent, aidant leurs hommes, les guidant dans leurs tirs. Mais ils se rendent compte que la situation ne tourne pas à leur avantage. Les Allemands ont reçu des renforts et amorcent de nouveaux mouvements tournants. Agnely décide de quitter l'immeuble où il se trouve et de rejoindre, avec le groupe Coppolani, celui de Polverelli, de l'autre côté de la rue. Le tir y sera plus efficace.

— Jo, crie Agnely à Darnand, tu vas traverser le premier ; fais-nous couvrir par les gars de Polverelli, c'est le seul moyen de passer !

— J'y vais !

Darnand bondit, semblant se faufiler à travers les balles. Par miracle, il atteint l'autre côté de la rue sans une égratignure et donne immédiatement ses ordres. L'effet s'en fait sentir dans les trente secondes ; les rafales de F.M. ininterrompues et précises forcent les Allemands de la station de tramways à se terrer à l'abri des balles. Agnely lance ses hommes par fractions de un ou deux. En deux minutes, tout le monde est passé, sauf Sydoum, pour l'instant intransportable.

— Ecoute Sydoum, lui dit Agnely, l'ennemi ne semble pas très nombreux. Comme nous bagarrons dur, peut-être va-t-il déguerpir. De toute façon, il ne restera pas ici cette nuit. Nous reviendrons te chercher avec un brancard aussitôt qu'ils seront partis. En attendant, Lepp te servira de garde-malade.

Le blessé sourit ; il sait qu'il va mourir et ne se fait aucune illusion. Dès que les officiers ont quitté la pièce, il appelle Lepp.

— Fous le camp, va te battre avec les autres, je n'ai pas besoin de garde-mort !

Un coup d'œil vers la Patte d'Oie et Agnely s'élance, franchit en courant deux mètres, quatre mètres, saute le trottoir et s'effondre. Darnand a tout vu. Il se précipite vers son ami, l'attrape au moment où Agnely se relève. Ils rentrent ensemble dans la maison. Le F.M. continue à égrener ses balles.

— Tu es blessé ?

Agnely s'essuie le poignet, rouge de sang.

— Ce n'est rien, une égratignure. Tout le monde est là ?

— Tout le monde... Un seul gars a été légèrement blessé, plus toi.

— Bon... Continuez à tirer, mais économisez les munitions.

Il se retourne vers Darnand.

— Elles s'épuisent. On ne pourra pas tenir éternellement.

Dans le jardin, sur trois côtés du mur bas, les hommes du groupe-franc se sont répartis pour mieux attaquer l'adversaire.

Rafales de pistolets mitrailleurs, de F.M., jets de grenades. Les Français se démènent comme des lions. Polverelli vient d'abattre son deuxième Allemand.

Agnely pense maintenant qu'il faut décrocher le plus vite possible. Les munitions du groupe-franc s'épuisent dangereusement, alors que les Allemands reçoivent de constants renforts. Aux grenadiers en capote verte se sont joints des soldats d'élite, des combattants d'assaut. Ceux-ci, installés dans les étages des maisons voisines, tirent comme au stand. Agnely ne se résout pas encore à donner l'ordre de décrochage ; il pense à Sydoum et à son camarade, seuls dans la maison d'en face. Et pourtant, la situation s'aggrave d'instant en instant. La route de Forbach-Morsbach, sur laquelle ils se trouvent et seul itinéraire possible de retraite, est battue sans arrêt par des armes automatiques placées dans une maison permettant un tir d'enfilade meurtrier. Seule solution, décrocher de maison en maison, tout en évitant la route. Le moment est propice ; les Allemands ont de lourdes pertes : 17 tués sûrs et des blessés.

— Attention !

Le sergent Polverelli vient d'apercevoir plusieurs adversaires qui, après avoir pénétré dans le jardin, tentent de prendre l'immeuble à revers. Il se redresse, épaule son mousqueton. Deux hommes tombent, foudroyés en pleine course. Darnand se précipite, dédaignant les balles, s'approche des cadavres, les fouille calmement...

— Peut-être des renseignements, marmonne-t-il.

Il ne trouve rien et revient, rapportant la vareuse d'un des morts, qu'il a réussi à ôter. Les Allemands attaquent sans relâche. De l'autre côté, le Hauptmann Burger a rassemblé ses effectifs disponibles, environ deux groupes, et les engage en tenaille afin de tenter de couper le chemin du retour aux hommes du corps-franc.

Le sergent-chef Coppolani continue à tirer méthodiquement au F.M. Il s'affaisse brusquement, tué net. Son arme ne reste pas muette plus de quelques secondes. Mondolini, le caporal-chef, repousse le cadavre de son camarade et reprend le tir, nettoyant la crête du mur qui lui fait face. Mais il constitue une cible de choix pour les tireurs allemands embusqués dans les étages des maisons surplombant la position. Il s'écroule à son tour. Le chasseur Arnaud, qui tire à deux mètres de là, pose aussitôt son mousqueton et saisit la crosse de l'arme qui crépite à nouveau sous le doigt de son troisième servant en quelques minutes. Arnaud tombe lui aussi et s'effondre sur le F.M.

Agnely est légèrement en arrière, appuyé sur sa canne, seul au milieu du jardin, offrant une cible parfaite, silhouette blanche se détachant sur les arbustes et les murs gris. Il a quand même rengainé sa pipe. Brusquement, il prend sa décision. Trop de morts, trop de blessés, de moins en moins de munitions. Il regarde sa montre : midi trente.

— Repli général par les jardins et l'arrière des maisons !

Le mouvement commence aussitôt, les chasseurs se repliant en ordre tout en continuant à tenir les Allemands en respect par un feu continu. La retraite est difficile ; il faut franchir murets, palissades et haies sous les balles des adversaires qui resserrent leur étreinte. Les survivants du corps-franc progressent cependant ; ils finissent, après un itinéraire épuisant, par atteindre la caserne de Guise.

Les Allemands ont disposé, dans un bâtiment avoisinant, une arme automatique qui arrose les Français. Un groupe reste, engageant un nouveau combat, pendant que leurs camarades poursuivent le repli. Une nouvelle haie à escalader, un nouveau fossé à franchir. Polverelli se retourne une fois encore pour tirer et protéger ses camarades qui s'escriment. Une balle arrête son geste, il s'écroule sans un cri. Le petit Hulot s'est effondré lui aussi. Agnely enrage ; pour sauver ceux qui courent encore, hagards, essoufflés, il faut laisser ceux qui tombent. Et ils n'ont encore parcouru que deux cents mètres depuis le départ !

Un mur se dresse devant eux. Cette fois-ci, c'est un vrai mur de caserne : trois mètres de haut. Derrière, le salut ! Mais il faut auparavant le franchir !

Agnely et Darnand se consultent du regard. Une seconde après, ils sont adossés au mur, les mains jointes en marchepied. Leurs hommes sautent sur cette courte échelle, prennent élan sur les épaules de leurs officiers, atteignent le faîte du mur, se rétablissent et sautent de l'autre côté. C'est gagné ! Gagné ? Pas encore, les Allemands resserrent leur étreinte, se faufilent par les dépendances d'un immeuble proche. C'est maintenant au tour des deux lieutenants de passer.

Darnand regarde Agnely, qui regarde Darnand.

— Tu as cinq enfants, saute le premier.

Agnely secoue la tête.

— Si je meurs, mes enfants, tu t'en occuperas. Je suis le chef. Je passerai le dernier.

Au fond de lui-même, Darnand, furieux, songe qu'il en ferait autant. Il est trop soldat pour discuter ce qui est, dans l'esprit d'Agnely, un ordre formel. Il se tourne vers le mur, s'appuie à son tour sur les épaules de son ami, et saute.

Agnely se hisse à son tour. Darnand voit brusquement sa silhouette disparaître. Quelques secondes passent. Angoissé, Darnand revient en arrière.

— Félix !

Personne ne répond. Mais la fusillade fait un tel vacarme qu'il peut ne pas avoir entendu.

— Félix, où es-tu ? Parles voyons !

Toujours rien. Darnand court jusqu'au mur, se hisse, jette un coup d'œil. Agnely est étendu sur le sol. Auprès de lui, deux chasseurs immobiles.

— Qu'y a-t-il Félix ? Il est blessé... ? Mais relevez-le, aidez-le ! Félix !

Les chasseurs, très pâles, le regardent sans faire un geste. Il est mort, une balle dans le cou.

Darnand reste un moment désemparé, terrassé par la douleur. Agnely mort... Comment rentrer sans lui ? Et pourquoi rentrer désormais ? A quoi bon continuer seul cette course épuisante, cette guerre perdue ? Tout est fini... Mais les hommes sont tournés vers lui ; ils attendent ses ordres. Il est le chef du corps-franc. Il doit ramener le corps-franc. Ensuite il pourra, s'il le veut, revenir chercher son ami ou se faire tuer près de lui. Maintenant, il n'a pas le droit de perdre une minute. Il détourne les yeux, le visage durci.

— Venez, il faut rentrer !

Ils ne sont plus que quatre outre lui-même. Pistolet fumant à la main, il pousse ses gars. Mais il s'arrête brusquement ; ils se trouvent dans une cour sans issue. D'une maison voisine, un groupe de trois Allemands sort, lui barrant la retraite. Un officier les précède et crie en excellent français à l'adresse de Darnand :

— Français, vous êtes perdus, abaissez vos armes !

Fou de rage, Darnand se redresse et hurle :

— Merde ! Des Français ne se rendent pas !

De derrière une souche abattue, le chasseur Richaud ponctue la réponse de son chef par une rafale de pistolet mitrailleur. Deux Allemands tombent. A la dernière balle, Richaud s'effondre à son tour dans la neige.

— En avant le 24e !

Darnand a rugi en s'élançant. Les quatre hommes escaladent le dernier mur de la caserne et traversent celle-ci en longeant l'enceinte qui borde la route nationale, prise en enfilade par les armes automatiques.

Epuisés, Darnand et ses trois chasseurs arrivent devant la maison dans laquelle les attend le groupe d'appui du 25e BCA. Le lieutenant Goudchaux, détaché de la division, regarde, effaré, les survivants du groupe-franc, qui s'affalent contre le mur, reprenant leur souffle.

— Agnely, hasarde-t-il...

— Tué, répond Darnand...

Il n'en dit pas plus. Il est résolu à repartir, le plus vite possible, pour ne pas laisser Agnely aux mains des Boches.

L'adjudant Legrand, qui commande le groupe d'appui, continue à faire tirer ses F.M. Durant toute l'opération, il a subi des tirs provenant des immeubles situés à gauche de sa position ; mais il a pu arroser efficacement la route en direction de la Patte d'Oie et devant la façade de la caserne de Guise, gênant ainsi la progression ennemie et l'arrivée des renforts.

Darnand se tourne vers Goudchaux. Lui retrace brièvement le combat.

— Veuillez rendre compte, moi je poursuis le repli et le retour vers le P.A.

Au même moment, un piétinement se fait entendre sur la chaussée où la neige se transforme lentement en boue verglacée. François-Julien arrive en courant, son pistolet à la main, essoufflé.

— Un de vos gars est rentré par ses propres moyens, il nous a avertis et me voilà ! explique-t-il à Darnand. Les ordres ?

— Vous résistez sur place, moi, je vais chercher Agnely.

D'un geste violent, Darnand a arraché son poncho blanc, déchiré, maculé de boue et de sang. Pour aller chercher son ami, il veut être dans la tenue bleue des chasseurs, galons et rubans à l'air, que les Allemands les voient, ces décorations qu'Agnely et lui ont gagnées, contre leurs pères et peut-être eux-mêmes, voici vingt-deux ans !

— Trois volontaires !

Dix mains se lèvent. Darnand choisit.

— Baroni... Davoine... et toi Adriant ! Avec moi, nous allons chercher le lieutenant.

Le sergent Baroni, les chasseurs Davoine et Adriant assurent leurs armes et emboîtent le pas à Darnand qui fonce déjà.

Le lieutenant François-Julien se fige sous son casque. Ses lèvres murmurent. Gravement, sans que les volontaires et Darnand s'en rendent compte, il leur donne l'absolution. Puis, de prêtre redevenant soldat, il donne ses ordres, place ses deux F.M. en batterie pour exécuter des tirs d'interdiction et protéger la marche de ses camarades.

Après quelques minutes d'accalmie, les Allemands ont rouvert le feu. Mais Darnand et ses hommes avancent toujours, le dos courbé. Ils refranchissent les mêmes obstacles que lors de leur repli. Les volontaires halètent, passent, parfois lourdement, fossés et murs. Darnand les encourage de la voix et du geste. Ils sont portés par son allant désespéré. Enfin, le dernier mur, celui derrière lequel Agnely doit se trouver. Un effort. Darnand se fige ; son ami est là, face tournée vers le ciel, déjà pâli.

Baroni, Davoine et Adriant se précipitent, saisissent leur chef sous les épaules, par les pieds, et repartent aussitôt, alourdis par leur fardeau. Quelques mètres plus loin, une murette les arrête, provisoirement. A l'aide de chaises, de tout ce qui leur tombe sous la main, ils poussent, tirent le cadavre d'Agnely, le traînent dans l'eau et dans la boue, les dents serrées, le front en sueur.

— Là, une charrette !

Le corps est hissé sur une charrette providentielle que Darnand pousse lui aussi, pistolet à la main. La fusillade crépite tout autour d'eux ; ils entendent les rafales des F.M. de François-Julien et les détonations rageuses des Mauser.

— Encore un effort !

François-Julien les encourage du geste, accélérant le tir de ses armes. Darnand arrive. Ils sont exténués, mais Agnely est là, allongé dans cette charrette ennoblie de transporter la glorieuse dépouille d'un tel combattant. Il est 13 h 45.

Le repli général se poursuit. Il faut maintenant atteindre Morsbach. Les armes automatiques allemandes ont repris leur tir, placées près du transformateur de la voie ferrée. Le chasseur Reynaud du 24e BCA reçoit une balle à la mâchoire. Par échelons successifs, les hommes du groupe-franc se replient. Les trois sections combinent leur mouvement pour se soutenir mutuellement et arrosent la route d'un feu nourri répondant à celui des Allemands qui les prennent par le flanc à travers les haies. A plusieurs reprises, le terrain découvert oblige les chasseurs à ramper dans les fossés remplis d'eau et dans la plaine inondée. Une section de réserve du 3e RIA, envoyée par le chef de bataillon Pochot, averti par un officier de liaison, s'est avancée pour protéger le retour.

Le tir des Allemand diminue peu à peu, puis s'arrête. Le corps-franc est hors de portée. Sur la route, à l'entrée de Morsbach, plusieurs silhouettes semblent attendre. Darnand, qui a pris le commandement, les reconnaît : plusieurs officiers d'état-major, un aumônier divisionnaire, des officiers de liaison et d'artillerie, le commandant du sous-secteur, le colonel Galy, commandant l'infanterie divisionnaire, accueillent les survivants. Il est 15 heures.

A vingt heures, quatre autres chasseurs, dont un blessé au bras gauche, rejoignent les lignes à leur tour. Il faudra attendre le 10 février, pour voir revenir, à six heures du matin, deux derniers hommes. Le bilan général est lourd, dix tués ou disparus, restés dans les lignes allemandes, deux blessés ramenés. Mais les renseignements obtenus sont précieux : le commandement sait désormais la force de l'adversaire dans ce quartier de Forbach ; il sait aussi que les renforts, en cas d'attaque, viennent de très près (sans doute du Schlossberg) et sont très combatifs.

***

Les chasseurs ont déposé le corps de leur chef dans la nef de la petite église de Morsbach, à l'endroit même ou, un mois auparavant, ils avaient veillé celui d'un de leurs camarades, un caporal, tué dans un coup de main. Son sang avait taché la dalle, ce qui contrariait Agnely qui avait demandé :

— Il faudrait effacer cette tache... c'est pénible, pour nos gars.

Aujourd'hui, 9 février, les hommes du corps-franc entourent, tête basse, le brancard sur lequel est allongée la dépouille du lieutenant. Il porte sa tenue bleue. sur laquelle se détachent les rubans multicolores de ses décorations. Le béret, frappé du cor de chasse, a un peu glissé et recouvre en partie l'œil gauche. Une couverture kaki remonte jusqu'au milieu de la poitrine. Ses chasseurs, masque figé, le regardent silencieusement. Ils ont mis leur canadienne à col de fourrure. Leurs pieds pataugent dans le sol détrempé de boue. Un officier vient d'apparaître. Sur un signe, les chasseurs saisissent le brancard et se dirigent vers la cour de l'école de Morsbach. Elle est occupée par une centaine d'alpins, qui représentent la seule population du village abandonné. Le ciel est plombé ; la neige va sans doute retomber bientôt. Les chasseurs ont déposé le brancard au milieu de la cour, au centre du carré formé par les soldats. Seul, face à lui, ne cherchant pas à dissimuler l'émotion qui l'étreint comme tous ceux qui sont là, le général Gérodias.

— Garde à vous !

Le commandement a résonné dans l'air froid. Le vent lui-même s'est arrêté.

— Présentez armes !

Au claquement des talons a succédé la houle métallique et brève des fusils qui, calés dans les paumes, se dressent dans un dernier hommage. Penchés vers la terre, les sabres des officiers semblent indiquer l'endroit où, bientôt, reposera celui que tous honorent dans cet instant poignant.

Le général s'avance, suivi par un officier d'ordonnance. Il s'arrête devant le brancard. Sa voix grave monte, entendue jusqu'au dernier rang.

— Lieutenant Agnely, au nom du président de la République et en vertu des pouvoirs qui nous sont conférés, nous vous faisons officier de la Légion d'honneur.

Du plat de son sabre, il frappe légèrement l'épaule du lieutenant, puis prenant entre ses doigts le ruban rouge que lui tend son officier d'ordonnance, il épingle la croix sur la poitrine inerte. Il se penche un peu plus, saisit le mort aux épaules et lentement, lui donne l'accolade. Aucun des chasseurs n'a perdu un geste de la scène, et pourtant leurs yeux sont fixes, comme éteints. Seules quelques larmes coulent sur les joues bleuies par le froid.

La cérémonie s'achève. Quatre chasseurs reprennent le brancard, et, précédés du père François-Julien, qui a célébré la messe, ils accompagnent leur lieutenant au cimetière de Grostenquin, sur le front même, où il sera enterré.

***

Assis à sa table de travail, au PC du bataillon, le chef de bataillon Montvignier-Monnet, commandant le 24e BCA, relit les papiers dactylographiés qu'on vient de lui remettre. Il s'agit des comptes rendus d'écoute de Radio-Stuttgart, le 11 février, et de Radio-Munich, le 12. Tous deux sont éloquents. Ils montrent à quel point le combat de Forbach, qui n'est après tout qu'un accrochage parmi d'autres sur le front, a frappé les Allemands. Le chef de bataillon relit les lignes :

... *Une bataille acharnée se déroulait dans les immeubles et se poursuivait dans la rue. Les Français se sont battus avec cran. Nous leur avons infligé des pertes s'élevant à sept morts et quelques blessés, tandis que de notre côté, nous n'avons eu que des blessés.*

Que des blessés ? s'irrite intérieurement Montvignier-Monnet. Ils se foutent de nous ; des morts, oui, au moins une quinzaine sûrs. Darnand n'est pas un mythomane. Il poursuit sa lecture :

... *Dans la rue, nous avons trouvé un mort touché d'une balle à la tête. Non loin de lui un autre blessé français, couché sur le ventre, tenant encore dans ses bras son arme, ce qui nous inspirait une certaine méfiance. L'ayant sommé, nous ne reçûmes aucune réponse ; nous nous approchâmes, le secouant une première fois ; aucun signe de vie. Le secouant une seconde fois, il ouvrit les yeux, il était encore en vie. Après l'avoir désarmé, nous le conduisîmes vers l'arrière.*

Près de la muraille, gisait un autre mort. Mais les mauvaises conditions atmosphériques, la neige et le danger de feu qui nous menaçait nous empêchèrent de recueillir le corps...

Agnely sans doute, pense le chef de bataillon. Le communiqué du poste de Munich, en langue italienne, est plus succinct, mais il précise :

... *Les Français se défendirent avec beaucoup de valeur ; un de nos officiers leur ayant demandé de déposer les armes, reçut pour tout réponse un « Non » bien senti...*

Un « non »... évidemment. Il est délicat de citer textuellement le « m... » tout aussi bien senti que Darnand a crié dans le vent.

Montvignier-Monnet repose le feuillet et, dans une cotte, reprend le rapport rédigé par Darnand le 8 février au soir. Précis et net, comme d'habitude, exaltant la conduite de tous ses hommes, et pratiquement muet sur son propre rôle. Le général Gérodias ne s'y est pas trompé et, dès le 14 février, a remis les choses à leur place dans son rapport au général Requin :

... *Ce qui est à peine mentionné par le lieutenant Darnand, c'est l'intensité de la lutte, son attitude personnelle absolument* *remarquable et la conduite des chasseurs sous ses ordres... Son attitude est en tout point digne de celle de l'adjudant Darnand, du 366ᵉ RI, qui le 13 juillet 1918 *, sur le front d'une autre IVᵉ armée, rapportait dans nos lignes des renseignements permettant de fixer l'heure « H » de l'attaque allemande du 15 juillet. (...) Enfin, le repli méthodique, calme, ordonné du groupe-franc, sur une profondeur de deux kilomètres, a été réglé et conduit par lui.*

⁂

Le pré qui s'étend devant la ferme de Bischwald est recouvert d'une épaisse couche de neige. Les sapins qui le dominent forment une tache sombre, saupoudrée de blanc dissimulant en partie les bâtiments devant lesquels sont alignés sur plusieurs rangs, les chasseurs de Darnand. Pour la seconde fois en quelques jours, le commandement « Présentez armes » a retenti pour les hommes du corps-franc. Devant le premier rang, légèrement en avant, la puissante stature du lieutenant Darnand semble protéger une silhouette plus frêle d'adolescent ; celle de l'aîné des fils d'Agnely, venu avec sa mère pour recevoir sur le front des troupes la croix que son père n'aura portée que mort.

Sur la poitrine de Darnand, brille la rosette d'officier de la Légion d'honneur que, comme à son ami, le général Georges, accompagné des généraux Requin et Laure, vient d'épingler sur la rude étoffe. Les photographes opèrent. Dans quelques jours, Darnand, main au béret, fera la couverture du *Match* du 21 mars.

Le lendemain, Roland Dorgelès, correspondant de *Gringoire*, viendra recueillir sur place le témoignage des combattants de Forbach. Son reportage paraîtra sous le titre de « la Cagoule blanche ». Il s'achève avec la visite de Mme Agnely sur la tombe de son mari, dans le petit cimetière de Grostenquin :

... *La prise d'armes terminée, la mince dame en noir qui contenait sa douleur est retournée sur la tombe pour un suprême adieu. Un officier l'accompagnait. Si ému par la tragique majesté de cette femme qu'il n'osait plus la consoler.*

— Je savais que rien n'aurait pu le retenir, avait-elle murmuré en franchissant la grille. Que sa place était au front.

Puis, montrant la terre :

— Et là...

Un long moment, indifférente au blanc tourbillon des flocons, elle s'est recueillie devant le tertre où se flétrissaient des bouquets. « A mon compagnon d'armes » lisait-on sur une couronne. A côté, celle des chasseurs. Et, déjà, des violettes du pays... Le vent gémissait dans les branches. La nuit allait venir.

---

* Etat-major n° 330/3. Le rapport est ici inexact : il s'agit du 14 juillet 1918.

D'un pas vacillant, Mme Agnely fit le tour de la tombe et, s'étant inclinée, baisa fiévreusement la croix qu'elle étreignait à deux mains.

*L'officier *, bouleversé, avait fermé les yeux.*

— Dieu est parfois dur, commandant, fit-elle en se redressant.

D'un geste épuisé, elle rejeta son voile de crêpe par-dessus son épaule, comme si sa peine eût pesé au bout. Puis, le dos voûté, elle s'éloigna dans la bourrasque de neige. Frêle image du deuil que le vent emportait.

***

— Vive la France !

La salve du peloton ébranle les murs gris du fort de Châtillon. Dans le matin naissant de ce 10 octobre 1945, le corps de Joseph Darnand, le héros de Forbach, devenu secrétaire général de la Milice française, condamné à mort, a glissé à côté du poteau d'exécution. Un petit lieutenant vient donner le coup de grâce. Puis un homme s'approche. Il porte un habit religieux. C'est un dominicain, le Révérend Père Bruckberger. Aumônier de la Résistance et ancien du corps-franc Darnand, en mai 40... Il se penche sur le corps, s'agenouille, bouleversé, ferme les yeux du mort, lui met au doigt le chapelet de sa mère. Il enlève enfin, de la poitrine trouée, l'insigne du corps-franc, un cœur posé sur une épée nue, et de chaque côté, la devise : « A vaillant cœur, rien impossible »...

* Chef de bataillon Montvignier-Monnet, commandant le 24e BCA.

CHAPITRE V

LES PARAS DE GLAIZOT

— Présentez... armes !

120 crosses de mousqueton claquent dans les paumes glacées par le froid. Le général Lescal, gabardine, bandes molletières, béret noir, appuyé sur sa canne, passe lentement devant le front des quatre corps-francs alignés impeccablement, formés en carré au centre de la place du village alsacien de Lembach, à douze kilomètres environ au nord-est de Niederbronn, au cœur des Vosges. Les quelques arbres dénudés bordant la place couverte de neige boueuse et les maisons basses, dont les volets clos dénoncent l'abandon par leurs habitants, dominent la scène. Le général examine d'un œil aigu les tenues encore neuves, cherche à saisir le regard de chacun de ces hommes, dont la tête est protégée par le casque à bourrelet des troupes motorisées. Derrière lui, en tenue claire presque saugrenue en ce début de février 1940, béret, gants et stick, marche le patron des corps-francs. Il s'appelle Glaizot ; le capitaine Henry Glaizot. Au fond de lui-même, celui-ci éprouve une immense fierté, non pas tellement de présenter ses hommes à un général au cours d'une prise d'armes ; des cérémonies telles que celle-ci, il en a déjà vu des dizaines ; mais que ces hommes, ces volontaires du corps-franc, soient là en partie parce qu'il s'est battu pour les faire monter en ligne.

S'ils étaient de simples fantassins, la formation de ces corps francs n'aurait posé aucun problème : il y en a déjà de nombreux en première ligne, aux avant-postes précédant la ligne Maginot. Mais voilà, ce ne sont pas des fantassins, mais des soldats bien particuliers, ainsi que le montre l'insigne que nombre d'entre eux, au repos, portent sur le bras gauche de leurs blousons : des parachutistes ; les premiers parachutistes régulièrement formés en France et qui, pour l'instant encore, ne sont qu'une poignée.

Les compagnies d'infanterie de l'air (CIA), nom sous lequel étaient alors connues ces unités parachutistes, avaient été formées au printemps de 1937. Le gouvernement espérait, sur le modèle de ce qui se pratiquait déjà en Union soviétique, mettre ainsi sur pied des troupes d'élite hautement opérationnelles. Les volontaires avaient afflué des différentes armes, infanterie, cavalerie, aviation. Ils avaient subi immédiatement un entraînement intense mais sans application pratique des combats. En 1939, les quelque 300 hommes qui constituaient les 601ᵉ et 602ᵉ groupes d'infanterie de l'air étaient stationnés à Reims (601ᵉ) et à Baraki, près d'Alger (602ᵉ). C'est à ce dernier endroit que tous avaient été regroupés en février 1939, poursuivant leur entraînement par un temps magnifique, dans un climat et une atmosphère évoquant plus, avec la mer, les plages, le vin rosé et les jolies filles, les vacances que l'immédiat avant-guerre. Quelques randonnées dans le Sud-Sahara et des sauts toujours fréquents entretenaient cependant une forme physique que tous espéraient bientôt utiliser dans de véritables opérations de guerre. La déclaration de celle-ci avec aiguillé cet espoir.

Vers le 15 septembre 1939, les paras avaient quitté l'Algérie pour gagner, via Bizerte, le sud-est de la France. Le 601ᵉ GIA s'était installé aux environs d'Avignon, et le 602ᵉ à Montélimar. L'attente avait alors repris, d'une manière accrue, durant ce début de « drôle de guerre » qui menaçait de s'éterniser. L'inaction pesait lourdement sur ces hommes jeunes, tous volontaires, que la pratique du saut et de l'entraînement, propre à leur spécialité, avait déjà familiarisés avec le danger tout en développant leur goût du risque. Beaucoup se sentaient vexés d'être maintenus à l'arrière alors que ce qu'ils appelaient souvent entre eux de « banales » unités d'infanterie étaient en première ligne.

Au mois de novembre, ils avaient cru que le grand jour était enfin arrivé ; le commandement les avait dirigés, sur des Farman 224, dans la zone de Calais. Il s'agissait de les faire sauter en Hollande, sur la presqu'île de Walcheren, afin d'y couvrir une opération de débarquement prévue à Flessinge, au sud de cette presqu'île, en interdisant le passage de l'isthme aux Allemands. Durant une semaine, ils étaient restés en alerte à Calais, parachute sur le dos, armement et munitions prêts, les moteurs des Farman mis en route toutes les deux heures. Attente éprouvante pour les nerfs, qui s'était soldée, dans la mauvaise humeur générale, par une annulation de l'opération.

L'entraînement avait repris, dans une morosité qui rendait parfois les rapports tendus. Au mess, les officiers s'affrontaient de plus en plus souvent dans des discussions passionnées, mais qui toutes se résumaient en une théorie bien précise :

— Techniquement et physiquement nos sections sont au point ; mais seront-elles assez solides si elles sont jetées, comme elles devraient l'être, dans un territoire totalement inconnu, sans avoir jamais entendu un coup de feu, pour affronter un adversaire cohérent et massif ?

Les discussions menaçaient de rester sans réponse, faute de projets précis, lorsque était arrivée la nouvelle que beaucoup attendaient : les compagnies d'infanterie de l'air devaient constituer une compagnie de marche formant quatre groupes-francs qui étaient affectés au front nord-est, et mis à la disposition de la 28e division d'infanterie alpine.

— Ainsi, avait précisé le commandant Michel, chef des CIA, nos gars pourront améliorer leur aptitude au combat et s'initier à la technique de commandos.

Celui qui n'était encore que le lieutenant Glaizot avait reçu, pour sa plus grande joie, le commandement de l'ensemble de ces corps-francs. Depuis longtemps il s'était fait le défenseur acharné de la thèse selon laquelle les paras ne pourraient rien exécuter de positif sans un « entraînement » préalable au feu.

— Nous sommes trop peu nombreux pour risquer de perdre quelques-uns de nos éléments en des rencontres de patrouilles, gardons précieusement nos effectifs pour des opérations plus sérieuses, avait déclaré l'un de ses camarades peu de temps après la décision de constituer les groupes-francs.

La réponse de Glaizot avait alors fusé, avec le débit saccadé qui était le sien :

— Pas d'accord, mon vieux ! Si notre entraînement dans les domaines résistance musculaire, entraînement physique, technique de saut est très satisfaisant, nous n'avons aucune expérience du combat ; il ne faut donc pas laisser échapper cette occasion.

— Et si nous avons des pertes ?

— C'est un risque à prendre, surtout en temps de guerre, tu en conviendras ! Elles compenseront, et même bien au-delà, celles que nous subirions si au cours d'opérations plus importantes, nous avions affaire, sans expérience de ce genre, à un adversaire valable.

Glaizot, qui devait étrenner quelques semaines plus tard son troisième galon, avait rapidement mis sur pied sa « compagnie de marche ». Militaire-né, issu d'une vieille famille d'officiers, sorti de Saint-Cyr en 1930 avec la promotion Foch, il avait passé plusieurs années au Maroc dans les tirailleurs algériens. Devenu officier méhariste, il avait connu le Sahara, avant de passer, « pour voir », comme il se plaisait à le dire, son brevet d'observateur en avion et de rester 18 mois en escadrille à Fez. Revenu en France en 1936, il avait obtenu son brevet de parachutiste (il portait fièrement le numéro 10) ce qui l'avait mené tout droit, dès sa création en 1937, au 601e GIA à Reims. La Légion d'honneur à titre exceptionnel était venue, dès décembre 1939, récompenser une carrière de dix années déjà bien remplie, assortie de trois campagnes et de deux blessures. De taille moyenne, cheveux blonds ondulés, plutôt « beau gosse », Glaizot arborait sur son uniforme l'insigne du 60e GIA, un parachute et deux ailes brochant sur une étoile bleue : prédestination sans doute de l'étoile bleue des corps-francs que ses hommes allaient bientôt porter sur leur manche gauche.

Glaizot avait rapidement choisi les quatre officiers, tous lieutenants, qui, sous ses ordres, commanderaient les quatre groupes-francs. Chevallier, grand et mince, formait un vivant contraste avec Le Bourhis, Breton trapu et bourru, surnommé ironiquement « Papillon » par référence à son côté un peu pataud. Audebert, le barbu, et Lemaître, complétaient la brochette de « deux galons », tous anciens fantassins venus aux paras.

Il avait fallu opérer un tri difficile parmi les volontaires affluant au bureau de Glaizot. Enfin, le 4 février, par un matin pluvieux, le train avait quitté Montélimar pour rejoindre Niederbronn. C'est dans ce secteur aux noms évoquant la guerre de 1870, Woerth, Froeschwiller, Reichshoffen, sur une quinzaine de kilomètres de front, que devaient s'installer les groupes-francs paras, dans la zone d'action des 7e et 27e BCA.

Après huit jours d'acclimatation à Niederbronn, le 14 février, Glaizot, son groupe de commandement, et les groupes-francs Chevallier et Le Bourhis s'étaient fixés à Lembach, ceux des lieutenants Audebert et Lemaître cantonnant à une quinzaine de kilomètres, dans la bourgade d'Obersteinbach.

Le village de Lembach situé sur une légère hauteur est blotti au creux des collines recouvertes de sapins. Les maisons à colombages sont dominées par quelques pans de murs ruinés, seuls vestiges d'un fort médiéval analogue à ceux que l'on trouve dans toute la région, comme Fieckenstein, Wengesbach, Wasigenstein. Tout autour, de profondes forêts de pins, touffues et serrées, dans lesquelles la progression est d'autant plus difficile que la neige tombe en abondance.

Le capitaine Glaizot a installé son PC dans l'une des fermes ; il a eu le choix ; le village, comme tous ceux du no man's land, est entièrement déserté. Le bâtiment clair, aux angles rehaussés de pierre plus foncée, s'ouvre perpendiculairement à la rue par un perron de trois marches donnant sur une petite cour pavée. En face et sur le côté, les communs. Toujours sensible à la « cravate » cultivée chez les aviateurs et les parachutistes, Glaizot a installé sur la rue une magnifique guérite peinte en tricolore dans laquelle un factionnaire en armes monte la garde, élément avancé d'un poste d'honneur composé de 5 paras et un gradé. Dans la cour une vieille Renault attend sagement une éventuelle liaison. Le parc auto comprend également une camionnette, mais elle est en partie inutilisable, Glaizot en ayant laissé un morceau sous un pont dont il avait mal apprécié la hauteur !

Le capitaine s'organise rapidement. Il sait que ses corps-francs ne sont en ligne que pour un temps limité, environ huit semaines. Ses chefs lui laissent pratiquement l'initiative la plus totale. Il est isolé entre les deux bataillons de chasseurs auxquels il n'est rattaché qu'administrativement et n'est tenu de rendre compte que tous les cinq jours à la division, au général Lestienne. Il envoie le double de ses comptes rendus au commandant Michel resté en Avignon. Pour le reste, c'est-à-dire pour l'essentiel, il est maître de son secteur.

Ayant réuni ses quatre lieutenants dans la pièce qui lui sert de bureau, il définit nettement son plan d'action.

— Messieurs, le rythme de travail sera le suivant : trois jours de patrouille, suivis d'un jour de repos. Pendant celui-ci, pour préparer nos opérations et savoir où nous allons, j'utiliserai les avions de l'escadrille d'observation d'Haguenau, sans compter que cela remplira mon programme de vol... Nul besoin d'entraînement, les patrouilles en tiendront lieu, d'autant plus qu'elles risquent de durer la journée, voire la nuit entière.

Et le « travail », comme le dit Glaizot, commence le soir même. Il fait un froid très vif : de — 25° à — 30°. Habillés de cagoules blanches, les hommes des corps-francs s'enfoncent dans la forêt quelques centaines de mètres après avoir quitté leur cantonnement. Arbres serrés, sous-bois encombrés d'abattis, branches alourdies de neige rendent la marche pénible, la vision difficile au-delà de cinq mètres. Dès les premières sorties, les paras font connaissance avec les stations dans la neige glacée, avec les mille bruits de la nuit, les cris de chouettes qu'ils savent couramment utilisés par les patrouilleurs allemands, mais qu'ils sont encore pour l'instant incapables de distinguer de ceux des véritables rapaces nocturnes.

En tête de la colonne d'une vingtaine d'hommes marche un sous-officier expérimenté : Fernand Die, engagé volontaire à 18 ans dans un régiment de cavalerie en Algérie, passé en 1937, toujours volontaire, au groupe d'infanterie de l'air. Avec huit ans d'ancienneté, il est l'un des « vieux » sous-officiers paras. Derrière lui, le sergent-chef Chaix, un superbe athlète, taille moyenne, sec, impeccable comme le chasseur alpin qu'il est ; la neige et les longues attentes glacées ne lui font pas peur.

La progression se poursuit sous une épaisse voûte de neige. On ne voit pratiquement rien. Brusquement, le premier patrouilleur s'arrête, les jambes bloquées par un grillage barrant le layon.

— Attention, obstacle ! Faites passer !

L'un après l'autre, les volontaires enjambent le fil de fer, dans un silence profond, à peine troublé par le bruit des respirations haletantes.

— Nom de Dieu !

Le juron est suivi d'une cascade d'autres, accompagnés du bruit métallique produit par les bidons et la crosse de l'arme du maladroit qui, en queue de file, n'a ni perçu l'avertissement chuchoté par le camarade qui le précède, ni vu le grillage tendu en travers de son chemin. Le groupe-franc s'est immobilisé sur place. Le cœur de chaque soldat bat la chamade. Si les Allemands sont dans le secteur, ils ne peuvent pas ne pas avoir entendu le vacarme et leur réaction ne va pas tarder. Mais rien ne se produit. Les heures passent. Les paras se sont embusqués à la croisée de plusieurs sentiers, attendant vainement l'ennemi. A trois heures du matin, ils rentrent par le même chemin. Leur prise de contact avec la drôle de guerre n'est pas enthousiasmante. Au fond d'eux-mêmes, les hommes de Glaizot souhaitent des lendemains plus actifs.

Les patrouilles succèdent aux patrouilles. Ce matin-là, le groupe mené par Glaizot progresse dans un décor dominé par trois couleurs : le bleu azur du ciel, le blanc immaculé et aveuglant de la neige, le vert profond des sapins, sous un soleil éclatant. Les renseignements rapportés de précédentes expéditions permettent de savoir avec certitude que les Allemands ont entrepris des travaux dans une clairière non loin de là ; plusieurs embuscades n'ont rien donné. Aujourd'hui, le corps-franc espère bien ne pas rentrer bredouille.

En tête, les éclaireurs de pointe habituels, Die, Barrière, Flament avancent à pas prudents dans la neige vierge, le doigt sur la détente de leur arme. Les arbres s'espacent peu à peu ; la file des Français traverse un espace découvert, et, juste après, s'arrête au bord d'un à-pic d'où l'on domine la clairière. Au fond, à leurs pieds, une trentaine d'Allemands, casque en tête, mais ayant tombé la vareuse, manient pioches et pelles, transportent des rondins et des planches. Sur les côtés, quelques sentinelles a priori débonnaires, Mauser à la bretelle, posent alternativement leur regard sur leurs camarades et sur les abords immédiats de la clairière. Un officier, reconnaissable à ses épaulettes d'argent et à ses bottes de cavalerie, discute avec un sous-officier tout en examinant la progression des travaux. Aucun ne lève la tête vers les hauteurs pourtant occupées par les Français.

Ceux-ci se sont rapidement et silencieusement répartis le long de l'à-pic. Allongés dans la neige ou abrités derrière un roc ou une souche, ils prennent chacun leur ligne de mire. De son bras brusquement abaissé, Glaizot commande le feu. Les rafales déchirent l'air, roulant comme un tonnerre contre les parois rocheuses se renvoyant l'écho. En contrebas, totalement surpris, les Allemands prennent de plein fouet les balles françaises. Plusieurs silhouettes s'effondrent, teintant de sang la neige remuée par les bottes. Des ordres rauques éclatent. Les soldats feldgrau refluent dans les sous-bois immédiats, sans même répondre au feu. Sur le terrain, trois corps restent étendus. Deux d'entre eux bougent, le troisième reste immobile.

Les Français réarment, pensant bien que leurs adversaires vont venir rechercher leurs camarades blessés ou morts. Glaizot le sait aussi ; il se tourne vers ses hommes, qu'il voit en enfilade.

— Ne tirez pas ! Laissez-les ramasser leurs camarades !

Les canons s'abaissent, simplement prêts à se relever si les Allemands contre-attaquent réellement. Dans la clairière, les silhouettes gris-vert réapparaissent prudemment, armes braquées vers les hauteurs ; l'officier, un Oberleutnant, constate Glaizot dans ses jumelles en voyant le « clou » doré se détachant sur le tissu argent des épaulettes, pistolet au poing, marche lentement à découvert, puis fait un signe à ses hommes, restés en arrière, protégés par les sapins. Aussitôt, une dizaine de fantassins, Mauser en bandoulière, courent vers les trois corps étendus. En quelques minutes, ceux-ci sont portés à l'abri. La clairière se vide. Seuls subsistent les taches de sang, les travaux abandonnés et la neige piétinée. Trente secondes passent. Glaizot ne voit ni n'entend plus rien. L'accrochage est terminé.

Non, pas tout à fait. Les branches s'écartent à nouveau, livrant le passage à l'Oberleutnant. Celui-ci avance de quelques pas, à trois mètres devant la barrière des arbres, sa main gantée monte vers son casque et, figé au garde-à-vous, face à l'à-pic d'où sont parties les rafales, il salue les Français qu'il sait être encore là pour les remercier de n'avoir pas tiré. La main retombe. A grandes enjambées, l'officier rejoint ses hommes. La clairière est maintenant totalement vide.

***

La vieille Renault s'immobilise devant l'entrée du terrain d'aviation d'Haguenau. La sentinelle se penche, vérifie les papiers des occupants, puis lève la barrière mobile. Quelques minutes plus tard, Glaizot entre dans le bureau du commandant de la base qui l'accueille familièrement. Depuis plusieurs semaines, maintenant, il voit régulièrement arriver le patron des corps-francs, venant tous les trois jours effectuer son vol de reconnaissance.

— Ah ! Glaizot, aujourd'hui, j'ai ordre de vous demander d'effectuer une mission pour la division.

Devant l'air surpris du capitaine, il poursuit :

— On apprécie en haut lieu votre façon de mener vos reconnaissances. Le commandement pense que les gens d'en face ont entrepris de nouveaux travaux sur la ligne Siegfried. Il serait très intéressant d'en avoir la certitude et de prendre quelques photos, alors, si vous êtes partant... ?

— Bien sûr, mon commandant, je pars quand ?

— Tout de suite, vos instructions sont dans cette enveloppe. Le plus important : ne dépassez pas l'altitude de 800 mètres, au-dessus, les photos ne seront pas assez précises.

— 800 mètres, mais c'est de la folie, mon commandant. A la vitesse réduite des Potez, les Allemands me tireront comme au stand ! Si je vole à cette altitude, je ne reviendrai pas !

Le commandant a un geste qui peut tout aussi bien vouloir dire qu'il ne veut pas le savoir, ou qu'il s'en moque et que Glaizot agira comme il le juge bon. Au choix.

— Allez-y, et revenez vite, bonne chasse mon vieux !

Salut rapide, Glaizot enfile sa combinaison de vol et se dirige vers la piste ou les deux Potez monoplans habituels, un avion d'observation, un avion d'accompagnement, attendent moteur tournant déjà au ralenti. En grimpant dans la carlingue, Glaizot lance à son pilote :

— Tâche de ne pas voler trop haut, il me faut des photos détaillées.

— Bien mon capitaine !

Ce qu'il y a d'agréable avec ce pilote, c'est qu'il ne se perd jamais dans des objections, qu'il sait inutiles avec Glaizot. Celui-ci est trop bon observateur pour faire prendre des risques inutiles et compromettre une mission. On verra en route !

Les deux avions décollent l'un derrière l'autre et mettent le cap vers l'Allemagne. En quelques minutes, ils atteignent leur altitude de vol. Au-dessous défile un paysage blanc et vert, sur lequel on distingue parfaitement les positions françaises. Les observateurs allemands, qui survolent eux aussi la région, doivent s'en donner à cœur joie ! « Heureusement, pensent les occupants des avions français, nous en faisons autant chez eux. » Glaizot se penche ; il reconnaît « ses » villages, Lembach, Obersteinbach. En bas, ses hommes doivent avoir repéré ce qu'ils appellent pompeusement « l'escadrille ». Très rapidement, les Potez survolent le territoire allemand. Le pilote abaisse son palonnier, l'altitude diminue. Glaizot sort son appareil, le braque vers les fortifications de la ligne Siegfried qui se dégagent peu à peu de la forêt. A travers le viseur, il aperçoit les défenses de béton et de place en place, quelques silhouettes microscopiques qui paraissent s'agiter à la vue des avions depuis longtemps déjà signalés par le ronflement de leurs moteurs.

Une photo, deux photos... Soudain un éclatement se fait entendre légèrement à l'avant de l'appareil. Glaizot relève la tête au moment précis aù résonne un nouvel éclatement. L'avion tangue, virant sur la droite. Dans le ciel bleu, des nuages de fumée noire encadrent maintenant le Potez. La Flak !

— Il faut foutre le camp, mon capitaine ! Nous sommes repérés !

Les éclatements d'obus continuent. Les artilleurs allemands semblent cependant viser relativement mal ; leurs tirs aboutissent presque tout le temps en avant de l'appareil.

— Ils surestiment notre vitesse, mon capitaine et ils calculent mal leurs tirs !

Mais les Allemands paraissent avoir compris. Les petits nuages noirs le serrent maintenant de plus en plus près. La carlingue du Potez donne soudainement l'impression de rebondir légèrement. Une giclée d'éclats griffe la tôle. Glaizot porte la main à son nez, la retire ensanglantée : un minuscule éclat vient de l'atteindre. Dominant le bruit du moteur, lui parvient la voix du pilote :

— Il faut rentrer, mon capitaine, nous n'avons pas été à proprement parler touchés, mais cela ne va pas tarder !

Glaizot, pour toute réponse, lève le pouce de sa main droite. L'avion exécute un large virage sur l'aile, poursuivi par les obus de la Flak, qui diminuent cependant en nombre et en précision au fur et à mesure qu'il s'éloigne. Plus de trace de l'avion accompagnateur ; il a dû rentrer par un autre chemin.

Dans le lointain, la ville d'Haguenau se dessine. Le moteur toussote un peu, mais se maintient. Quelques éclats ont dû pénétrer la tôle, sans gravité. L'altitude se réduit de seconde en seconde. Le ciment de la piste est là, à quelques centaines de mètres. Un choc, les roues ont touché le sol. Un second choc, l'avion a légèrement rebondi, mais il roule maintenant vers les hangars. Une jeep fonce vers l'appareil, suivie de loin par quelques silhouettes. L'écho de la Flak a dû parvenir jusqu'ici, ou bien l'allure de vol a dû paraître bizarre. Le Potez s'immobilise, Glaizot s'extrait de son siège, sans avoir lâché son appareil photo. Il essuie machinalement son nez barbouillé de sang. Un homme se saisit déjà de l'appareil, le porte au laboratoire. Dans une heure, les photographies de la ligne Siegfried et des travaux des Allemands partiront pour l'état-major. Mission accomplie.

— Mais on aura eu chaud ! commentera sobrement le capitaine Glaizot en rentrant à Lembach.

Le mois de mars se signale par l'arrivée du dégel et un début de printemps avant-coureur d'un été qui sera aussi beau que l'hiver aura été rigoureux. Les paras ont quitté avec plaisir leur équipement blanc, ponchos et cagoules, pour retrouver la tenue habituelle des corps-francs : blousons, salopettes, bérets. Certains possèdent même un blouson clair ; sur la manche gauche se détache l'insigne des paras, un parachute brodé sur un morceau d'étoffe noire.

Le 2 mars au matin, malgré la clémence du temps, est cependant un jour noir pour les corps-francs paras. Le glas sonne au clocher de l'église de Reischoffen lorsqu'en sort drapé de tricolore et porté sur les épaules de six soldats, le cercueil du premier tué de l'unité : le sergent Baratte, tireur au F.M., touché mortellement le 24 février au cours d'un engagement avec les Allemands. Ses camarades l'avaient ramené avec de grandes difficultés à travers les sentiers boisés et encore enneigés, finissant, épuisés par le fardeau, par laisser glisser son corps sur la neige fondante. Derrière son cercueil marche Glaizot, encadré de Le Bourhis et de Chevallier, ces deux derniers en uniforme d'aviateurs, alors que Glaizot arbore sa tenue claire de tirailleur. Baratte est enterré dans le petit cimetière municipal... pour être exhumé quelques jours plus tard : on avait oublié, dans l'émotion, de lui ôter sa plaque d'identité.

Les sorties continuent. Les paras poursuivent leurs patrouilles et dressent leurs embuscades dans un climat moins rigoureux qui rend les conditions de combat plus faciles. Chaque jour, ils franchissent la frontière pour pénétrer en territoire allemand ; frontière souvent difficile à déceler ; elle passe au milieu des arbres et des taillis profonds. Parfois aussi, les Français ne peuvent ignorer la pancarte clouée sur un poteau au détour d'un chemin sous les grands arbres encore vierges de feuilles : « Attention, frontière — *Achtung, Grenze.* »

Allemands et Français viennent alternativement sur les mêmes lieux. Un matin, une patrouille de paras découvre au pied d'un échafaudage plusieurs mégots de cigarettes allemandes. Aussitôt, l'un des volontaires, sortant un paquet de Gauloises de sa poche, le fixe contre le tronc d'un arbre avec un mot destiné aux Allemands : « Permettez-nous de vous offrir un de nos produits : ils sont bien meilleurs ! » Quelques jours plus tard, au même endroit, les Français trouveront un paquet de Craven avec, bien en vue, la réponse : « Vos alliés pourraient au moins, faute d'autre assistance, vous ravitailler en cigarettes ! »

Ce matin du 7 mars, le corps-franc repart en opération. Glaizot rgarde passer devant lui ses hommes ; en tête le sergent Robert Cartier, au visage encadré d'un fin collier de barbe, un combattant de premier ordre, qui semble ne jamais pouvoir se séparer de son F.M. 24/29. Derrière lui, une vingtaine d'hommes que Glaizot dévisage involontairement, vérifiant chaque détail, comme il a l'habitude de le faire avant chaque patrouille. Huot, Barrière, Subilleau, Die, Morel, Robin, Pampelonne, La Faurie et sa pipe... Tous sont en blouson, voire en pull-over, portent le mousqueton de cavalerie et ont les poches pleines de grenades. Glaizot remonte la file, prend la tête. La patrouille descend le flanc de la colline à hauteur de laquelle se blottit le village. De là, on domine toute la région. Où peuvent donc être les Allemands ? Dans sa poche de poitrine, le capitaine sent la Croix de Fer qu'il a prise sur le cadavre encore chaud du jeune officier tué voici quelques jours au cours d'un accrochage ; il était tombé d'un seul coup, une balle en pleine tête. Le combat achevé, Glaizot s'était approché de lui. On aurait dit un adolescent, mais, dans son portefeuille, les paras, silencieux, avaient découvert la photographie d'une jeune et jolie femme entourée de plusieurs enfants. Son livret militaire donna son nom : « Oberleutnant Georg von Roth » et, dans sa poche, on avait trouvé sa Croix de Fer toute neuve. Glaizot l'avait prise avec une nuance d'admiration pour cet adversaire courageux.

Tout à ses pensées, Glaizot s'aperçoit seulement de l'entrée de la patrouille dans la forêt au milieu de laquelle passe la frontière. Le sous-bois est totalement silencieux. Cela ne satisfait en aucune façon le capitaine qui ressent un bizarre sentiment de malaise. Le taillis se resserre encore pour soudainement s'éclaircir en une clairière à travers laquelle perce un pâle soleil. Glaizot n'entend plus que les craquements des brindilles sous les brodequins de ses hommes.

La rafale a claqué, sèche et violente, sur leur droite. En deux secondes lui ont répondu d'autres rafales, devant et sur la gauche. Les paras se sont jetés à terre, tirant de toutes leurs armes. Glaizot hurle ses ordres. Cartier, calme, appuie posément sur la détente de son F.M. Les Allemands sont tout près et cherchent visiblement le contact physique. Plusieurs grenades volent, dont les éclats labourent le sol et déchiquettent les basses branches. Une silhouette grise traverse en courant l'espace libre, mitraillant tout autour d'elle ; une balle bien ajustée l'arrête dans sa course. Le fantassin allemand s'effondre à genoux, un flot de sang s'écoulant de sa bouche hurlante.

— Chargeur !

Cartier a crié à son tour, hélant de la voix et du geste son équipier. Celui-ci, à deux mètres, envoie le chargeur. Cartier tend la main vers l'objet, mais il n'a pas le temps de le saisir : une autre main, allemande celle-ci, l'intercepte au vol, son propriétaire continuant sa course, poursuivi par les balles et les imprécations des Français. Le combat dure depuis une dizaine de minutes. Les Allemands refluent avec deux blessés ; sur le sol, deux cadavres : le fantassin allemand et le sergent Solacroup, du 601e G.I.A. second tué du corps-franc para.

Les Français reviennent, soutenant deux sous-officiers blessés ; Cartier et Huot ; le corps de Solacroup est resté sur place, les

Allemands en interdisant l'approche par des tirs croisés efficaces dont les deux sous-officiers ont fait les frais.

— Il va falloir prévenir la femme de Solacroup, mais comment faire ? soliloque Glaizot. Il était secrétaire de la mairie de sa commune et, en son absence, c'est Mme Solacroup qui tient ses fonctions et décachette les plis officiels destinés au maire !

Quatre jours plus tard, le 11 mars 1940, les corps-francs redescendent à Niederbronn. Dans l'esprit du commandement, ce qui peut être considéré comme un « super-entraînement » en pleine guerre, sur le front même, pour des soldats destinés à d'autres missions, est maintenant achevé. Les parachutistes de Glaizot sont prêts à agir, ils ont maintenant l'expérience du combat, acquis aux avant-postes. C'est là un fait unique dans l'histoire des corps-francs, dont l'action est en général une fin en soi et non, comme pour les volotaires des 601e et 602e G.I.A., un moyen.

Au cours d'une prise d'armes, le général Lestienne, commandant la 28e division d'infanterie alpine, remet à 54 paras les décorations qu'ils ont méritées au cours de 28 patrouilles en territoire ennemi et de 23 embuscades. En à peine un mois de front, ils ont perdu deux tués et comptent trois blessés. Les premiers paras français tombés au champ d'honneur reposent en terre alsacienne ; ils ouvrent la longue liste qui se poursuivra en France, en Indochine et en Algérie par ceux qui seront leurs immédiats successeurs et les continuateurs de leurs traditions : les hommes du 1er régiment de chasseurs parachutistes, le glorieux 1er R.C.P.

CHAPITRE VI

CORPS-FRANCS ET COLONIAUX

Les quatre camions roulent prudemment sur la route enneigée. Malgré cela, les coloniaux du 4e R.I.C., ou du moins ceux d'entre eux qui constituent le groupe-franc du 3e bataillon, doivent s'accrocher aux ridelles pour ne pas rouler sur le plancher à chaque cahot. Pour la troisième fois, le sergent-chef Vincent Penmar'ch * ramasse son pistolet mitrailleur.

— Pourrait pas faire attention, merde !

D'un naturel placide, ce Breton du Morbihan commence cependant à s'énerver. Quant à ses gars, ils râlent carrément, dans un tintement de gamelles et de masques s'entrechoquant au gré d'une route capricieuse et d'un conducteur qui ne l'est pas moins. Devant, assis dans la cabine, le lieutenant Faugé *, commandant du groupe-franc, n'est pas mieux loti. Et pourtant, la distance n'est pas très longue entre Urbach, minuscule village aux avant-postes et Breidenbach, à peine plus grand. situé à environ dix kilomètres à l'est, non loin de la frontière.

Penmar'ch regarde le paysage neigeux, pour l'instant relativement découvert, traversé par la route après Valmunster, qui mérite plus que les autres villages le nom de bourgade. Tout ou presque est abandonné. A l'horizon, en fait à cinq kilomètres, on distingue nettement la ligne sombre des sapins qui s'étagent lentement sur la colline dominant Breidenbach. Tout cela fourmille de Boches, les renseignements sont formels. C'est d'ailleurs la raison pour laquelle le commandement a décidé d'y envoyer le groupe-franc.

— Il faut les écœurer ! a dit le colonel avant de laisser partir les camions.

---

* Pseudonyme.

Les écœurer ! Les gars du groupe-franc ne demandent que cela. Ce n'est pas facile d'ailleurs, car si les Allemands pénètrent si souvent, presque chaque nuit, dit-on, et si profondément dans nos lignes, c'est qu'ils se sentent sûrs d'eux.

— Vous avez carte blanche, avait précisé le colonel au lieutenant, qui avait salué, main au casque, avant de grimper dans le camion de tête.

Tous pareils, ces officiers supérieurs, pensait Penmar'ch. Des formules, des mots, comme dans le communiqué, destiné, tout le monde le savait, à donner du cœur au ventre aux civils et à faire plaisir à quelques badernes étoilées échangeant des propos nobles au-dessus des poulardes à la crème et des cognacs millésimés ! Alors, les hommes des avant-postes et ceux des groupes-francs partaient dans la neige, pour « faire le communiqué », pendant que toute l'armée française restait l'arme au pied, la conscience bercée par les déclarations bravaches des politicards de tout poil.

Penmarc'h sentait bien au fond de lui-même qu'il était un peu injuste ; beaucoup d'officiers d'active, surtout parmi les anciens, les regardaient, eux, les hommes des groupes-francs, avec une lueur d'envie. Tout comme ils regardaient leurs jeunes camarades, sous-lieutenants et lieutenants, qui trépignaient sur place avec la constante idée d'aller « casser du Boche ». Combien d'officiers ne serraient-ils pas les mâchoires de rage, en voyant que, dans certains secteurs, les Allemands venaient se promener sous leur nez, comme chez eux.

Penmar'ch, lui, avait été tout de suite volontaire pour le groupe-franc qui s'était formé fin janvier. Le 3e bataillon du 43e R.I.C., auquel il appartenait, était monté en ligne en Alsace en novembre 1939 ; puis, fin janvier 40, il s'était déplacé en Moselle, s'installant entre Rohrbach et Deux-Ponts, cantonnant dans de tous petits villages à trois ou quatre kilomètres de la frontière : Meyerhoff, Epping et Urbach. Là, le groupe franc avait commencé un entraînement intensif sous la direction de ses officiers, manœuvrant ensemble de jour comme de nuit, apprenant, pour ceux qui ne le savaient pas, et ils étaient nombreux, à manier le poignard. Puis, avant-hier, l'ordre est arrivé de se préparer à s'installer quelques kilomètres plus à l'est, dans le secteur de Bitche. Le camion vient de stopper dans un crissement de freins. Les coloniaux sautent lourdement à terre, encombrés par leur barda. Malgré leurs capotes et leurs peaux de bique, ils sentent le froid piquant les pénétrer jusqu'aux os. Devant eux, une maison assez vaste, en pierre ocre, au toit en pente, semble les attendre malgré les volets clos. D'un coup de botte, le sergent-chef Rouget * ouvre la porte, qui résiste un peu avant de céder.

---

* Pseudonyme.

A l'intérieur, malgré le froid et l'humidité, la maison abandonnée par ses propriétaires paraît accueillante aux hommes du groupe-franc, qui se dispersent aussitôt, explorant le rez-de-chaussée, composé presque uniquement d'une vaste salle, les deux étages, la cave, le cellier et une remise séparée du bâtiment principal par une courette. Au milieu de celle-ci, un énorme sapin semble vouloir écraser de ses branches la façade arrière de la maison.

En quelques minutes, les sous-officiers attribuent les corvées, répartissent les hommes, distribuent les tours de garde. Dehors, les camions sont repartis vers Valmunster. Dans une pièce contiguë à la cuisine, le spécialiste des transmissions s'affaire auprès de son poste, occupé à établir la liaison avec le bataillon. Sur une énorme table taillée, dirait-on, dans un seul arbre, le capitaine Tomasset et le lieutenant Faugé déplient leurs cartes, imprégnant leurs yeux et leur cerveau des détails du secteur qu'ils vont devoir tenir.

*
**

Dans un bruit de godillots ferrés et de voix étouffées, les hommes rentrent un à un dans la grande salle. Le cuistot, rouge de transpiration, apporte les quarts de vin chaud et les distribue à la ronde. Au lieu de rire, comme cela arrive si souvent au retour d'opération, les hommes se taisent, évitant de se regarder, buvant en silence le breuvage sucré qui les réchauffe lentement. Ils pensent à ce premier accrochage depuis l'arrivée du groupe-franc dans le secteur, sérieux, très sérieux même, frisant le désastre. Si le capitaine Tomasset n'avait pas été là, on peut se demander ce qui se serait passé.

Et pourtant tout avait bien commencé. Une patrouille classique, de nuit, comme tant d'autres. Et puis brusquement, au moment où on s'y attendait le moins, une fusillade intense, semblant venir de tous les côtés à la fois avait éclaté. Les hommes du groupe-franc avaient réalisé aussitôt qu'ils étaient encerclés par un adversaire largement supérieur en nombre. Le sergent-chef Rouget avait réussi, par une reptation audacieuse, à tourner les Boches et, parvenu sur leurs arrières, il avait ouvert le feu au pistolet mitrailleur, desserrant peu à peu l'étreinte. Pendant ce temps, le capitaine ne cessait de parler à ses hommes, à voix haute, les rassurant, entretenant leur confiance. Heureusement Louarn, le sergent-chef Louarn, autre Breton, qui était resté au point d'appui avec quatre ou cinq hommes, s'inquiétait d'une fusillade aussi intense et aussi longue. Il avait décidé de foncer en avant... L'officier du P.A. avait voulu lui interdire. Louarn, respectueux mais ferme, l'avait interrompu :

— Le capitaine m'attend, j'y vais.

En pleine nuit, marchant droit devant lui, le sergent-chef et ses gars avaient progressé vers le lieu du combat. Il avait brusquement réalisé que ses camarades risquaient fort de tirer sur lui et pour éviter cela, il avait continué d'avancer en criant :

— Louarn ! Louarn !

Cette mesure de prudence avait été au-delà de ses espérances. L'ennemi, surpris, avait cru à l'arrivée de renforts importants et il avait décroché. Le groupe-franc avait pu se replier vers son cantonnement. Mais il ramenait deux blessés graves. Le toubib n'avait laissé aucun espoir.

Le cuistot vient de récupérer son dernier quart, à moitié plein encore. Il le vide presque machinalement ; l'habitude de ne rien laisser perdre. Il pense cependant qu'en temps normal, quand les copains reviennent du froid et de la neige, on lui redemande plutôt du rab. Il faut que tous soient vraiment touchés. C'est aussi ce que pense le lieutenant Faugé, qui passe ses doigts dans ses cheveux blonds, collés par la transpiration. D'un geste machinal il tortille la jugulaire de son casque, posé devant lui. Il sent une rogne impuissante monter en lui. Le temps de récupérer et de mettre au point une nouvelle embuscade, et les Allemands paieront cela.

Quatre jours plus tard, l'occasion se présente. Les renseignements émanant de différentes patrouilles, et concordant tous entre eux, font état de passages de groupes ennemis au fond d'un ravin boisé. Ces passages ont lieu quotidiennement vers 20 heures. Le lieutenant Faugé a bien étudié son opération et le soir, il tend son embuscade avec douze hommes armés de deux F.M., un pistolet mitrailleur, des mousquetons et des grenades.

Il est 19 h 30. Le groupe-franc est soigneusement dissimulé dans les bois entourant le ravin. Les basses branches des sapins, alourdies de neige qui les fait ployer, recouvrent en partie les hommes accroupis ou allongés à même le sol. L'un des deux F.M. est installé au fond d'un trou d'obus. Il est servi par Le Bouler et Delestre. Juste à côté, le voltigeur Brandy, la crosse du mousqueton bien calée dans le creux de l'épaule, constitue la protection immédiate du F.M., qui est flanqué à gauche par le second F.M. du groupe et à droite par le pistolet mitrailleur de Penmar'ch. Faugé, en disposant ses hommes, leur a montré le chemin de repli éventuel, ménagé entre les plans de tir des deux armes automatiques.

Dans la nuit transparente, Penmar'ch distingue soudainement une lueur, faible, mais cependant discernable, se promenant au ras du sol.

— Les Allemands !

Derrière la lueur, une, deux, trois, dix silhouettes se détachent en noir sur la couche de neige immaculée. Les Français, embusqués, regardent de tous leurs yeux la trentaine de soldats feldgrau qui passent à quarante mètres du F.M. de Le Bouler. Les casques carrés caractéristiques font, aux adversaires, une tête étrange que le tireur enrage de ne pouvoir prendre pour cible. Mais les ordres de Faugé sont formels : ne tirer qu'à quinze ou vingt mètres, afin de mettre le maximum de chances de son côté. Les Allemands se rapprochent. Une minute passe ; la progression ne doit pas être facile dans la neige épaisse d'où les bottes semblent avoir du mal à s'arracher. Trente mètres, puis brusquement, une détonation claque. Faugé râle, furieux ; qui a enfreint la consigne ?

En bas, les Allemands se sont tous couchés, attendant une fusillade nourrie qui ne vient pas. Le groupe se relève, reprenant sa marche avec prudence, paraissant vouloir contourner le point d'où est parti le coup de mousqueton. Les Allemands se dirigent droit vers le F.M. de Le Bouler. A ce moment précis, un second coup de feu déchire l'air ; le tireur est au même endroit que quelques secondes auparavant. L'Allemand de tête s'est écroulé. Ses camarades accélèrent et courent maintenant vers ce qu'ils pensent être sans doute le centre de l'embuscade. Dans son trou d'obus, Le Bouler ouvre le feu, Delestre lui passant chargeur après chargeur. A quinze mètres, son tir d'enfilade fait du dégât parmi les Allemands ; beaucoup tombent ; les autres s'écartent à droite et à gauche pour tenter d'encercler le F.M. Les hommes du groupe-franc voient des silhouettes surgir de tous côtés.

— Ils arrivent de partout !

Faugé estime l'adversaire valide à une cinquantaine de fantassins qui grimpent à l'attaque du F.M. Une fusée éclairante monte à travers les arbres, illuminant d'un jour blafard et impitoyable le lieu de bataille. Elle vient mourir dans le trou d'obus de Le Bouler et Delestre que Faugé et ses hommes aperçoivent nettement, accrochés à leur arme, tirant à genoux, contre les Allemands qui tentent de s'emparer de leur position. Faugé porte son sifflet à ses lèvres et lance les deux coups convenus pour donner l'ordre aux deux coloniaux de se replier. Ils décrochent aussitôt, Le Bouler ayant mis son F.M. sur l'épaule et escaladant, suivi de Delestre, la paroi du trou d'obus opposée aux Allemands. Le mousqueton de Brandy les couvre, accompagné par le tir rageur du second F.M. et du pistolet mitrailleur de Penmar'ch, jusqu'ici silencieux et qui viennent de se découvrir. Les Allemands marquent le pas, comme déroutés par cette avalanche de feu.

Le Bouler et Delestre passent, essoufflés par l'effort, près de Penmar'ch, qui vient d'engager son second chargeur et tire, l'arme portée à bout de bras, visant devant lui.

— Ils sont derrière, juste derrière, halète Le Bouler en frôlant le sergent-chef.

Cela n'est pas tout à fait vrai ; Penmar'ch le sait bien, une seconde fusée éclairante vient de lui montrer Brandy, qui, mousqueton à la main, se replie d'arbre en arbre, s'appuyant contre les troncs et tirant comme à l'exercice. La fusée s'éteint, replongeant le bois et le ravin dans l'obscurité diffuse. Brandy passe en courant à la hauteur de Penmar'ch, qui relâche une seconde la détente de son pistolet mitrailleur.

— J'espère qu'ils ne m'ont pas repéré, je tire sans arrêt depuis deux minutes.

Le pistolet mitrailleur tressaute à nouveau dans ses mains ; le sergent-chef vient d'ouvrir le feu sur trois ombres qu'il a cru distinguer à flanc de pente. Il a hésité une seconde, doutant de la réalité de sa vision, puis il a tiré. Des cris répondent à la rafale, qui a fait mouche.

Penmar'ch se déplace rapidement sur la droite, voulant tromper les Allemands par sa mobilité, leur faire croire qu'ils ont affaire à plusieurs tireurs. Mais il comprend brusquement qu'il va être encerclé, qu'ils sont trop nombreux pour lui ; alors, désespérément, appuyé contre un arbre, il tire sur tout ce qui bouge. Des balles sifflent à ses oreilles. Elles viennent de derrière lui, et se joignent à celles jaillies du canon de son pistolet mitrailleur. Les copains !

Les deux F.M. se sont repliés et, installés sur une ligne de changement de pente, ils reprennent leur tir. Le cœur de Penmar'ch a fait un petit saut dans sa poitrine, son P.M. s'est fait soudain plus léger. Devant lui, l'attaque marque à nouveau le pas. Il faut en profiter tout de suite. Penmar'ch décroche en sautant d'arbre en arbre, pestant contre sa capote déchirée qui s'accroche à tout ce qui dépasse. Une main le saisit par le bras, l'entraîne.

— Planque-toi, tu vas finir par te faire gauler !

Brandy rigole dans le noir, continuant tout aussi posément son tir d'arrêt.

— Je crois que je viens de m'en faire un autre.

Penmar'ch pense à ses ancêtres chouans qui traçaient une encoche dans la crosse de leur fusil pour chaque Bleu occis !

Les Allemands sont de bons soldats. Ils s'obstinent, tentant de tourner la position du groupe franc pour reprendre l'avantage. Mais ils s'essoufflent et l'étreinte se desserre peu à peu. Penmar'ch s'accroupit à côté de Le Bouler, qui éternue puissamment, estimant sans doute que les précautions sont bien inutiles dans ces circonstances. Il est trempé comme un barbet et claque des dents ; en se repliant, il s'est effondré dans un boyau rempli d'eau glacée qui s'infiltre partout !

— Il faut se barrer : le lieutenant a bien précisé que si nous sommes inférieurs en nombre, inutile de moisir.

— Il a aussi dit d'infliger le maximum de pertes aux gars d'en face, et de ce côté-là...

Une ombre se glisse derrière eux.

— On décroche dans l'ordre, direction Breidenbach.

C'est le lieutenant, que les deux coloniaux ont reconnu immédiatement au timbre bien particulier de sa voix ; il repart déjà, allant porter son ordre lui-même aux autres.

Le groupe-franc décroche silencieusement. En face, les Allemands se sont tus ; de furtifs coups de lampe trahissent cependant encore leur présence. Les ombres noires se penchent, ramassant les blessés et les morts. Des observateurs laissés sur place par Faugé verront des civières circuler durant plusieurs heures dans la direction des lignes allemandes. Rentrés à Breidenbach, les hommes du groupe-franc se jettent sur leurs châlits et s'endorment aussitôt. Mais Penmar'ch ne s'assoupit pas longtemps. A six heures du matin, il est devant la porte du lieutenant qui veille encore, reprenant la rédaction de son compte rendu. La lampe éclaire de trois quarts son visage mangé de barbe.

— Mon lieutenant, je peux... ?

— Oui, Penmar'ch, qu'est-ce que c'est ?

— Je voudrais retourner sur les lieux de l'accrochage pour récupérer les chargeurs que Delestre a dû abandonner dans son trou d'obus en se repliant. Inutile de laisser cela aux Boches, et puis...

— Et puis... ?

Penmar'ch sait qu'il ne faut pas finasser avec le lieutenant.

— Et puis, j'aimerais bien savoir ce qui reste sur place...

— L'amour des trophées vous perdra ! Prenez quelques gars, ne partez pas à moins d'une dizaine, on ne sait jamais.

Penmar'ch est déjà dehors ; il fait encore nuit. Il rit intérieurement ; si le lieutenant savait qu'il avait déjà tout prévu et, qu'à l'abri près du cellier, neuf hommes avec P.M., mousquetons et grenades, attendent en piétinant silencieusement qu'il leur donne le signal du départ !

La petite colonne se met en marche. La neige s'est remise à tomber, calmement, sans rafales. La progression est silencieuse. En une demi-heure, ils se retrouvent au ravin. Les observateurs les engueulent un peu.

— Pourriez-vous annoncer un peu plus ! On aurait pu croire que c'était les Boches !

— Dis donc, bille de clown, tu vois les Boches venir de par là ? répond l'un des coloniaux en tendant son bras vers Breidenbach.

— Eh, pourquoi pas ? On est tout seuls ici, on ne sait pas ce qui se passe à l'arrière, dans votre hôtel trois étoiles.

— Jaloux, t'y seras tout à l'heure, ne râle pas !

Arme au poing, la patrouille descend sur la pente qui, quelques heures auparavant, retentissait encore du bruit du combat. Voici le trou d'obus. Brandy, qui est revenu, se penche, ramasse trois chargeurs abandonnés, sans doute tombés de la musette de Delestre. Ses camarades l'ont dépassé et circulent prudemment dans l'espace presque découvert sur lequel les Allemands se déplaçaient. De nombreux étuis, des douilles, un casque abandonnés, témoignent de la violence de l'engagement et du tir nourri soutenu de part et d'autre.

Penmar'ch est satisfait. Les Allemands ont vraiment dégusté, le trafic des civières le confirme. Cela est d'autant plus marquant que le groupe-franc n'a aucun blessé, seul Le Bouler, avec son bain forcé, ayant ramené un rhume carabiné que le cuistot soigne déjà avec force quarts de vin chaud et de gnôle ! La patrouille reprend le chemin de Breidenbach, ramenant les observateurs qui, pour l'instant n'ont plus rien à faire sur place.

A trois cents mètres de Breidenbach, au sortir de la forêt, les hommes se montrent, avec des commentaires de satisfaction, la fumée qui sort de la cheminée de « leur » maison. Les derniers mètres sont parcourus à une allure plus rapide, la perspective d'un bon jus, de pain et de beurre, fouettant les jambes des plus fatigués.

« De vrais gosses », pense Penmar'ch en les regardant, son P.M. à l'épaule.

Mais lui-même ne peut se défendre d'une espèce de bonheur enfantin à l'idée de retrouver la chaleur de la cheminée.

Un homme l'attend en avant de la maison. Il fait des signes. Penmar'ch accélère, arrive près de la silhouette emmitouflée.

— Vite, vite, le lieutenant veut te voir !

Penmar'ch franchit en deux enjambées le perron de la maison, grimpe quatre à quatre l'escalier montant au premier étage et déboule dans la chambre-bureau de Faugé.

— Qu'est-ce qui se passe, mon lieutenant ?

Faugé a le front soucieux et la mine mauvaise des mauvais jours.

— Les frisés viennent de se venger de leur échec de cette nuit. Un coup de téléphone du bataillon vient de m'apprendre que tout à l'heure, pendant que vous étiez sur le lieu de combat de cette nuit, une de leurs patrouilles a fait des prisonniers au P.A. 3, à quatre cents mètres d'ici. Du boulot bien fait ; nous n'avons rien entendu, en dehors de trois coups de feu isolés qui ne nous ont pas inquiétés outre mesure.

Penmar'ch sent toute sa joie de la nuit et de ce matin fondre comme neige au soleil, remplacée par une colère froide qui monte en lui.

— Alors, mon lieutenant, on fait quoi ?

— On fonce. Repartez immédiatement avec vos gars ; tâchez de retrouver leurs traces et si vous les apercevez, intervenez aussitôt, vous avez carte blanche. Je partirai vous rejoindre dès que je le pourrai. Bonne chance et dépêchez-vous.

Penmar'ch salue, fait demi-tour et dévale l'escalier, criant à pleins poumons :

— Rassemblement ! Rassemblement !

Dehors, les hommes ont déjà compris, par la sentinelle, qu'il y avait du nouveau. Les pourvoyeurs se sont chargés de quelques chargeurs supplémentaires, et tous ont ajouté plusieurs grenades à leur armement. Au pas de charge, le groupe-franc quitte pour la troisième fois en quelques heures son cantonnement.

Le jour est maintenant complètement levé. Le ciel est gris, bas, chargé de neige. Mais celle-ci s'est arrêtée de tomber. En vingt minutes, après avoir dépassé le point d'appui d'où sont partis tout à l'heure les camarades malchanceux, les coloniaux se retrouvent sous bois, progressant avec une relative difficulté au milieu d'abattis et de fossés. Très rapidement, ils arrivent sur les lieux de l'engagement. La neige y est piétinée. Il n'y a pas de traces de sang. Les Allemands ont dû tomber en nombre très supérieur sur les Français. Il leur a été impossible de résister longtemps. A partir de là, le sentier est jalonné de vêtements et de pièces d'uniformes jetés sur place par les prisonniers. Comme l'on peut douter sérieusement de la nécessité de se déshabiller lorsqu'il fait près de zéro degré, Penmar'ch pense qu'il s'agit là d'une ruse imaginée par les copains pour indiquer le chemin qui les mène à la captivité. Malheureusement, aussi loin que le regard puisse porter et l'oreille entendre, c'est le désert et le silence le plus complet. Les Allemands sont déjà rentrés dans leurs lignes et actuellement, les Français doivent être interrogés et peut-être même sont-ils en partance pour l'Allemagne. Penmar'ch enrage. Il fait avancer ses hommes le plus près possible des avant-postes ennemis. Brandy, posant sa main sur le bras de son chef, lui montre soudainement une silhouette allongée sur une grosse branche : un observateur allemand.

— Je le descends, chef ?

— Non, cela ne servirait qu'à les faire rappliquer. Nous ne sommes pas en nombre. Il faut rentrer, on ne peut plus rien pour les camarades.

Le groupe rebrousse chemin à regret. Quelques minutes plus tard, il se heurte, dans le sous-bois, au reste du groupe-franc, emmené par le lieutenant Faugé, parti à leur recherche comme il l'avait promis.

— Alors Penmar'ch ?

— Rien, mon lieutenant, nous arrivons trop tard... Les Boches ont disparu et les nôtres avec.

Les mâchoires de Faugé se crispent. Les sourcils blonds se froncent. Echec, échec total. Et les Boches, en plus ont des prisonniers et les prisonniers, dans toutes les armées du monde, surtout pendant les guerres d'avant-postes, c'est précieux ! Un geste du bras. Le groupe-franc se remet en colonne derrière le lieutenant. Retour au cantonnement. Mais le pas est plus lourd que ce matin.

***

Début mars, le groupe-franc rejoint le secteur tenu par le régiment, puis quelques jours plus tard, il reprend ses sorties et embuscades nocturnes. Dans la « drôle de guerre » qui s'éternise, ces opérations ponctuelles restent les seules à animer un front au demeurant fort calme, et sur lequel tous s'ennuient. Aucun accrochage ne se produit. Les Allemands ne sortent en général qu'à deux, accompagnés d'un chien. Ils refusent tout combat et ne cherchent visiblement qu'à couper les lignes téléphoniques en arrière des points d'appui et à recueillir le maximum de renseignements.

Le mois de mars est déjà beau. On sent le printemps proche. Les arbres, bien qu'encore dépourvus de feuilles, ne semblent plus aussi dénudés que durant les interminables mois d'hiver qui viennent de s'achever. La neige a complètement fondu, laissant place, il est vrai, à une boue qui colle aux brodequins, macule bottes et molletières, tache vareuses et chandails. La température, plus clémente, a permis aux hommes d'abandonner définitivement les capotes. Lorsqu'il fait un peu froid, la « peau de bique » enfilée directement sur le chandail suffit amplement et maintient au chaud. Les officiers, eux-mêmes, sortent le plus souvent revêtus de leur seule vareuse. Les hommes apprécient de ne plus piétiner des heures dans la neige glacée et, lorsque le soleil se montre, les combattants des deux camps ont parfois l'impression d'une simple partie de chasse.

Mais, malgré cela, les groupes-francs s'ennuient. Pour la dixième fois, le lieutenant Faugé relit le texte des fiches de renseignements et de comptes rendus de patrouilles qui lui sont parvenues ces derniers jours. Les guetteurs des points d'appui font tous état de patrouilles allemandes qui viendraient quotidiennement, et en plein jour, se promener dans le village voisin d'Utweiler. Faugé et ses hommes connaissent bien ce village. Situé dans le no man's land, mais du côté allemand, Utweiler est presque un point de passage obligé pour les patrouilles du groupe-franc qui l'ont bien souvent traversé au cours de sorties nocturnes. A en croire les renseignements, les Allemands, installés dans Utweiler, surveillent en toute tranquillité les mouvements des lignes françaises.

— Si c'est vrai, on ne peut pas les laisser continuer, marmonne tout haut Faugé.

Le lendemain matin, une estafette emporte au régiment un projet d'embuscade auquel Faugé a travaillé une partie de la soirée. Compte tenu des risques, le colonel fait monter le projet à la division. Cascade inverse de la hiérarchie militaire, le projet redescend trois jours plus tard. L'opinion du colonel a dû prévaloir ; car le document porte en travers, au crayon rouge : « refusé, trop risqué. »

Faugé est furieux. Trop risqué ! Trop risqué ! Pour une fois que l'on peut, depuis plusieurs semaines, envisager une sortie, faire quelque chose d'utile !

— Appelez-moi le sergent-chef Penmar'ch !

Quelques minutes plus tard, Penmar'ch entre dans la cagna du lieutenant. Il est en chandail et pantalon de golf, le calot sur l'oreille gauche. A l'aise.

— Désolé de vous déranger, mon vieux, commence Faugé ironiquement, mais j'ai une petite idée à voir avec vous.

Penmar'ch roule des yeux furibonds. Il lui arrive, en breton pur granit, de ne pas comprendre la plaisanterie.

— A vos ordres mon lieutenant, répond-il, presque sèchement, tout en s'en voulant aussitôt.

Il saisit le projet barré de rouge que Faugé vient de lui tendre et comprend que si le lieutenant l'a fait venir, ce n'est pas pour l'entretenir posément de l'échec de sa proposition. En soldat discipliné, il attend.

— Voilà ce que je voulais faire. Vous connaissez Utweiler ?

En quelques phrases précises, croquis à l'appui, Faugé explique son plan, le défend avec fougue, comme s'il se trouvait en présence du généralissime. Penmar'ch approuve, regarde, hasarde un commentaire. Faugé achève, soupire, remet rageusement une chaise à sa place.

— Eh bien mon vieux, ce plan, la division n'en veut pas.

Une pause.

— Cela ne fait rien, nous allons quand même agir.

Penmar'ch est suffoqué. Certes les corps-francs font un peu ce qu'ils veulent, c'est admis même en haut lieu, mais généralement il n'y a pas eu d'interdiction auparavant. On agit, mais sans rien dire à personne. Seul le résultat permet les comptes rendus... après !

— Mais, mon lieutenant...

— Mais, quoi ? Vous connaissez le « casque miné » d'Utweiler ?

— Heu... oui.

Qui ne connaît pas le casque miné d'Utweiler, du moins au groupe-franc.

Placé en plein milieu du carrefour principal du village, ce casque anonyme de la Wehrmacht semble relié par un fil métallique à une cave voisine. Tout fait supposer qu'il cache une mine et personne n'a jamais osé aller le soulever, les hommes du 6e RIC comme ceux des régiments qui l'ont précédé dans le secteur. L'appât est trop beau pour être honnête.

— Eh bien, ce casque, Penmar'ch, nous allons le rapporter !

— Mais, comment, mon lieutenant ?

— Tout simplement en allant le chercher. Mais comme nous n'avons pas l'autorisation officielle...

— Je vous ferai même respectueusement remarquer, mon lieutenant, que non seulement la division ne vous a pas donné d'autorisation, mais qu'encore elle vous l'a formellement interdit.

Avec sa fougue de lieutenant, Faugé balaye l'argument d'un revers de main.

— Donc, comme nous n'avons pas l'autorisation officielle, nous ferons une sortie clandestine.

Penmar'ch ne discute pas. Il discute d'autant moins qu'il s'ennuie comme son chef et que cette petite promenade en marge l'excite au plus haut point.

— Qui prenons-nous ?

— Surtout pas l'effectif du groupe-franc : trop risqué, comme ils disent là-haut.

Faugé a un geste qui englobe les étoiles, les feuilles de chêne et les nombreux galons censés représenter les états-majors en général et celui de la division en particulier.

— Non. Cinq hommes seulement ; vous, moi, Le Bouler, Brandy et Le Bail.

— Bien vu, mon lieutenant. Quand?

— Demain, à quinze heures ; officiellement nous irons repérer le terrain en vue d'une sortie de nuit. Pas de questions ?

— Aucune, mon lieutenant.

— Parfait, vous pouvez disposer.

15 heures. Le temps est gris, mais clair. On sent que le soleil ne demande qu'à percer. Les cinq hommes se présentent aux avant-postes. Le lieutenant est en simple vareuse, baudrier ciré, étui à pistolet lui battant la hanche au-dessus de la culotte et des molletières. Casque sans couvre-casque. Les hommes sont en peau de bique, P.M. pour Penmar'ch, mousqueton pour les trois soldats. Le Bail, un ancien des brigades internationales, prend un air si lointain qu'il en devient suspect et Penmar'ch lui bourre les côtes pour qu'il prenne moins la mine d'un conspirateur.

La sentinelle indique à Faugé le poste du chef de bataillon commandant les avant-postes. Ce commandant le connaît bien. C'est un officier de tradition, qui en « veut » et est toujours ravi de se trouver en première ligne.

— Bon, dit-il à Faugé après que celui-ci lui a — succinctement — exposé sa mission, filez, mais ne vous montrez pas trop. Il y a du Boche dans le secteur.

Les gars rigolent intérieurement. Qu'il y ait du Boche dans le secteur, ils sont payés pour le savoir. C'est même pour cela qu'ils ont décidé de s'offrir cette escapade.

Le petit groupe sort près du point d'appui 4, apparemment sans se faire remarquer. Il descend sans encombre les prairies qui précèdent le bois clairsemé. Penmar'ch est devant, P.M. à la hanche, l'œil aux aguets. Derrière lui, à cinq mètres, le lieutenant, enfin, à cinq mètres l'un de l'autre, Le Bail, Le Bouler et Brandy, qui ferme la marche. Très vite, ils obliquent vers la gauche pour éviter sur leur droite le tir de la cote 370, occupée par l'ennemi, et qui fait saillie dans les lignes françaises. Puis à nouveau, virage sur la droite en direction du village, dont on distingue les toits à environ deux kilomètres. Aucun bruit, aucun signe de vie si ce n'est les multiples lapins peuplant la région et qui détalent, le derrière en l'air devant la patrouille du groupe-franc. Le Bouler, en bon chasseur, se retient de ne pas épauler son mousqueton !

Le village est maintenant à trois cents mètres. De l'autre côté d'une rivière bordée de plantes aquatiques et de saules derrière lesquels les coloniaux se dissimulent, accroupis ou carrément couchés, pour observer les premières maisons d'Utweiler. Le soleil a fini par sortir des nuages et illumine les toits et les prairies. Le silence le plus total règne, seulement rompu par les chants des premiers oiseaux. La patrouille se relève et, franchissant un petit pont, abord en quelques minutes l'une des rues du village. Les maisons, pour la plupart vastes fermes en pierre, sont abandonnées. De nombreuses fenêtres sont aveuglées par les volets soigneusement tirés. Une fontaine fait entendre le son cristallin du maigre jet d'eau qui se déverse dans la vasque de pierre allongée. Près d'un magasin, traînent de vieux journaux allemands.

Les coloniaux progressent dans les rues, en longeant les murs des maisons, doigt sur la détente, œil levé vers les toits, généralement beaucoup plus haut que dans les villages français. Un premier croisement, la petite rue suivie jusqu'alors aborde une rue plus importante, menant au Rathaus, l'hôtel de ville, qui ne se distingue des autres bâtiments que par une façade ocre rehaussée d'un balcon sommé des armoiries du village. A quelques mètres, bien visible, tache vert sombre sur la chaussée grise, le casque.

Le groupe s'est arrêté. Les hommes mettent un genou à terre. Faugé parle à voix presque normale.

— Penmar'ch, à vous le casque ! Les autres, disposez-vous de façon à le couvrir en gardant l'entrée de chacune des rues qui viennent ici !

Silencieusement, les coloniaux exécutent l'ordre. Penmar'ch a relevé son P.M. sur l'épaule et d'un pas ferme, jetant malgré tout un dernier regard autour de lui, il s'avance en plein espace découvert, marchant droit sur le casque qui semble le narguer. Il est maintenant au-dessus du casque, qui se trouve presque entre ses brodequins. Il a l'air bien innocent ce casque, mais peut-être cache-t-il une mine qui ne demande qu'à sauter en déchiquetant ceux qui se trouveraient trop près.

Penmar'ch voudrait bien se pencher, le saisir et le coiffer. Par bravade. Mais il est des gestes idiots qui ne mènent à rien. A son avis, celui-là en fait partie. Posément, après avoir longuement considéré son « adversaire », il recule, longeant le fil métallique qui joint en effet le casque au soupirail d'une cave voisine. Penmar'ch prend la drague qu'il a fabriquée le matin au cantonnement, en prévision justement de couper ce fil. Il sent sur son dos le regard de ses camarades. Un ultime moment d'hésitation. Enfin, il se décide. La drague tombe sur le fil, qui casse net. Rien. Le casque et ce qu'il y a — peut-être — dessous sont toujours à la même place.

Penmar'ch soupire, se gratte la nuque et prend dans sa musette les dix mètres de câble téléphonique qu'il a également emportés. Il passe l'extrémité autour du casque en évitant de le toucher, déroule le fil et va se placer au bout de celui-ci, allongé dans le caniveau qui borde la rue. Le nez dans la poussière mouillée, casque assuré sur sa tête, il tire de toutes ses forces sur le fil téléphonique ; sans résultat. Le casque résiste. Un nouvel effort. Le casque oscille, bouge, bascule enfin ; dessous, rien, le vide. En une seconde, Penmar'ch est sur ses pieds, il court au casque, coupe le morceau de fil qui le relie encore à la cave et s'en coiffe.

Les quatre autres arrivent en courant, hilares. Commence alors un tour de village échevelé, emmené par Penmar'ch, son casque sur la tête, suivi par ses camarades et par le lieutenant, ravis de cette petite folie qui, jusqu'ici, se passe très bien.

— Assez joué, il faut repartir.

Le lieutenant Faugé a heureusement le sens des réalités. La patrouille repart en direction inverse, les sens d'autant plus en alerte que les Allemands ont fort bien pu être mis en éveil par leur « tour d'honneur » peu discret. Apparemment non, puisqu'une demi-heure plus tard, ils abordent les avant-postes français sans avoir rencontré de difficultés. Ils passent suffisamment au large pour que de loin, les sentinelles, voyant un homme porteur d'un casque carré si caractéristique de la Wehrmacht, encadré par quatre soldats français tout aussi reconnaissables à leur casque

Adriant à cimier, ne doutent pas un seul instant que ce soit là le premier prisonnier fait dans le secteur.

Ils en doutent si peu que le lendemain, tout le secteur en est persuadé, du dernier des voltigeurs au colonel lui-même, qui convoque aussitôt Faugé. Lorsque celui-ci sort du bureau du chef de corps, il a l'air un peu pâle de celui qui vient de se faire passer un très solide savon. Encore heureux qu'il ne se soit pas fait mettre aux arrêts de rigueur. Seule la réputation du groupe-franc l'a sauvé de cette punition. Peut-être aussi, le casque carré gris-vert qui trône maintenant sur la table du colonel, offert par le lieutenant que son enthousiasme n'empêche pas d'être — parfois — diplomate !

⁂

17 mars 1940. La division est en deuil. Le groupe-franc du 2e RIC a été sérieusement accroché dans un bois et a eu des pertes sévères. Pour venger leurs camarades, les volontaires du groupe-franc du 4e RIC sortent deux fois par nuit pour chercher le contact. Peine perdue ; l'Allemand est insaisissable. Pâques approche. Si l'armée française reste toujours, sur la majorité du front, l'arme au pied, les événements politiques se précipitent, ne serait-ce qu'en France.

Le 15 mars, un débat a lieu à la Chambre des députés, en comité secret, sur la conduite de la guerre. Le 20, le gouvernement Daladier est renversé et remplacé le lendemain, à une faible voix de majorité, par le ministère Paul Reynaud. Le nouveau chef de gouvernement est considéré comme le symbole de la guerre à outrance, une sorte de Churchill français. Daladier reste cependant ministre de la Guerre, couvrant ainsi, ou plutôt continuant à couvrir le généralissime Gamelin.

Aux armées, ces événements sont commentés avec la sérénité ennuyée qui cadre avec le calme débilitant du front. Les officiers de corps-franc et leurs camarades des avant-postes sont les seuls ou presque à monter de petites opérations, patrouilles ou embuscades, autant pour ramener du renseignement utile au commandement que pour satisfaire l'esprit de leurs hommes qui, volontaires pour le baroud, enragent plus que les autres de tourner en rond.

Le 24 mars, dimanche de Pâques, le lieutenant Faugé, les sergents-chefs Colin et Penmar'ch, les sergents Dufour et Mazeline se retrouvent au point d'appui 10, vers 14 h 30 pour repérer le terrain sur lequel, le soir même, le groupe-franc doit simuler une attaque sur la cote 370. Un peu plus loin, au P.A. 2, le capitaine Tomasset et les autres sous-officiers du corps-franc préparent un travail analogue.

Il fait beau. Officiers et gradés écoutent attentivement les consignes, étudient la manœuvre en soupirant après une véritable opération qui permettra de se battre réellement. Brusquement éclate le bruit caractéristique d'une rafale d'arme automatique. Toutes les têtes se sont levées. Dans le ciel bleu, deux, trois, sept avions s'affrontent en un combat aérien qui ressemble, vu du bas, à un gracieux ballet.

— Qui est qui ?

Les mains disposées en visière devant ses yeux, le lieutenant Faugé hausse les épaules. A cette distance, il est impossible de distinguer amis et ennemis.

— Il y en a un en sale position.

L'un des avions semble en effet en difficulté. Soudain, une traînée noire sort de son moteur ; l'avion plonge vers le bois de Valmunster, poursuivi par les six autres. Français, Allemand ?

— On dirait un Français, crie d'une voix dépitée Colin. Regardez, il rentre vers nos lignes.

Les yeux suivent la silhouette suitée d'un panache de fumée. C'est triste, un pilote français qui se fait allumer. Brusquement, l'avion vire sur l'aile et, se redressant au ras du sol, se dirige vers l'Allemagne. Un hurlement de joie l'accompagne :

— C'est un Boche !

L'avion vient de se cabrer une seconde, qui paraît interminable, puis, brusquement, il fonce vers le sol et s'abat dans un champ, à environ trois cents mètres des lignes allemandes et à cinq cents mètres des lignes françaises. Pétrifiés, les coloniaux regardent. Ils voient distinctement un homme sauter de la carlingue et se mettre à ramper. Le lieutenant Faugé regarde ses hommes, puis se décide :

— On y va, les gars !

Faugé saute sur un mousqueton en criant à Mazeline :

— Mazeline, prenez des cartouches, suivez-moi !

Comme des fous, les quatre sous-officiers du groupe-franc ont emboîté le pas à leur chef, qui court de toute sa vitesse vers le point de chute de l'avion.

— En avant ! crie Faugé.

La course folle continue ; huit cents mètres à parcourir en sautant les obstacles naturels ! Tout à coup, des détonations claquent, des balles sifflent à leurs oreilles. Les mitrailleurs allemands de la cote 370 réagissent ; d'autant plus facilement que les quatre Français galopent en terrain presque découvert.

— Progressez par bonds ! hurle Faugé.

Les cinq hommes, profitant de chaque excroissance du sol, de chaque arbuste, de chaque buisson, avancent par bonds de deux à cinq mètres. Penmar'ch est légèrement en avant, le terrain lui étant un peu plus favorable. Accroupi à côté d'un buisson, reprenant son souffle, il aperçoit devant lui, à une cinquantaine de mètres, des silhouettes rampant dans sa direction. Il cligne des yeux pour tenter de distinguer la couleur de l'uniforme. Il n'y arrive pas, mais il lui semble qu'à plusieurs reprises, ces hommes se retournent en arrière ; ils viennent donc des lignes allemandes et craignent d'être suivis : ce ne peut donc être que des Français en train de se replier.

Prudent, Penmar'ch, en se redressant à demi, le corps en partie dissimulé par le buisson, braque le canon de son pistolet mitrailleur.

— Ho ! Qui êtes-vous ?

Une main se lève.

— Français, ne tirez pas !

Un capitaine de l'infanterie alpine franchit les quelques mètres le séparant de Penmarc'h et s'affale à côté de ce dernier.

— Nous sommes sortis pour l'avion, dès que nous l'avons vu s'abattre. C'est un Français... Mais impossible de progresser, les Allemands y sont déjà. Nous avons eu cinq ou six blessés et nous nous replions.

Le lieutenant Faugé est à quelques mètres. Penmar'ch l'appelle, mains en porte-voix.

— Mon lieutenant !

Faugé vient vers eux en rampant et se présente au capitaine.

— Lieutenant Faugé, de la coloniale. Qu'est-ce qui se passe ?

En phrases brèvres, le capitaine brosse un tableau de la situation. Faugé l'écoute, puis après un court instant de réflexion :

— Retirez-vous, mon capitaine. Je prends l'affaire à mon compte !

Entre-temps, les trois autres volontaires du groupe-franc ont rejoint Penmar'ch et le lieutenant. Les huit hommes se plaquent sur le sol, faisant le gros dos sous les balles des Allemands qui, ne les voyant plus, arrosent le terrain au jugé.

Devant eux, se trouve un champ de blé au chaume ras, sur lequel se détache, à environ deux cents mètres, une meule de paille et, derrière le champ, la carcasse de l'avion, qui s'est mise à brûler.

— Premier objectif, cette meule. Rampez par les sillons et rendez-vous là-bas ; nous mettons en batterie le F.M. que Colin a pris au point d'appui.

Les huit hommes entrent dans le champ, choisissant chacun un sillon dans lequel ils rampent, tirant leur corps avec leurs coudes sur les tiges courtes et piquantes du chaume. Dans leurs bras repliés devant eux, ils tiennent leur arme individuelle. Assez vite, Faugé, Colin et Mazeline parviennent à la meule, à laquelle leur sillon menait directement. Arrivés à trois mètres, ils se lèvent d'un bond et se précipitent dans la paille. Colin installe aussitôt son F.M. et, visant les lignes allemandes, ouvre le feu. Sous le rideau protecteur de balles, plusieurs silhouettes, plaquées jusqu'alors contre le sol, se relèvent et courent vers les Français ; ce sont trois soldats de l'infanterie alpine, accompagnant le pilote de l'avion, l'adjudant Barbier.

Dans la meule, les trois Français se dissimulent du mieux qu'ils le peuvent ; leur cachette sert en fait d'objectif à l'ennemi, qui l'arrose de balles. A une dizaine de mètres sur la droite, Penmar'ch voit la terre voler autour du sillon dans lequel il est couché. Risquant un œil au-dessus du chaume, il aperçoit la paille de la meule hachée par les balles allemandes. Faugé se mord les lèvres machinalement. La situation empire. A la mitrailleuse de la cote 370, maintenant à 700 mètres sur la gauche, et qui prend les Français presque à revers, viennent de s'ajouter deux F.M., que les Allemands ont mis en position à la corde d'un bois, à trois cents mètres environ. De là, ils tirent sur tout ce qui bouge dans le champ.

L'avion flambe, répandant sa fumée noire et âcre sur toute la campagne environnante. De longues flammes rouge orangé sortent de la carlingue et courent le long de la queue et des ailes.

Penmar'ch, anxieux, est toujours allongé dans son sillon, le doigt crispé sur la détente de son arme. Il voit à nouveau des silhouettes ramper vers lui.

L'une des silhouettes se découvre :

— Ne tire pas ! Ne tire pas !

Penmar'ch respire ; ce sont des amis. Ils arrivent rapidement près de lui.

— Merci vieux, sans le F.M. installé dans la meule, nous n'aurions jamais pu décrocher.

— Y a-t-il encore des copains devant ? questionne Penmar'ch.

— Oui, chef, répond l'un des deux alpins qui vient d'apercevoir les trois galons obliques de Penmar'ch ; le sergent-chef Casanova et peut-être un passager de l'avion.

— Très bien — alors qu'il pense « très mal » —, repliez-vous, et ne vous faites pas allumer.

Les deux alpins reprennent leur progression. Ils passent à la hauteur de Colin, qui leur crie :

— Dites à vos camarades de nous apporter des boîtes chargeurs, il ne m'en reste que deux !

Penmar'ch grimace ; voilà une imprudence qui pourrait leur coûter cher. Il se dresse à demi sur les coudes, dans la direction de la meule :

— Attention, mon lieutenant, deux alpins se replient et passent entre nous.

La voix du lieutenant Faugé lui parvient immédiatement :

— Bien compris Penmar'ch.

— Mon lieutenant, quels sont vos ordres ?

Une rafale empêche Penmar'ch d'entendre la réponse, qui lui revient trois secondes plus tard.

— Ne bougez pas !

Ne pas bouger ! Penmar'ch ne peut s'empêcher de hocher la tête, partagé entre le rire et la rogne. De toute façon avec le tir des Allemands, de plus en plus précis et qui paraît se rapprocher, cela semble difficile de bouger !

Sur sa gauche, dans la meule de foin, Colin continue de tirer au F.M. Le tir s'arrête soudainement. Plus de chargeurs. Le sergent-chef hèle Penmar'ch :

— On y va ?

Penmar'ch lève le pouce en signe d'accord. Dans la meule, Faugé est furieux.

— Colin, vous êtes complètement fou, vous n'avez pratiquement pas de chances de parvenir à l'avion.

— Laissez-moi faire, mon lieutenant, je suis souple et puis... je suis en tenue.

En souriant, Colin désigne son survêtement d'éducation physique dans lequel il était lorsqu'ils ont démarré. Faugé hoche la tête. A plat ventre, Colin se lance dans un sillon. Sur sa droite, Penmar'ch progresse déjà, mais il n'est pas équipé comme son camarade ; il est gêné par son mousqueton qu'il veut conserver intact. Au bout de dix mètres, les deux sous-officiers arrivent au sommet du dos d'âne qui, aux trois quarts du champ, leur dissimulait l'avion. Ils voient maintenant très bien celui-ci, à environ cent cinquante mètres. Les Allemands les ont repérés et reprennent leurs tirs. Les balles font voler les mottes de terre autour d'eux.

— On continue !

Penmar'ch et Colin sont maintenant d'autant plus visibles et vulnérables qu'ils se trouvent à contre-pente. Par chance, leurs adversaires tirent un peu trop haut maintenant, trompés par la déclivité. Soudainement, Penmar'ch sent la terre devenir très humide sous ses mains et son ventre. Il a à peine le temps de comprendre qu'il se retrouve dans une véritable mare : à dix mètres devant lui des travaux ont obstrué le sillon dans lequel il rampe, empêchant ainsi l'eau de s'écouler. Elle est glacée. Par contre, l'avion, tout près maintenant, dégage une chaleur intense. Derrière lui, à vingt mètres, Colin est dans une position moins favorable, quoique moins humide ; toujours sur la contre-pente, dans un sillon moins profond, il est exposé directement au feu des mitrailleurs allemands.

Penmar'ch reconnaît à l'oreille le tac-tac caractéristique de deux P.M. qui semblent embusqués près de l'avion et qui paraissent les prendre pour cibles. Ramper sur le rebondi qui précède immédiatement l'épave serait du suicide. Le sergent-chef se décide à rester dans son humidité et même à l'accroître, s'il réussit à atteindre le déblai qui a bouché son sillon, il sera hors de la vue des deux P.M. ; il entre donc dans l'eau glacée, tenant son mousqueton hors du liquide. Quelques secondes plus tard, il est relativement à l'abri. Mais le feu des P.M. le contraint à rester terré. Dès que lui-même ou son camarade se montre, les rafales, de courtes, s'allongent. Leurs yeux scrutent le terrain, tentant d'apercevoir le sergent-chef Casanova.

Penmar'ch risque un appel, aussitôt imité par Colin :

— Casanova ! Casanova !

Au troisième appel, il semble à Penmar'ch qu'une voix faible ait répondu devant eux :

— Par ici ! Par ici !

Nouvel appel et cette fois-ci, Penmar'ch est certain d'avoir entendu une réponse. Derrière eux, Faugé, Dufour et Mazeline, à court de munitions, se sont arrêtés de tirer. Furieux, ils se mettent tous trois à insulter copieusement les Allemands, dont le feu ne faiblit pas pour autant. Penmar'ch scrute le terrain devant, cherchant à repérer ces deux P.M. qui ne doivent pas se trouver à plus de cinquante mètres d'eux.

— Colin ! regarde sur la droite.

Penmar'ch désigne à son camarade un tronc d'arbre couché d'où semblent surgir des flammes de départ.

— Tu as raison, ce sont nos P.M. !

Les deux hommes sont à deux mètres l'un de l'autre, Colin ayant réussi à quitter sa position pour se dissimuler derrière un léger repli de terrain.

— Je vais tirer deux coups rapides vers les P.M., chuchote Penmar'ch. Dès le second coup parti, tu sautes dans le sillon qui est devant nous et tu tentes de te rapprocher de Casanova.

— Vu. Vas-y.

Penmar'ch épaule lentement son mousqueton, visant soigneusement la souche d'arbre. Le premier coup part, suivi à trois secondes par le second. Sans l'avoir vu, Penmar'ch a senti son camarade se dégager de son abri et sauter, plié en deux, dans le sillon convenu. Un cri.

— Merde de flotte !

Surpris, Colin est tombé à pieds joints dans l'eau froide qui lui monte pratiquement jusqu'à la poitrine ; ni lui ni Penmar'ch n'avaient prévu que cela était si profond. Un bruit caractéristique d'eau troublée apprend au Breton que son camarade s'est sorti de son bain et progresse vers l'avant. Toutes les dix secondes, Penmar'ch se relève et tire vers la ligne allemande pour tenter de fixer l'ennemi. Le tir de celui-ci a molli sérieusement. Cela déroute les deux complices, qui ne savent pas ce que font les Allemands.

Le temps s'écoule lentement ; voilà bien une heure et demie que dure l'accrochage. En arrière, dans sa meule, le lieutenant Faugé est à cours d'insultes ; maintenant il lance des ordres à des hommes qui n'existent que dans son imagination. Soudain la fusillade ennemie reprend avec une intensité accrue. Penmar'ch risque un œil. Il entend des raclements, des jurons étouffés ; Colin revient, et il est accompagné. Vraisemblablement par Casanova.

Les deux hommes arrivent en courant, courbés en deux, se jettent dans le sillon à côté de Penmar'ch ; saufs ! Colin tempête, l'œil mauvais :

— On ne peut pas montrer sa tête avec cette bande de salauds.

Casanova, un grand clampin maigre, à l'œil et au poil noirs, reprend son souffle, essuyant ses mains maculées de terre sur sa capote kaki. Le lieutenant Faugé crie toujours ses ordres à une section imaginaire :

— 2e section, appuyez à droite !

A la même seconde, Colin bondit de son trou et fonce vers la meule de foin, l'atteignant malgré les rafales nourries des Allemands, dont les balles le suivent à la trace.

Ahuri, Penmar'ch serré contre Casanova regarde la silhouette de Colin, maintenant à moitié enfouie dans la paille. Mais qu'est-ce qui lui a pris, de partir comme cela sans prévenir ?

A dix mètres, Faugé, tout aussi étonné, pose la même question au sergent-chef.

— Mais mon lieutenant, je vous ai distinctement entendu crier « Attention, nous sommes tournés par la droite », j'ai pensé qu'il fallait vous rejoindre.

Penmar'ch est seul dans son trou avec Casanova. Celui-ci est indemne, mais il veut absolument voir ce qui se passe devant et lève régulièrement la tête par-dessus le sillon ; tout aussi régulièrement, une rafale l'oblige à remettre le nez dans la boue. Désespérément, durant vingt minutes, les deux hommes tentent une sortie sans y parvenir. C'est usant. Derrière eux, plus d'éclats de voix. Le lieutenant et Colin ont dû décrocher pour aller chercher du renfort.

— Casanova ?

— Oui... ?

— Passe-moi le canon de ton fusil.

Casanova tend son 7.15, englué dans la boue. Penmar'ch parvient à en saisir l'extrémité et l'amène à lui, couché. Mais, dans cette position, qu'il ne peut modifier à cause du tir des Allemands, il n'a aucune force. Il s'arrête, épuisé au bout de cinq minutes d'effort. Une autre idée lui vient.

— Cramponne-toi et tiens-toi prêt.

D'un geste, il se met sur un genou, offrant à l'ennemi la

silhouette facile de son buste ; puis d'un geste brusque, il arrache le fusil au bourbier, et hurle :

— Vite, maintenant ou jamais !

L'un poussant l'autre, ils se lancent à plat ventre dans un sillon voisin, plus sec, et rampent comme à l'exercice, ahanant, mais avançant quand même, mètre par mètre, vers la meule de paille. Les balles des Allemands sifflent au-dessus de leur tête, mais trop haut pour les atteindre. Encore trois mètres. Ils aperçoivent le lieutenant Faugé, qui les encourage de la voix et du geste. Les deux hommes atteignent enfin la meule, s'y terrent comme s'ils avaient trouvé un abri inexpugnable. Faugé est seul. Il a renvoyé Colin vers l'arrière. Il attendait Penmar'ch et Casanova, silencieusement, pensant que ses ordres à des sections imaginaires ne trompaient plus personne.

Penmar'ch se retourne. Il aperçoit les silhouettes de ses camarades, qui courent vers les lignes françaises.

— A notre tour maintenant, vous êtes prêts ?

— Prêts mon lieutenant !

Penmar'ch a répondu pour les deux. Et il presse le bras de Casanova. Tous trois quittent la meule en courant le plus vite qu'ils le peuvent dans le champ cahoteux. Tout en courant, Penmar'ch se dit qu'ils sont fous, que les Allemands doivent les prendre dans leur ligne de mire comme au stand. Mais ses jambes le portent plus vite qu'il ne réfléchit, et, curieusement, les autres ne tirent plus. Il saute de côté, évitant un trou rempli d'eau. Encore quelques mètres, voici les lignes de l'infanterie alpine. Ils aperçoivent les canons des fusils et les casques de leurs camarades. Un dernier saut, et ils atterrissent tous les trois dans les bras du capitaine.

— Bien content de vous revoir !

Il n'a pas le temps d'articuler un mot de plus. Un sifflement grandit, suivi par une violente explosion à quelques mètres en avant, entre la ligne des alpins et la meule. Un tir d'interdiction allemand se déclenche, serré et précis. Les Français s'enfoncent dans le sol, faisant corps avec les mottes. Le tonnerre des obus est assourdissant. Faugé et le capitaine sont l'un à côté de l'autre. Entre deux obus, le capitaine souffle :

— Ils avaient sans doute l'intention d'attaquer le champ à l'abri de leurs obus. Le mieux est de foutre le camp. Nous ne sommes pas en nombre, et pas assez de munitions pour faire face à une attaque.

♣

Assis à croupetons contre un arbre, Penmar'ch et Casanova se partagent une tablette de chocolat.

— C'est chic ce que vous avez fait, les coloniaux. Si vous n'étiez pas arrivés...

Son geste en dit long.

Penmar'ch hoche la tête. Il l'aime bien, Casanova. Ce serait bien de rester ensemble. Mais chacun va regagner son corps. Casanova chez les alpins et Penmar'ch le groupe-franc du 6e RIC. Silencieusement, le Breton sort son poignard, coupe le fil retenant l'un des boutons de sa vareuse, le bouton de la coloniale. Il le tend à Casanova.

— Tiens, failli alpin, en souvenir de la meule de paille... !

CHAPITRE VII

EN MOSELLE, DU COTE D'APACH

Le secteur d'Apach est situé sur la rive droite de la Moselle, au contact immédiat de la frontière du Luxembourg. Secteur agité, dans lequel les patrouilles des deux camps sont nombreuses et les occasions d'accrochage fréquentes. Coups de main, embuscades, en particulier dans le bois de Perl et en avant de l'Hammelsberg et du Schneeberg, aguerrissent les unités, qui, depuis octobre 1939, ont entrepris de vastes travaux d'organisation, délicats tant en raison des intempéries de l'automne et de l'hiver, que de la nature du terrain. Les Allemands, maîtres dans le domaine de la propagande, ont ici comme ailleurs installé force haut-parleurs qui tentent de porter atteinte à la discipline des unités stationnées dans le secteur. Les chansons à la mode alternent avec les déclarations politiques et pacifistes, tendant à démontrer aux soldats français qu'ils ont été trompés sur les intentions de l'Allemagne et qu'ils doivent au plus vite déposer les armes.

Légèrement au sud d'Apach, sur le bord de la Moselle, se blottit, au bas d'une colline dénudée s'élevant en pente légère, la bourgade de Sierck. Tout ici est d'ailleurs dénudé. En dehors de quelques bois, le paysage est dégagé, permettant l'observation de part et d'autre. A quelques kilomètres en arrière, la ligne Maginot étend ses fortifications, casemates et tourelles. En dehors du Luxembourg, immédiatement à gauche d'Apach, de l'autre côté de la Moselle, l'Allemagne est toute proche. Sur la frontière, un café, le bien nommé « café International », est alternativement occupé par Français et Allemands. Apach, Belmach, Merschweiller, Manderen, Ritzing, autant de villages abandonnés par la population, centre d'un no man's land bordé d'une ceinture boisée.

C'est dans cette région qu'en ce début d'avril 1940, est cantonné le 73e RI. La compagnie franche de cette unité, aux ordres du capitaine Bayer, est installée à Sierck. Ses adjoints sont deux jeunes officiers fougueux, les sous-lieutenants Vilcoq et Bastien.

— Nous devons être continuellement sur le qui-vive, explique le capitaine à ses adjoints. Les Boches grouillent dans le coin. A Maimühle notamment, minuscule village près de Perl, les rapports d'observation nous indiquent qu'il y a en permanence au moins une compagnie. Tout cela à moins de trois kilomètres, autrement dit au contact. A nous de les surveiller, ils en font autant, de savoir la nature de leurs travaux, de faire des prisonniers, bref de les gêner au maximum.

Le 1er avril, deux sections de la compagnie franche s'apprêtent à partir en patrouille de reconnaissance vers Maimühle. La première, commandée par le sous-lieutenant Vilcoq, doit quitter Sierck à 11 heures, afin d'être en place pour 12 h 30, heure à laquelle une deuxième section, aux ordres du capitaine Bayer et du sous-lieutenant Bastien, partira à son tour. Au total, une trentaine d'hommes.

Vilcoq, debout devant l'une des dernières maisons de Sierck, revoit les détails de la reconnaissance avec son adjoint, le sergent-chef Sauvage.

— Alors c'est clair, Sauvage ? Nous passons par Apach et nous piquons sur la pointe nord du bois des Acacias. De là, nous surveillons l'Amstgericht et Maimühle de façon à empêcher, s'il le faut, les frisés de tourner le capitaine de ce côté.

La section démarre en direction de Maimühle. Il est onze heures à peine passées. Il fait beau, un vrai temps de printemps, même si le paysage garde les traces de l'hiver encore proche, profondes ornières de boue séchée, restes du dégel qui a transformé tous les chemins en rivières de terre liquide, talus encore dénudés, arbres dont seuls certains commencent à pousser leurs bourgeons. La progression se fait sans difficulté. Vilcoq freine cependant la marche de ses hommes ; un peu de prudence ne fait de mal à personne et il vaut mieux mettre un peu plus de temps que de risquer de donner l'éveil par des mouvements inconsidérés. A 12 h 30, la section est en place, embusquée non loin de Perl-Maimühle, dont on voit distinctement les maisons, les hangars, le pont ferroviaire, la gare et le pont routier détruit. Les Allemands y sont comme chez eux, semble-t-il. A la jumelle Vilcoq aperçoit deux fantassins près d'une maison isolée, au-delà d'un carrefour.

— Tu vois quelque chose, Billaud ?

Le soldat Billaud est un observateur-né ; rien ne lui échappe.

— Oui, mon lieutenant... Il y a un client au café International.

Les jumelles de Vilcoq fouillent la façade du café, sa terrasse, s'arrêtent sur le toit, percé par un obus ou plus exactement par chacun des deux camps qui ont ainsi aménagé un excellent observatoire. Un guetteur feldgrau est là ; Vilcoq distingue parfaitement son casque carré et les jumelles qui, comme les siennes, balayent le paysage.

Au même moment, la section franche de 16 hommes menée par le capitaine Bayer et le sous-lieutenant Bastien quitte à son tour Sierck et se dirige vers le P.A. 2. Les volontaires marchent en colonne sur les deux côtés de la route, évitant le goudron et foulant l'herbe rare de la berme.

Le P.A. 3 est atteint à son tour. Bayer franchit rapidement les trois marches de la petite maison à flanc de colline servant de P.C. au lieutenant Devaux, qui commande le P.A. En quelques mots, il le met au courant de la mission de reconnaissance puis repart en tête de la section. Celle-ci longe maintenant la voie de chemin de fer qui, légèrement surélevée, permet aux hommes, courbés en deux, de se dissimuler en partie derrière le ballast. Des toits gris apparaissent, ce sont les hangars à locomotives. Bayer lève à demi le bras. Les hommes stoppent aussitôt, mousquetons et P.M. braqués, s'allongeant à demi dans l'herbe rase. Durant cinq minutes, dix-huit paires d'yeux scrutent les abords des hangars qui paraissent déserts. Et pourtant, de son point d'observation, à la pointe des Acacias, le sous-lieutenant Vilcoq observe deux Allemands sortant d'une maison, située derrière ces hangars. Il les aperçoit entrant dans une petite baraque en planches, à droite de la maison ; ils en ressortent au bout de quelques secondes. Il est 13 h 10. Cinq minutes plus tard, le sergent-chef Sauvage et le soldat Ruckbusch signalent trois autres Allemands, debout dans le pré situé en arrière des hangars. Sans armes, en calot, ils semblent regarder dans la direction précise de l'endroit où se trouvent les hommes de Vilcoq. La main en visière sur les yeux, ils sont visiblement intrigués et paraissent discuter avec animation, puis tournent les talons.

— Vous croyez qu'ils nous ont vus, mon lieutenant ?

— J'espère que non. De toute façon, ils ont le soleil dans les yeux, ce ne doit pas être facile. Dites à vos types de dissimuler leurs armes, et d'éviter tout éclair de soleil sur les parties métalliques.

Dans le pré, cinq Allemands viennent d'arriver, dont l'un porte, sur sa vareuse, des pattes d'épaule argent mat.

— Sans doute un officier, marmonne Vilcoq, oculaires vissés aux yeux.

L'un des Allemands braque une paire de jumelles dans la direction de la pente nord du bois des Acacias, non loin de la section.

Les hommes de Vilcoq sont parfaitement dissimulés derrière les arbres et arbustes constituant la lisière du bois. Ils ne perdent pas un geste des Allemands, dont un seul appuyé contre un pommier, observe à la jumelle. Les quatre autres tentent de vaincre la réverbération aveuglante du soleil.

— Je me demande si le capitaine les aperçoit ?

Billaud a parlé à voix basse et seul son voisin de gauche, le nez dans l'herbe, l'a entendu. Mais Vilcoq se pose la même question.

Bayer n'a rien vu ; à trois cents mètres à vol d'oiseau, il emmène sa section à l'abri d'une haie d'épineux.

— Attention, un fossé.

— C'est l'écoulement d'eau.

— Arrêtons-nous et observons en face.

Le sous-lieutenant Bastien risque un œil par dessus la haie et braque ses jumelles. Il grogne de satisfaction ; la vue est parfaite en direction du pont de chemin de fer. Une huitaine d'Allemands discutent entre eux.

— Ils sont comme chez eux, mon capitaine ; j'en vois un, torse nu, en train de se laver !

Il rit. Bayer, presque agacé, se hisse à son tour.

Quatre ou cinq autres soldats teutons, à l'abri derrière une barricade en pierre, se dirigent vers la Moselle, portant à bout de bras des chaises pliantes. Ah, la jolie guerre... *Wie Gott in Frankreich,* « Comme Dieu en France », dit le dicton allemand à propos de la vie agréable qu'est censé mener le Créateur de l'autre côté du Rhin...

— Bon, on poursuit. Jusqu'au poste d'aiguillage.

La section se remet en marche. Profitant d'une tranchée, les deux officiers braquent à nouveau leurs jumelles. Plusieurs groupes d'Allemands vont et viennent devant une grande maison à toit d'ardoise. Du point où ils sont arrêtés, les Français voient parfaitement les ponts et les maisons de Maimühle. Bastien place un F.M. en surveillance dans la tranchée.

— Vous ne quittez pas votre secteur de l'œil. Nous, nous continuons.

La haie d'épineux longe le ballast. Les hommes de la section franche, accrochant leur uniforme aux pointes noires, franchissent cependant l'obstacle et s'infiltrent. Dans les arbustes épais, ils tombent sur un abri de tir ennemi, vide, et un réseau de barbelés. Le capitaine Bayer s'arrête, se couche au bas du buisson, regarde devant lui. Les Allemands semblent toujours aussi décontractés.

— Bastien ?

— Mon capitaine, répond aussitôt le sous-lieutenant, dont le casque racle les branches à un mètre en arrière de Bayer.

— Continuez avec le sergent-chef Barre jusqu'au bout de la haie. Je reste ici avec les autres.

Bastien rampe à reculons, reprend sa progression accompagné de Barre.

— Oh ! Oh ! Ça se gâte, on dirait.

Devant lui, Bayer vient de repérer, à droite du pont de chemin de fer, une organisation allemande en sacs de terre, protégée par des barbelés, occupée par cinq soldats qui regardent dans leur direction.

De l'autre côté, Vilcoq a également remarqué une agitation anormale dans le camp allemand. Trois hommes sont venus rejoindre les cinq autres qui observaient depuis presque une heure dans le pré. L'un d'eux tient un F.M. Debout, il l'appuie sur une branche basse et vise la route du bois des Acacias, c'est-à-dire sensiblement dans leur direction. Mais au même moment, l'un de ses camarades arrête son geste et lui désigne, sur la droite, la direction de la Moselle. Il doit lui parler ; le tireur se déplace aussitôt et disparaît bientôt derrière le hangar à locomotives.

Toujours allongé dans ses épineux, le capitaine Bayer vient de comprendre qu'ils étaient sans doute éventés. Il faut prévenir Bastien et Barre qu'ils reviennent en vitesse.

Un homme part en courant, dissimulé par la haie. Pendant ce temps, Bastien sort son Kodak et prend, tant bien que mal, trois photos du pont de Maimühle.

Sur le pont routier, la sentinelle allemande traverse en courant la culée de l'ouvrage à moitié détruit et fonce vers les maisons situées à quelques dizaines de mètres au nord.

— *Alarm ! Alarm !*

Plusieurs soldats sortent précipitamment, arme à la main, courant vers la Moselle ; Vilcoq les voit passer devant la Gasthaus Engel, dont l'un des pignons porte en lettres noires et hautes une inscription à la gloire du Reich.

Bayer regarde machinalement sa montre. Il est 14 h 40. Des rafales d'armes automatiques éclatent brusquement ; F.M., mitraillettes et même mitrailleuse, dont le halètement dénonce une Maxim. Bayer repère les départs de tir ; venant côté droit du pont de Maimühle, et, sur le côté gauche, d'un P.A. que l'on croyait inoccupé depuis une récente observation de patrouille. En fait, les Allemands, qui sont sortis en force de toutes les maisons dès les premières rafales, se sont installés à plusieurs emplacements de tir, y compris le verger et la maison du Juge de paix.

Le tir est intense et nourri. Les Français ne répliquent pas. Un Allemand a quitté l'une des maisons et gagne en courant une position protégée par les sacs de terre installée contre les parapets du pont routier, qui reste suspendu au-dessus des voies à un mètre cinquante au-dessous de son niveau normal. Il regarde directement par-dessus le parapet et renseigne à la voix et par gestes ses camarades restés dans le groupe de trois maisons qui semble constituer un P.C. Une dizaine d'hommes, dont deux seulement sont armés, sort par une des maisons et gagne la position d'où se déclenchent de nouvelles rafales auxquelles se joignent quelques coups de fusil.

La pointe de la patrouille Bastien s'est jetée à terre et, profitant de la haie, revient en arrière en rampant. Les Allemands les ont repérés avec précision et encadrent les Français dont la retraite est suivie et ponctuée d'impacts de balles... Après quelques minutes difficiles, le capitaine Bayer, qui a repris la tête de la patrouille, réussit à la mettre à l'abri derrière le poste d'aiguillage. Les balles continuent à siffler.

— Bastien, ramenez le F.M. et rejoignez-nous. Tâchez de ne pas vous faire avoir.

Accompagné de deux hommes, le sous-lieutenant Bastien repart, emportant l'arme automatique, pendant que Bayer et le gros de la patrouille, toujours en rampant, reprend sa lente progression vers la fosse cimentée servant d'écoulement d'eau. Les Allemands ont repéré les silhouettes aplaties contre le sol, et plusieurs rafales viennent encadrer les hommes du groupe-franc.

— On se sépare en deux. Bastien, partez avec Barre vers Vilcoq qui nous attend à la pointe des Acacias, utilisez le souterrain fait par le fossé. Moi je continue avec les autres en suivant la haie... Bonne chance et à tout à l'heure !

— On se retrouve où, mon capitaine ?

— Sous le passage de la voie ferrée, au sud de la gare d'Apach !

— Bien vu, à tout à l'heure...

Bayer regarde disparaître les talons du dernier soldat du groupe Bastien, puis, à demi tourné vers les hommes qui restent avec lui, d'un coup de menton, il montre les hangars d'Apach. Tous comprennent. Dans un raclement de souliers et d'armes contre la terre, ils franchissent les derniers mètres de la coulée, puis, se redressant, courbés en deux, ils courent vers leur ligne de repli.

Ce que ne voit pas le capitaine Bayer, c'est que deux groupes de patrouilleurs allemands viennent de se former devant les maisons P.C. de Maimühle.

Les hommes, en calot ou casque accroché au ceinturon, sont tous armés de pistolets mitrailleurs, et passant par la culée est du pont routier en se dissimulant, ils s'infiltrent sous l'ouvrage puis longent les berges de la Moselle en se dirigeant vers le sud, suivis à la jumelle par leurs camarades postés derrière le parapet. Les Allemands restés à Maimühle discutent avec force gestes, accompagnant leurs propos de vigoureux mouvements de canne. Il est 15 h 30. A la corne nord du bois des Acacias, les soldats du lieutenant Vilcoq entendent des branchages craquer derrière eux. Les canons de leurs armes virent lentement dans la direction de ce qui paraît être des pas prudents.

— Français, ne tirez pas !

Le soupir de soulagement du soldat Cazelle est presque perceptible. Il relève son mousqueton. Le sous-lieutenant Bastien vient d'émerger de sous un arbre à moitié tombé, suivi à trois mètres par le sergent-chef Barre.

— Nous...

Sa phrase est interrompue par une rafale ; les balles hachent le feuillage à trois mètres. Tout le monde s'est jeté à terre. Quelques secondes passent.

— Vilcoq ?

— Je suis là.

Le sous-lieutenant fait signe à son camarade ; il est tellement bien camouflé dans un massif d'herbes hautes que Bastien a du mal à le distinguer.

— La section est rentrée avec le capitaine. Tu décroches aussi.

Dans un friselis de végétaux foulés, les quatorze fantassins se relèvent et commencent leur repli à reculons. Les Allemands discernent quelques mouvements suspects et dans chaque poste de combat, tireurs et servants s'affairent autour de leur arme. Rien ne se passe cependant et, vingt minutes plus tard, la première patrouille rentre, suivie, à un quart d'heure, par la seconde.

A deux kilomètres de là, en dessous de la voie ferrée, au sud de la gare d'Apach, la section Vilcoq, accompagnée par Bastien, rejoint la section emmenée par le capitaine Bayer. Celui-ci n'est qu'à moitié satisfait : pas de casse, mais deux chargeurs de pistolet mitrailleur perdus pendant le repli.

— Et pourtant, grogne-t-il, j'ai déjà demandé des ceintures spéciales pour ce matériel. Si les Boches les trouvent, ils ne seront pas perdus pour tout le monde. Ah ! ces plumitifs de l'arrière !

A la popote du colonel, le lendemain, le patron tape familièrement sur l'épaule de Bayer.

— J'ai lu votre compte rendu, mon vieux. On est content, à la division ; grâce à votre patrouille, on sait maintenant avec certitude que Maimühle est occupé en permanence par au moins une demi-compagnie avec mitrailleuses et mitraillettes. Quant à notre officier de renseignements, il a pu observer, de l'observatoire de Kleberg, tous les mouvements des Boches pendant votre expédition ; il a pu situer exactement les emplacements de combats des gens d'en face. Utile, tout cela, très utile. Si nous attaquons — on peut rêver — grâce à vous nous pourrons les neutraliser !

⁂

Sous son casque, les yeux du soldat Vonse * ont une fâcheuse tendance à s'alourdir. Voilà plus de deux heures qu'il est de garde

* Pseudonyme.

Le 2 septembre 1939, les murs de France se couvrent d'affiches aux drapeaux entrecroisés. Ici, un « ancien » de la Grande Guerre commente l'ordre de mobilisation générale à un petit garçon encore trop jeune pour connaître le feu. Entre eux, une génération : celle qui a l'âge de se battre. *(ECPA)*

Paris, gare de l'Est. Les réservistes, encore en civil, vont gagner les quais où les attendent les trains qui les conduiront vers le front. L'enthousiasme guerrier de 1914 a fait place à une morne résignation. *(Roger-Viollet)*

Devant une casemate de la ligne Maginot, ces soldats de l'infanterie de forteresse, habillés de gros drap kaki, posent sous le soleil d'automne. Ils vont passer de longs mois dans une immobilité démoralisante. Pour certains d'entre eux, les corps francs vont constituer un dérivatif à l'ennui de la « drôle de guerre ». *(ECPA)*

Les éléments d'un groupe franc d'infanterie de forteresse patrouillent, en automne, aux avant-postes. Ils portent la tenue et l'armement de ces nouvelles unités de volontaires : jersey, béret, FM et mousqueton. *(ECPA)*

Les officiers du corps franc du 73e R.I. Au centre, en vareuse, le patron du corps franc entouré de ses adjoints. *(ECPA)*

Le capitaine de chasseurs Stéphane Pighetti de Rivasso, commandant le corps franc du 67e B.C.A. *(Coll. part.)*

Hiver 39-40 : le corps franc du groupe de reconnaissance de co d'armée redescend des lignes. C cavaliers portent bottes de cao chouc et manteau de pluie, et, la poitrine de deux d'entre eux moins, brille l'insigne triangula métallique de leur unité. L'hiver la neige sont arrivés. *(Keystone)*

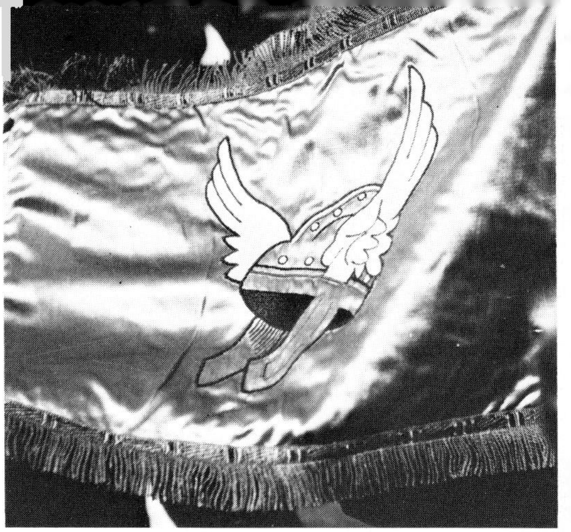

▲
Le fanion d'un corps franc de l'infanterie de forteresse. Notez l'attribut de manche « corps franc », typique des unités de forteresse, mais exceptionnel. *(ECPA)*

ıx hommes du corps franc du secteur fortifié de Faulquemont ·rs commandé par le capitaine Vernhes), à l'orée de la forêt ·a Warndt. *(Coll. part.)*

▶
·élèbre pistolet mitrailleur 9 mm Erma Vollmer, arme réservée corps francs. De construction allemande, cette arme ne fut ·ait jamais utilisée par la Wehrmacht, mais plus de trois mille ·mplaires furent saisis à la frontière espagnole lors du retrait unités républicaines antifranquistes. *(Coll. part.)*

Ce tireur au FM illustre bien l'image du combattant des G.F. : peau de mouton, chandail (civil), gants tricotés, couvre-casque en toile. Porté en bandoulière, le FM 24/29 permet de tirer debout. Cette photo fit la « une » de *Match*. *(Zucca/Taillandier)*

Dans une maison occupée du « no man's land », au-delà même des avant-postes, les soldats du groupe franc tentent de reconstituer l'atmosphère d'un café maure. Notez les grenades et le poignard du volontaire debout au fond de la pièce. A droite, assis, l'officier commandant le G.F., en blouson et gants. *(Zucca/Taillandier)*

Page de droite :
Automne 1939. La reconnaissance d'un village par un groupe franc de tirailleurs marocains. Il s'agit d'un reportage destiné à présenter les unités de volontaires encore peu connues du public.

En haut, à gauche : Dans le village abandonné, les soldats du G.F. examinent leur butin : étui à cisaille, cartouchière, toile de tente. L'homme à gauche tient un MAS 36, arme rare à cette époque. *(Zucca/Taillandier)*

En haut, à droite, et en bas, à gauche : La reconnaissance du village. Le tireur au FM couvre ses camarades, qui investissent les maisons l'une après l'autre. *(Zucca/Taillandier)*

En bas, à droite : Emmenée par un sous-officier, la patrouille du G.F. revient au cantonnement. *(Zucca/Taillandier)*

◄
La neige recouvre maintenant le front, au cours d'un hiver particulièrement rigoureux. Elle n'arrête cependant pas l'activité des patrouilles : ici, les hommes d'un groupe franc franchissent un réseau de barbelés en avant de la ligne Maginot, dans le secteur du XIIe corps d'armée. (55e ou 56e R.I.) *(ECPA)*

Des éléments du groupe franc du secteur fortifié de Faulquemont, dans le secteur de Lauterbach, en janvier 1940. *(Coll. part.)*
▼

◄
Groupe franc en observation en Alsace (XIIe corps d'armée). Les hommes portent de larges bottes de caoutchouc et, celui du premier plan, un blouson... civil. *(ECPA)*

▶
De l'autre côté, les Allemands ont, eux aussi, constitué des corps francs (Stosstruppen), qui exécutent le même travail que leurs adversaires. *(ECPA)*

Un élément du corps franc du secteur fortifié de Faulquemont en patrouille dans la Warndt, le 2 janvier 1940. *(Coll. part.)* ▼

▶
Tireur au FM, aux avant-postes sur le front de Lorraine (7e demi-brigade de chasseurs). Notez la boîte de conserve accrochée aux barbelés, destinée, en tintinabulant, à signaler le moindre choc. *(ECPA)*

Le lieutenant Joseph Darnand, à gauche, le capitaine Pérolta, au centre, et le lieutenant Félix Agnely (lunettes), commandant le corps franc de la 29ᵉ D.I., à l'avant-poste des « gardes mobiles » à Horsbach, en février 1940. *(Coll. Eric Lefèvre)*

Le lieutenant Félix Agnely, du 24ᵉ B.C.A.

LE CORPS FRANC AGNELY (29ᵉ D.I.)

Un corps franc de chasseurs part en patrouille. Notez les chasubles blanches roulées sous le bras ou sous le ceinturon. *(ECPA)*

L'insigne du
corps franc
Agnely (29e D.I.)

▶
ne patrouille de chasseurs,
chasubles et cagoules
anches, image traditionnelle
s corps francs durant l'hiver.
CPA)

▶
vrier 1940 : après l'opéra-
n de Forbach, au cours
laquelle le lieutenant
nely trouva la mort, les
asseurs de son groupe
nc sont décorés par le
néral Georges. *(ECPA)*

cours de la prise d'armes,
ieutenant Joseph Darnand,
oint d'Agnely, vient de
evoir la rosette de la Lé-
n d'honneur. A ses côtés,
ude Agnely, fils du lieu-
ant Agnely, va se voir
nettre la même distinction
ordée à titre posthume à
père. Cette photo fut
liée en première page de
tch. (ECPA)

Le capitaine Henry Glaizot, commandant du corps franc de l'infanterie de l'air (compagnie de marche des 601 et 602 groupes de l'infanterie de l'air). Il porte l'insigne du 601 G.I.A. *(Coll. part.)*

▶
Un groupe franc de l'infanterie de l'air, en patrouille, franchit la frontière allemande au pied même de la pancarte qui la signale. *(Coll. part.)*

Lembach. Les parachutistes du capitaine Glaizot en février 1940. Ils portent le casque des unités motorisées et des treillis bourgerons kaki. *(Coll. part.)*

▶
Le P.C. du capitaine Glaizot, à Lembach. *(Coll. part.)*

es paras du corps franc à l'entraînement. A gauche, ortant son FM, le sergent Cartier. *(Coll. part.)*

▶
A Reichshoffen, fin février 1940, les funérailles du sergent Baratte, premier para tué à l'ennemi. Marchant en tête du cortège, le capitaine Glaizot (en tenue claire), encadré, à gauche, par le lieutenant Chevalier (béret) et, à droite, par le lieutenant Le Bourhis. *(Coll. part.)*

Le capitaine Henri Vernhes, commandant le corps franc du secteur fortifié de Faulquemont jusqu'à sa mort le 4 juin 1940. *(Coll. part.)*

Adjoint de Vernhes, le lieutenant Buchoud lui succédera à la tête du corps franc. Il discute ici avec un médecin-lieutenant (du G.F. ?). *(Coll. part.)*

Une patrouille du corps franc Buchoud devant le poste de douane allemand de Carling. *(Coll. part.)*

▶
Deux hommes de Buchoud à la lisière des bois de Carling. Le premier, debout, porte le P.M. Erma Vollmer, et son camarade, agenouillé, le Lebel 86/93 pour tromblon lance-grenades VB. *(Coll. part.)*

▶
Pistolet au poing, le capitaine Courtet, officier de renseignement du secteur fortifié de Faulquemont, est venu chercher aux avant-postes un prisonnier allemand. *(Coll. part.)*

Elément du corps franc Buchoud en patrouille dans un village abandonné et dévasté par les bombes (Carling ?). *(Coll. part.)*
▼

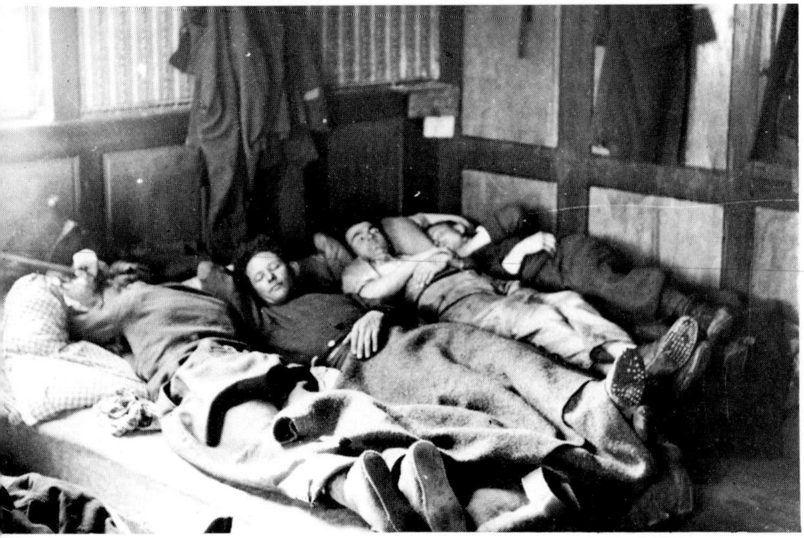

▲
Printemps 1940. Après les coups de main de l'hiver, les corps francs attendent des combats plus exaltants, tels ces hommes de Buchoud, le visage marqué par la fatigue. *(Coll. part.)*

◄
Entre deux patrouilles, les volontaires des corps francs se reposent dans la maison qui leur sert de cantonnement : les brodequins au pied et les armes toujours prêtes montrent que l'état d'alerte est permanent. *(ECPA)*

Le corps franc du capitaine Vernhes (à droite, mousqueton à l'épaule), en patrouille dans la Warndt. *(Coll. part.)*
▼

▲
Mars 1940 : en faction sous les arbres aux feuilles à peine écloses, le sergent Yves Chauvet, du corps franc du 26ᵉ R.I., sur le front de Lorraine. *(Coll. Chauvet)*

▶
Mars 1940 : un élément du corps franc Buchoud de retour de patrouille en Allemagne, aborde un village frontière. *(Coll. part.)*

Le corps franc du 26ᵉ R.I. en patrouille en Lorraine, en mars 1940. Il fait frais et les peaux de mouton sont encore là. *(ECPA)*
▼

Mai 1940 : devant l'attaque allemande, les troupes françaises refluent sur un fond de ciel embrasé dans lequel montent les fumées noires des incendies. Les corps francs se battent en arrière-garde, se sacrifiant bien souvent pour protéger la retraite d'unités, voire de divisions entières. *(ECPA)*

Recherche iconographique et réalisation du cahier photo : Eric Lefèvre.

au poste M 4, à 300 mètres environ de la route Apach-Sierck, aux avant-postes tenus par le 73e RI. Il est quatre heures du matin, le 7 avril. Vonse étouffe un bâillement et porte un regard circulaire sur le plateau dénudé qui s'étend devant lui ; des champs séparés par des haies d'épineux, quelques boqueteaux rabougris et au-delà, vers la frontière allemande, à deux pas, des lignes d'arbres plus fournis. Légèrement sur la droite, le bois d'Apach borde la route, précédé par un transformateur. Quelques maisons abandonnées, des vergers, complètent le paysage, pour l'instant encore plongé dans une obscurité relative. Le ciel commence à blanchir et, malgré sa fatigue, Vonse distingue clairement les détails qui l'entourent. La campagne est déserte. Le silence n'est rompu que par quelques cris d'oiseaux de nuit qui font sursauter les guetteurs ; les Allemands sont passés maîtres dans l'art de l'imitation et il est souvent difficile de distinguer entre le cri d'une vraie chouette et le signe de ralliement d'une patrouille ennemie.

En bon paysan, Vonse ne se fait pas prendre à ce jeu. La terre n'a aucun secret pour lui. Les odeurs printanières qui montent lui sont habituelles. Il pense à la ferme familiale, à son père, à ses deux frères mobilisés comme lui, et dont les bras doivent cruellement manquer dans la petite exploitation. Vonse s'appuie lourdement sur la planchette étayant le créneau. Devant lui, à côté du canon de son mousqueton, il perçoit l'ombre noire du paquet de tabac gris. Il s'en roulerait bien une, mais les ordres sont formels, pas de cigarette aux avant-postes ! « C'est logique », pense Vonse ; il sait que l'extrémité rougeoyante d'une cigarette allumée peut s'apercevoir à des kilomètres. Son père, un rude vieux de l'autre guerre, lui a cependant appris à tenir le bout incandescent vers l'intérieur de la paume. Mais il n'ose pas. Sa montre marque 4 h 20. Il jette un nouveau regard vers la route d'Apach ; rien, ou plutôt si, quelque chose bouge, mais que l'on distingue mal. Peut-être un animal. Machinalement, Vonse arme son mousqueton et, plissant ses yeux, tout à fait réveillé, il se penche légèrement en avant. Son cœur fait un petit saut dans la poitrine ; pas de doute, plusieurs silhouettes, tout à fait humaines, marchent à une quarantaine de mètres devant lui, légèrement en contrebas. Dans ce coin, il ne peut s'agir que de Boches. Ils se dirigent droit vers le sud-ouest, vers la route.

— Caporal ?

A quelques mètres, le caporal Reveigne * s'est soulevé, tournant la tête vers Vonse.

— Qu'est-ce qu'il y a ?

— Des Boches, droit devant moi.

— Qu'est-ce que tu racontes !

---

* Pseudonyme.

Reveigne est déjà penché au créneau, casque contre casque avec Vonse.

— Nom de Dieu, tu as raison, une patrouille ! On les allume.

Vonse a déjà saisi l'une des trois grenades posées à côté de son tabac gris. Il se dresse, dégoupille et d'un geste large, la balance dans la direction de la patrouille et se courbe derrière son créneau. Quatre secondes, un éclair orange, un éclatement... Immédiatement suivi par plusieurs rafales de mitraillettes, dont les balles hachent les branchages autour du poste, se fichent dans les troncs et la terre. Tir mal ajusté, car les Allemands ne doivent pas bien distinguer le poste. En quelques secondes, toutes les armes des guetteurs se sont mises en action. Le FM crache ses rafales, les grenades volent vers le bas.

Un peu en arrière, le commandant du sous-quartier d'Apach, le lieutenant Rolland, voyant M4 attaqué, appelle par téléphone le lieutenant Bongrain, chef du point d'appui Ouest.

— Bongrain, M4 est allumé par une patrouille ennemie, effectuez un tir de VB.

Bongrain est un rapide. En quelques secondes ses voltigeurs lancent les grenades VB qui jaillissent des tromblons adaptés au canon de leur fusil. En bas, les Allemands se sont couchés sur place ; on ne les voit plus, mais Vonse sent qu'ils sont toujours là, peut-être abîmés, mais toujours là. Les tirs se sont arrêtés dans les deux camps, comme si chacun retenait son souffle avant une reprise. Puis, brusquement, les obus allemands tombent sur les trois postes M2, M3 et M4. Durant quelques minutes, mais qui paraissent interminables, les Français des avant-postes sont pris sous un bombardement intense qui écraserait les positions s'il était un peu plus précis. Tout aussi brutalement, le tir s'allonge. Vonse risque un œil.

— Merde, ils avancent !

Les patrouilleurs se sont relevés et ils reprennent leur mouvement, paraissant vouloir contourner M4.

D'autres silhouettes, françaises, qui se sont tapies dans l'herbe dès les premières rafales, voient les Allemands progresser ; ce sont les cinq hommes de la corvée de ravitaillement, qui redescendaient après avoir distribué à leurs camarades du point d'appui boules de pain et bouteillons remplis à ras bords de café bouillant. Au-dessus d'eux, le FM du soldat Arnouldt a repris ses tirs. Le sergent Flouret, sous-officier adjoint, qui se trouvait entre M3 et M4 est couché à côté de lui.

— Vas-y, tire dans le tas. Il faut les empêcher d'atteindre la route et d'allumer les copains du ravito qui doivent être presque au contact.

Vonse a expédié ses deux dernières grenades ; le caporal Reveigne tire une caisse vers lui.

— Sers-toi, il y a du rab !

Vonse ne se le fait pas répéter deux fois et reprend ses lancers. Il est 4 h 50. L'accrochage dure depuis près d'une demi-heure. En bas, on ne voit ni n'entend plus rien.

— Arrêtez le tir !

La corvée de ravitaillement a repris sa marche, évitant au maximum le choc des bouteillons vides contre les branches et les fourrés. Dans l'aube naissante, ils distinguent les premières maisons d'Apach.

Devant le PC du bataillon, installé dans une maison de Sierck, les hommes de la compagnie franche piétinent en attendant leur capitaine. Bayer est entré dans le bureau du capitaine Crochemore, qui discute animation au téléphone. Bayer attend, se massant avec application le nez. Avec sa canne, il dessine des arabesques sur le plancher mal équarri. La conversation se prolonge. Bayer regarde sa montre ; il est cinq heures. Le temps passe et le capitaine Bayer s'impatiente ; les deux sections qui attendent dehors avec le sous-lieutenant Delacourt devraient déjà être parties pour effectuer une reconnaissance sur Belmach. Dans une heure, le jour sera levé et la progression sera beaucoup plus risquée.

— Bon, je vais envoyer une patrouille, ça tombe bien, le capitaine Bayer vient d'arriver. Je vous tiens au courant.

Crochemore repose le combiné de campagne. Bayer le regarde, interrogateur.

— C'était Rolland ; il me signale que la corvée de ravitaillement d'Apach a été accrochée par une patrouille boche, près du transformateur. Ils viennent de rentrer. Ils ont pas mal tiré, d'ailleurs vous avez entendu comme moi l'artillerie d'en face. Puisque vous avez deux sections sous la main, prêtes à partir, pourriez-vous aller voir ?

Bayer réfléchit rapidement.

— Aucune idée de l'effectif ennemi ?

— Non, mais Rolland vous en dira plus à Apach. C'est le poste M4 qui devait trinquer. Mes gars ont parfaitement riposté d'après ce qui vient de m'être dit.

Il désigne d'un coup de menton le récepteur téléphonique.

— Bien, j'envoie la première section avec Delacourt, cela devrait suffire.

— Qu'il prenne aussitôt contact avec Rolland. Je le préviens.

Crochemore reprend le combiné, tourne la manivelle.

— Passez-moi le lieutenant Rolland, au sous-secteur d'Apach...

La section Delacourt marche d'un pas vif vers Apach, dont les premières maisons, celles qui sont occupées par le 73e RI, se détachent nettement dans le jour naissant. Les hommes respirent à grands coups de poumons l'air frais et vif de ce début de printemps. Un quart d'heure plus tard, les volontaires du groupe-franc stoppent devant le PC du lieutenant Rolland. Celui-ci est déjà sorti, tête nue, un papier à la main.

— Je rédige mon compte rendu, dit-il d'entrée à Delacourt, qu'il entraîne à l'intérieur de la pièce. Alors c'est toi qui y vas ?

— Oui, tout à l'heure nous devions aller reconnaître Belmach, et puis l'histoire de nos cuistots accrochés m'amène ici.

Delacourt a ôté son casque et boit à gorgées gourmandes le quart de café que lui a tendu son camarade.

— Tu vois, poursuit Rolland en saisissant un stylo-mine, nous sommes là... Les frisés ont déboulé ici vers 4 h 20, à cinquante mètres environ du poste M. Nos gars les ont vus, ont tiré au FM et les ont arrosés de grenades. La corvée de ravito redescendait à ce moment-là et est tombée sur les Allemands. Ils se sont planqués et ont évité les dégâts. Bombardement assez fort, rien chez nous, mais les fritz ont disparu. Peut-être ont-ils laissé des traces.

Delacourt regarde la carte, le croquis fait par Rolland, tout en grignotant un croûton de pain farineux.

— Bien vu. Je vais aller fouiller le terrain au-dessous du poste M là où on a vu la patrouille. Avant j'irai interroger les guetteurs.

Delacourt serre la main du commandant du sous-quartier, remet son casque. Il retrouve dehors son adjoint, l'adjudant-chef Leleu. Il lui explique rapidement la situation. Les hommes vérifient leurs armes, avalent un dernier café que leur ont donné leurs camarades.

— En file par un.

La section repart, direction le poste M. Au bout d'une demi-heure, ils grimpent à flanc de la petite colline au sommet de laquelle sont installés les postes M3, M4 et M. Le sergent Flouret attend. Delacourt vient vers lui.

— Bonjour Flouret, alors ?

Flouret raconte une nouvelle fois ce qu'il a vu, emmène le sous-lieutenant au poste M, afin qu'il se rende parfaitement compte du terrain. Vonse a été relevé, mais il vient répondre aux questions de l'officier.

— Oui, mon lieutenant, ils étaient six ou huit dans le verger situé entre le poste et le transformateur. Ils ont essayé de nous tourner après le bombardement. Mais on a riposté assez fort et ils sont partis. Je n'ai plus rien vu, et pourtant, j'ai regardé longtemps. En tout cas, ils doivent être loin maintenant.

Delacourt jette un dernier coup d'œil, appelle Leleu.

— Inutile d'aller avec toute la section. Nous prenons Calone, Legrand et Mayoult. A cinq, nous verrons bien.

Delacourt ouvre la marche, pistolet au poing ; derrière lui, en file indienne, Leleu, le sergent Calone, le soldat Mayoult et le caporal-chef Legrand, armés de pistolets mitrailleurs, descendent la pente semée de puissons menant au verger indiqué par Vonse. Ils dépassent une petite maison dont les volets et la porte pendent, sans doute soufflés par les grenades de la nuit. Quelques cailloux roulent sous les bottes.

— Faites attention ; on ne sait jamais, peut-être sont-ils encore dans le coin.

Delacourt avance toujours ; ils sont à l'entrée du verger. On voit nettement, l'herbe foulée. A ses pieds, le sous-lieutenant aperçoit une espèce de bâton court, cassé au milieu. Il se penche, ramasse l'objet ; c'est un manche de grenade allemande, ou du moins un morceau fraîchement éclaté. Pas de doute, les patrouilleurs ennemis étaient bien là.

— Regardez, mon lieutenant !

Leleu vient de faire un bond de côté, se mettant à l'abri derrière un tronc d'arbre pourri. Les quatre autres se sont accroupis, sur le qui-vive. Ils regardent dans la direction indiquée par l'adjudant-chef. Un homme est étendu dans la position du tireur couché, sa mitraillette braquée vers les guetteurs du poste M. Quelques secondes se passent, oppressantes. Delacourt se dit que cet Allemand est quand même bizarrement immobile et surtout, qu'il est bien étrange de le voir seul, presque au milieu du verger, alors que le ciel est maintenant tout à fait clair. D'un nouveau bond, Leleu s'est approché de l'homme, suivi à trois mètres par Delacourt.

— C'est un officier et il m'a tout l'air mort !

Delacourt approuve. L'homme porte en effet une vareuse à épaulettes grises et des bottes de cavalier. Sous le casque à couvre-nuque, les yeux sont à moitié clos et un peu de sang séché tache la joue droite. Delacourt se penche, retourne le cadavre. Le visage fin, apparaît en pleine lumière, des cheveux blonds s'échappent du casque à moitié tombé. Sur la vareuse, le ruban rouge blanc et noir de la Croix de Fer de 2e classe, bizarrement fixé, comme dans toute l'armée allemande, en travers de la boutonnière.

— Il a reçu un éclat de grenade ou d'obus.

— Si c'est un obus, ajoute Calone, ce sont ses copains qui l'ont tué.

Ils regardent en silence le cadavre. Delacourt ne peut s'empêcher d'être touché par cet autre sous-lieutenant, soldat comme lui. Ils ont sensiblement le même âge et ils font le même métier, officier de groupe-franc. Quelle connerie que la guerre.

Mayoult et Legrand prennent le corps par les jambes et les bras, il est étrangement léger, et le ramènent vers le poste. Leleu ramasse la mitraillette et trois grenades à manche éparses.

Delacourt accompagne le petit convoi, puis retourne avec

Calone nettoyer le verger. Il retrouve une autre grenade dégoupillée, prête à lancer, à portée de main du mort. Les deux hommes avancent, fouillant le terrain dans un rayon de cent mètres et ramassent d'autres grenades, une baïonnette, deux cisailles. Il s'agissait bien d'une patrouille décidée à pénétrer dans les lignes françaises.

— Je vais fouiller le mort.

Delacourt n'aime pas ce genre de besogne, mais il est nécessaire de la faire ; il remonte vers le poste. Le corps est déjà enroulé dans une couverture et posé sur un brancard, prêt à être transporté vers l'arrière. Le sous-lieutenant fouille les poches, en retire un livret individuel sur lequel il lit le nom du mort : Leutnant Franz Rittermann. Il dépose dans une enveloppe grise un porte-monnaie, une montre, puis retire encore un paquet de pansements, un autre de désinfectant, trois chargeurs de mitraillette. Delacourt se relève, appelle Leleu.

— Faites brancarder sous la protection d'un groupe de la section. Puis nous irons inspecter les maisons d'Apach en avant du PC et des postes N et O.

— Bien, mon lieutenant.

Le groupe s'éloigne. Delacourt le suit un moment du regard, puis entraînant ses hommes, part sur Apach.

Les maisons situées juste en avant du PC ont été désertées par leurs habitants, comme tout le reste du village et de la cité ouvrière, dite « cité d'Apach ». Mais tout s'est fait dans le calme. Les maisons sont encore meublées, les jardins, bien qu'abandonnés, sont largement remplis de légumes qu'utilisent sans vergogne les cuistots.

— Qu'est-ce que vous voulez, mon lieutenant, si on ne les prend pas, tout sera perdu, et vous pouvez être sûr que les propriétaires nous les auraient vendus s'ils avaient été là.

— Précisément, vous ne les achetez pas !

Les cuistots haussent les épaules d'un air fataliste et partent avec leurs oignons et leurs poireaux.

Les maisons du village sont visitées une à une. Les portes cèdent facilement, nombreuses même sont celles ouvertes. A l'intérieur, le calme règne. Malgré leur air indifférent, les hommes des groupes francs ont un peu l'impression de violer l'intimité des habitants, leurs secrets, leur vie. Mais il faut fouiller, les Allemands ne se gênant nullement, eux, pour pénétrer dans ces mêmes maisons, y chaparder tout ce qui leur plaît, et établir des observatoires, voire des postes de combat, à quelques mètres des lignes françaises. Le groupe, en progressant prudemment, arrive à hauteur de l'église. Une maison assez importante se dresse au coin de la place. Delacourt la considère un moment. Les fenêtres plongent en enfilade vers les collines du côté français. Le sous-lieutenant pense que s'il était officier allemand, il tâcherait d'installer à l'étage un emplacement de tir.

— On monte là haut.

Doigt sur la détente, deux des patrouilleurs montent avec Delacourt. Les marches de bois cirés craquent sous leur poids. Tout au long de l'étroite cage d'escalier, des gravures encadrées représentent « la mode féminine en 1912 ». Le papier à fleurs et la suspension en fer forgé entraînent très loin de la guerre et des avant-postes. Une porte palière ouvre sur une pièce que le soleil inonde. Les soldats entrent. Le lit qui occupait le centre de la chambre est repoussé au fond et, face à la fenêtre, est aménagé, avec quelques caisses en gros bois, un emplacement de tir au FM. Seule manque l'arme ; plusieurs étuis et une bande sont prêts à être utilisés. Le parquet est maculé de traces de bottes boueuses et le dessus-de-lit, tricoté au crochet, est déchiré en plusieurs endroits par les pieds des occupants occasionnels. Des mégots écrasés, un morceau du journal *Der völkische Beobachter* traînent dans un coin.

Calone embarque les étuis et la bande, les fourre dans sa musette et, après avoir pris un croquis rapide Delacourt donne le signal du repli. Dans les rues désertes, la patrouille regagne son point de départ. A cinq cents mètres, sur la route qui mène à Sierck, un petit groupe chemine vers le bourg ; au milieu, ballotté sur un brancard, un sous-lieutenant allemand, du même âge que Delacourt et Rolland, sourit, figé dans la mort.

⁂

Le même jour, à plusieurs centaines de kilomètres, à Rosyth, Grande-Bretagne, des troupes embarquent sur quatre croiseurs à destination de la Norvège, ou du moins de la mer de Norvège, dans laquelle ils ont pour mission de mouiller des mines. Depuis plusieurs semaines, Hitler est décidé à la conquête de la Norvège, nœud stratégique considérable pour l'Allemagne, puisque de Norvège et en particulier de Narvik part le minerai de fer extrait en Suède et destiné au Grand Reich. La date du débarquement a été fixée au 9 avril. La 3e division de montagne et 3 divisions d'infanterie formeront la première vague ; la 2e division de montagne et deux autres divisions d'infanterie la seconde. Hésitants, les Britanniques tergiversent ; l'Intelligence Service elle-même ne décèle pas les importants préparatifs entamés par Hitler. Et pourtant l'Angleterre est prête à intervenir. Une flotte de transports est rassemblée dans la Clyde. Une fois de plus, Hitler déclenche sa « Blitzkrieg ». Le 9 avril, à midi, tous les ports de Norvège sont entre les mains des Allemands. Les Norvégiens ont cependant réussi à couler le cuirassé *Breslau* et à endommager le croiseur léger *Königsberg*. Sur mer, la flotte britannique commence l'affrontement avec les navires allemands. La Norvège va coûter cher à la Kriegsmarine ; le 10 avril, elle a perdu 10 destroyers sur 22, sans compter la perte du *Blücher*, du *Karlsruhe* et du *Königsberg*. Le 15 avril, ses navires disponibles se réduisent à deux croiseurs légers et à quatre destroyers. Mais, quoique réduites, les forces allemandes ont pris pied en Norvège ; le colonel général Dietl et ses alpins tiennent Narvik. Les Britanniques conçoivent alors un plan grandiose de débarquement regroupant une véritable armada de navires de guerre et de transports soutenus par cent avions, un bataillon canadien et, peu après, une brigade française. L'assaut devra être porté le 22 avril.

⁂

Le 19 avril, le capitaine Bayer et son adjoint le sous-lieutenant Vilcoq quittent le poste O avec une patrouille pour visiter et fouiller le café International. L'ordre d'opération prévoit le retour par la cité d'Apach, où les postes d'observation signalent sans cesse des travailleurs ennemis.

Bayer connaît la route par cœur. Au cours des derniers jours, il est sorti quotidiennement avec une ou deux sections pour reconnaître tant la cité d'Apach que le village voisin d'Hoover ou les pentes sud de l'Hammelsberg. Il a pu constater que les Allemands n'occupent pas, même sporadiquement, les villages. Les maisons n'ont pas été souvent visitées ; les jardins sont pleins de légumes et dans certains magasins, comme « Aux Eco », à Hoover, on trouve encore des denrées alimentaires et des articles d'usage courant. Par contre de nombreuses traces de pas, des passages aménagés prouvent que les patrouilles ennemies font de fréquentes incursions, bien que l'ancienneté des traces fasse penser que ces incursions remontent à plusieurs jours.

Mais le groupe-franc n'a remarqué aucuns travaux d'aménagement, même temporaires. Et pourtant, Bayer s'attendait à trouver du matériel. A plusieurs reprises, les guetteurs avaient entendu des bruits métalliques faisant penser à des tôles. Il s'était aperçu, après une visite méticuleuse, que ces bruits étaient produits par les portes de bacs à ordures en ciment, dont chaque maison était dotée, et qui battaient avec le vent. Bayer ne peut s'empêcher de sourire en pensant à la surprise furieuse de ses hommes lorsqu'ils avaient découvert, avant-hier, au rez-de-chaussée de l'école d'Hoover, un tableau noir couvert d'inscriptions à la craie. « Vive Hitler et Goering », avait écrit en français un Teuton linguiste, cependant qu'à côté, un autre Teuton avait écrit dans sa langue maternelle *die Frantzmänner sind dämlich* (les Français sont stupides) !

Vilcoq, qui marche en tête, oblique dans le chemin encaissé

qui longe, sur la droite, la route principale menant à Apach et aboutissant à la cité. Bayer voit son adjoint s'accroupir deux secondes.

— Le fil témoin que nous avions posé la dernière fois est intact, mon capitaine, les frisés ne sont pas venus !

— Parfait, on continue vers les carrières.

Les carrières d'Apach précèdent la cité, à quelques centaines de mètres du café International, tout près de la colline de l'Hammelsberg, qui domine la Moselle. Bayer regarde sa montre ; il est presque 8 h 20 ; ils ont quitté le sous-quartier à 7 h 45. Les hommes marchent bien, avec une habitude du secteur qui préoccupe parfois Bayer, qui ne redoute rien tant que les habitudes.

La patrouille pénètre dans la carrière. Les pieds font rouler quelques pierres. On ne peut s'empêcher d'éprouver un sentiment d'oppression, au milieu du matériel abandonné, et qui a déjà beaucoup rouillé durant les intempéries d'automne et d'hiver. La roche est à nu ; des tas de gravats et de pierres non taillées encombrent les chemins et les rails sur lesquels les wagonnets sont immobilisés depuis plusieurs mois. Les volontaires du groupe-franc prennent position tout autour de la carrière. Bayer et Vilcoq sortent leurs jumelles, examinant dans leurs oculaires les pentes de l'Hammelsberg qui se détachent en vert tendre sur le brun de la carrière. Rien, silence total, simplement meublé par le gazouillis des oiseaux que le soleil naissant met en verve.

— Mon cher Vilcoq, les Boches ont l'air d'être calmes.

— C'est à se demander s'ils sont là, répond le sous-lieutenant avec un petit rire qui découvre ses dents très blanches.

— Ne vous inquiétez pas pour cela, rétorque Bayer, qui, appuyé sur sa canne, vient de laisser retomber ses jumelles qui se balancent sur son baudrier. Si cela se trouve, ils nous observent aussi tranquillement que nous le faisons.

— Dans ce cas-là, garons-nous au plus vite !

Vilcoq continue à rire. Il n'arrive pas, ce matin, à se faire à l'idée de la guerre. Et pourtant, si on ne se bat pas vraiment sur le front occidental, les journaux leur apprennent quotidiennement les événements de la mer du Nord. Bayer pense de son côté à ses camarades chasseurs, partis avec le colonel Béthouart et qui doivent être en route pour le front nordique. Les deux officiers se sont tus. Chacun perdu dans ses pensées. Vilcoq songe au repas de « gala » que le groupe-franc s'est offert la semaine passée. Un temps splendide, une véritable vision de carte postale : ciel bleu tendre, herbe verte piquée des premières pâquerettes, arbres en fleurs, maisons à colombage au toit posé de guingois. Les hommes avaient sorti plusieurs longues tables d'une ferme voisine, abandonnée comme toutes les autres habitations. Au milieu d'une place, ils les avaient disposées en fer à cheval, recouvertes de nappes blanches tirées des armoires. Des mêmes armoires venaient assiettes et couverts.

— Marquez bien tout ça, il faudra remettre en place après usage, avaient précisé les sous-officiers, qu'on utilise d'accord, mais les propriétaires doivent tout retrouver !

Avec des soins de ménagères, les soldats, en manches de chemise, avaient préparé et ordonnancé le festin. De la ville voisine, les officiers avaient rapporté des conserves, deux gigots, des légumes frais, du fromage et surtout plusieurs caisses de vin d'Alsace. D'une maison, un caporal débrouillard avait extrait quelques vieux bocaux de cerises à l'eau-de-vie.

Durant plusieurs heures, dans une atmosphère de vacances, le groupe-franc avait festoyé. La table était présidée par le colonel et quelques officiers du secteur, invités cérémonieusement.

A tour de rôle, les sentinelles laissées — quand même — aux lisières du village, étaient venues se restaurer. Et puis, à la fin du repas, les chansons avaient fusé, accompagnées par l'accordéon de celui que ses camarades connaissaient plutôt comme un remarquable lanceur de grenades, un grand diable noir qui tirait de son piano à bretelles des accords à faire renifler les plus durs. Vilcoq souriait en évoquant mentalement cette atmosphère de camaraderie du front, à peine tempérée par les regards plus mélancoliques de ceux qui pensaient à leur femme, à leurs enfants, à leurs parents.

Bayer sort le premier de ses pensées, comme honteux d'avoir manqué d'attention, ne serait-ce que cinq minutes. A côté de lui, le sergent-chef Sauvage, sourcils froncés, achève d'avaler une partie de son bidon de café noir. Bayer s'ébroue.

— Allez, direction le café. Vilcoq, vous resterez en couverture avec le gros de la section. Mois, je fouillerai l'établissement avec cinq hommes.

Le bâtiment du café se détache, isolé, sur la route gris-blanc. La terrasse qui l'entoure est un peu écornée par un tir d'obus qui a détruit un appentis voisin. Pistolet mitrailleur braqué, les hommes du groupe-franc encerclent le café, puis Bayer, suivi par Sauvage, pousse d'une canne circonspecte la porte d'entrée. La salle du bas est vide ; les pas résonnent sur le carreau brisé. Le vent fait battre sans cesse les volets, donnant une touche sinistre qui rappelle les films d'épouvante à base de portes grinçantes et de parquets bruyants. Seul le soleil, radieux, atténue cette atmosphère oppressante. Le premier étage est tout aussi neutre.

— Allons visiter la cave. Attention aux pièges éventuels.

L'escalier est dissimulé derrière une porte pleine, sur le battant de laquelle pend une vieille réclame « Suze ». La torche électrique de Sauvage éclaire d'une lumière jaunâtre les marches de ciment encombrées de vieux papiers sales. Sur le sol de terre battue, deux chaises sont placées l'une à côté de l'autre, sous une lucarne qui forme un rectangle lumineux sur le noir des murs plongés dans l'ombre. Bayer se hisse sur une chaise, parvient à hauteur de la lucarne. Il siffle d'admiration.

— Fichu poste d'observation !

Devant lui, grâce à l'étendue vide et légèrement surélevée par rapport au terrain, il découvre, en plongée, les voies ferrées, les hangars d'Apach, la route et le bois des Acacias, et bien entendu deux postes d'observation, le poste P, côté Moselle et le poste des Acacias. La vue est splendide. Elle est surtout terriblement indiscrète.

— Dites, mon capitaine, cet observatoire n'existait pas voici trois jours ?

— Exact mon vieux, cela prouve que les frisés sont venus très récemment.

— Encore plus récemment que vous le pensez, sauf votre respect, mon capitaine !

La voix de Billaud vient de l'escalier de la cave, qu'il dévale deux marches par deux marches. Billaud brandit dans sa main droite un paquet de papiers. Sauvage braque sa lampe ; les trois hommes découvrent un paquet de tracts rédigés en français.

— Où as-tu déniché ça ?

— Sous la terrasse, mon capitaine ; et puis j'ai trouvé aussi cette enveloppe.

Billaud tend une enveloppe brune sur laquelle on lit l'inscription anglaise *Private* *. Bayer la prend, heurte le PM de Sauvage et laisse échapper son contenu ; une trentaine de tracts, rédigés en anglais cette fois-ci, se répandent sur le sol, près d'un tas de bouteilles vides.

— Les Boches ont dû déposer cela au cours d'une de leurs incursions nocturnes.

Sauvage et Billaud ramassent les tracts, pendant que Bayer, après avoir lu la prose propagandiste où il est question de soldats trompés par leurs chefs et leur gouvernement, et qui sont donc invités à fraterniser au plus vite avec leurs camarades allemands pour faire la Grande Europe, en plie deux dans son porte-cartes.

— Inutile de rester ici plus longtemps. Surtout ne touchez à rien, et filons vers la cité d'Apach.

Le capitaine, Sauvage et Billaud réapparaissent sur le perron du café. Le reste de la section est disposée en couverture, armes prêtes à intervenir. Vilcoq s'approche, interrogateur. Bayer fait signe au groupe de reprendre sa marche.

— Cinq mètres entre chacun, en file de chaque côté de la route.

---

* Private : simple soldat en anglais.

— Alors mon capitaine ?

— Eh bien, je suis de plus en plus persuadé que ce bistrot est plus que dangereux pour nous. Je vais demander dans mon rapport qu'on le fasse disparaître. Avec l'observatoire qu'ils ont aménagé là-dedans, ils peuvent renseigner leur artillerie avec suffisamment de précision pour pilonner nos postes avec le maximum de chances. En tout cas, à partir de demain, je veux que chaque jour, dès l'aube une dizaine d'hommes se mettent en embuscade dans la cave du café, afin de tenter de faire prisonnier l'observateur ennemi lorsqu'il viendra. Ils resteront en place jusqu'à 17 heures. J'espère qu'on finira par aboutir à une prise !

Bayer garde maintenant le silence, imité par Vilcoq. La section arrive à la cité d'Apach, laissant sur sa droite jardins, champs et vignes à l'abandon. Les maisons ouvrières sont devant eux, alignées symétriquement le long des rues droites. Le groupe tourne dans la rue Bellevue, embrassant d'un seul regard les cinq maisons construites sur le côté gauche de la chaussée. Les trois premières ont un toit pointu, alors que les secondes, à la façade plus longue, présentent un toit plat. Bayer a déjà repéré la troisième maison, celle qui porte le n° 38. Une patrouille menée par lui-même avec Delacourt et Bastien, le 12 avril, avait noté le passage aménagé pour passer par une fenêtre et des traces de pas dans l'escalier. Deux des chambres, donnant sur Apach, pouvaient servir d'observatoire temporaire. Bayer veut revoir les lieux.

La porte est toujours verrouillée, mais l'échelle déjà utilisée la fois précédente pour pénétrer à l'intérieur est encore couchée contre le mur. Le capitaine et Sauvage entreprennent l'ascension. Rien n'a changé. L'ennemi n'est pas venu depuis. Les hommes repartent, tournant à gauche pour patrouiller dans la seconde rue. Les petites portes ouvertes dans les haies de verdures bordant les jardins des maisons sont toutes béantes. Quelques maisons sont visitées. Sans résultat. Bayer ne veut pas aller plus loin. C'est-à-dire vers le troisième rang de maisons immédiatement tournées face aux lignes allemandes. La section revient sur ses pas, et emprunte un chemin creux qui sert visiblement de dégagement aux patrouilles des deux camps, vu le nombre impressionnant de traces laissées dans la terre meuble. Au bout du chemin, à main gauche, faisant l'angle avec la route d'Hoover, l'école d'Apach. Nouvel arrêt. Laissant huit hommes dehors, Bayer et Vilcoq pénètrent dans le bâtiment. Les salles sont dans le même état qu'auparavant. Il y flotte l'odeur si caractéristique des écoles de village : un mélange subtil de craie, de papier et d'enfants, qui semble avoir imprégné murs, bancs et tables à pupitre rabattable, formant casier. Sur le tableau noir, les inscriptions allemandes ont disparu, effacées par le chiffon rageur d'un des soldats du groupe-franc. Sauvage, avec un fin sourire, monte sur l'estrade, tel un élève appelé par le maître. Sous l'œil amusé des deux officiers, il attrape une craie, et d'une main ferme, il trace quelques mots :

« Navires allemands coulés par les Anglais dans la mer de Norvège : Blücher, Karlsruhe, Königsberg ! ! »

Sauvage repose la craie, se frotte les mains d'un air satisfait. Tous trois rient de bon cœur, puis ressortent après un dernier coup d'œil au tableau noir. Par les fenêtres, leurs camarades ont suivi la scène et lorsque Sauvage ressort, il est accueilli par un concert de cris joyeux.

La section revient vers Apach, visitant au passage les maisons qui se trouvent le long de la route. Dans l'une d'elles, Vilcoq trouve un appareil téléphonique de campagne allemand en excellent état.

— Il n'est pas branché, mon capitaine, mais cela prouve vraiment qu'un clou chasse l'autre et que nous nous succédons d'une nuit sur l'autre.

⁂

Les murs du château de Milchen disparaissent peu à peu derrière les frondaisons. Les hommes ne les distinguaient d'ailleurs qu'à peine, dans l'obscurité claire mais réelle de ce début de nuit ; il est 21 h 45. La visibilité est cependant suffisamment grande pour que le sous-lieutenant Bastien ait commandé une distance de dix mètres entre chaque homme qui porte d'ailleurs, afin de se repérer plus facilement, un brassard blanc. L'officier se remémore la mission de sa section ; se porter au bois des Acacias, et une fois traversé celui-ci, se rendre aux emplacements de recueil dont il a la responsabilité, tout autour du café international. Le capitaine Bayer a été net, lors de la réunion d'officiers, juste après le dîner :

— Nous devons reconnaître le terrain entre l'Amstgericht et la cote 353,5, non loin du café International. Des travaux récents ont été observés dans ce secteur sur d'anciennes organisations françaises. L'ennemi semble s'installer de façon solide et tourner ses créneaux vers Apach et le café. Soyez prudents ; il peut y avoir de la casse !

Par groupes successifs, Bastien fait passer sa section à travers le bois des Acacias, en avant du poste. Une demi-heure plus tard, ses hommes sont installés et camouflés à leur emplacement de combat individuel. L'air embaume ; le mois de mai est tout proche. Au cours des patrouilles de jour, les fantassins foulent l'herbe d'un vert tendre, semée déjà d'innombrables fleurs des champs, en particulier de primevères jaunes, blanches et bleues. Pour la plupart cultivateurs, les hommes du groupe-franc du 73ᵉ RI sentent, tels des dieux anciens, la sève de la nature se communiquer à leur corps, à leur esprit. Lorsque, le soir, l'accordéoniste du groupe prend son instrument pour régaler ses camarades d'une aubade, les mines sont plus réjouies qu'au cours de la longue période d'automne et d'hiver dont tous ressentent encore la froidure glacée au plus profond de leurs os.

Un mouvement se fait légèrement en arrière des hommes tapis dans les herbes ; la section Vilcoq, chargée de la reconnaissance et qui doit donc progresser vers l'avant, rejoint Bastien. Dans la nuit, Vilcoq presse le bras de son camarade.

— Tout va bien ?

— Sans problème... écoutons un peu et tu pourras y aller.

Durant un quart d'heure, les 30 hommes tendent l'oreille. On ne perçoit aucun bruit, aucun frottement, si ce n'est le souffle léger du vent qui agite doucement les branches encore légères de feuilles.

— J'y vais.

Vilcoq a consulté le cadran lumineux de son chronomètre. A demi relevé dans la prairie, il pousse un par un, ses hommes vers l'avant, puis, après un dernier geste vers Bastien, il repart d'un pas rapide et rejoint la tête de sa section. Nouvelle écoute, après avoir dépassé le café International.

— Vous n'entendez pas, mon lieutenant... ?

Si, Vilcoq entend les bruits d'outils qui dénoncent vraisemblablement la pose de réseaux. Du doigt, le sergent Boutleux montre les lueurs rouges, diffuses mais bien visibles, qui éclairent le ciel du côté de Belmach ; on dirait un feu d'artifice.

Le sous-lieutenant se souvient de l'ordre du capitaine Bayer ; rester prudent. La visibilité est trop grande pour se risquer sur la route de l'Amtsgericht, comme le prévoit l'ordre d'opération. Il fouille de ses jumelles le paysage sombre qui s'étend légèrement à gauche de la route. Son observation terminée, il chuchote à Boutleux :

— Nous allons entrer dans ce verger... Faites passer les hommes un par un ; je passe le premier.

Boutleux approuve silencieusement. Bastien est déjà parti, fauchant l'herbe de ses grandes jambes enroulées dans les molletières auxquelles il reste fidèle.

Ombres noires prolongées par le canon du mousqueton ou du pistolet mitrailleur, les voltigeurs rejoignent leur chef un par un. Ils se répartissent en deux groupes ; le premier sur la gauche du verger, en surveillance vers le nord, et le second sur le côté de la route.

Les bruits de travaux ont progressivement cessé. Bastien brûle de bouger. Prudence, prudence, certes, mais il serait quand même intéressant de voir plus loin que les pommiers du verger. N'y tenant plus, il fait signe à Boutleux de le suivre avec son groupe.

Les dix hommes, par bonds et en rampant, longent la route qui borde le verger.

— Restez là, Boutleux, je continue seul avec mes quatre éclaireurs.

Le nez dans l'herbe, Vilcoq retient son souffle. Il croit entendre quelques petits chocs, inidentifiables, dans les vignes séparant le verger de l'Amstgericht. Le sous-lieutenant lève la tête vers le ciel rempli d'étoiles. Qu'il fait beau ; et dire que tout à l'heure, dans une minute, une seconde peut-être, des hommes vont se tuer. Il est minuit juste. Vilcoq se relève pour progresser d'un nouveau bond.

— *Halt !*

Le commandement allemand a jailli, à quarante mètres environ du chef de section qui se laisse retomber dans l'herbe, cependant que la mitraillette de son éclaireur de gauche ouvre le feu sur plusieurs silhouettes qui se détachent assez nettement dans les vignes. En quelques secondes règne un feu d'enfer, les Allemands répliquant par toute la puissance de leurs propres mitraillettes. Vilcoq réalise qu'il est vraisemblablement, comme un bleu, pense-t-il rageusement, tombé dans une embuscade.

— Repliez-vous derrière le groupe Boutleux...

Le sergent a déjà compris et joue son rôle de protection. Il tire de toutes ses armes, pendant que ses camarades, par bonds rapides, regagnent leurs positions de départ. En face, un hurlement d'animal blessé répond à une rafale venue des Français.

« Tiens, ils avaient des chiens, songe Bastien, c'est sans doute pourquoi ils nous ont éventés ! »

Boutleux continue à tirer. Devant lui, une ombre noire se replie en courant. Il reconnaît la silhouette trapue de Billaud, qui arrive un des derniers.

Boutleux met sa main en porte-voix :

— Grouille-toi !

Billaud n'a sans doute pas entendu dans le fracas du combat. Boutleux le voit se retourner, pistolet mitrailleur braqué, prêt à lâcher une dernière rafale. Mais sa silhouette se fige, et tombe lourdement en arrière. Ruckbusch, qui tirait à côté de Boutleux, se précipite vers son camarade. Il ne distingue pas son visage, dans l'obscurité, mais entend le souffle rauque et oppressé.

— Laisse-moi... foutu... tout pris dans le ventre.

Ruckbusch ne veut rien entendre. Il a pris la mitraillette de son copain puis il entreprend de traîner le blessé par les épaules jusqu'à un buisson voisin. Les Allemands semblent concentrer leur tir sur les deux hommes. Derrière Ruckbusch, le F.M. du groupe Boutleux tire rafale sur rafale pour les couvrir. Les larmes aux yeux, Ruckbusch se replie, rejoint le groupe, laissant le cadavre de son camarade, les yeux grands ouverts vers le ciel.

A son tour, le groupe Boutleux décroche, protégé par les deux autres du FM de la section, qui se mettent à tirer chargeur sur chargeur. Vilcoq rassemble son monde et ordonne une retraite aussi rapide que possible vers le café International. Tirant en se repliant, la section atteint l'établissement et se rassemble sous la terrasse. Boutleux s'enroule la tête dans une bande retenant son pansement individuel ; une balle lui a déchiré le cuir chevelu. A côté de lui, Hanquez, un soldat de la 5e compagnie, presse sa joue transpercée...

— Quand tu siffleras, cela te fera deux trous !

— C'est drôle, grimace le blessé, qui écoute avec un air soucieux les cris gutturaux des Allemands paraissant se rapprocher.

Le groupe ayant attaqué Vilcoq, composé d'une vingtaine d'hommes, progresse à travers le verger en tirant devant lui. Mais un second groupe, d'un effectif à peu près égal, tente par les autres vergers et le cimetière un débordement vers l'est.

Vilcoq est inquiet, pris dans cette tenaille. Va-t-il pouvoir se replier jusqu'à Apach ? De toute façon, il faut décrocher.

Un par un les quinze hommes quittent l'abri de la terrasse. A cent mètres à peine, ils entendent les commandements des gradés allemands. Par miracle, ils passent tous. Aussitôt, la section de recueil de Bastien, placée près du café International, ouvre le feu au FM. Les Allemands se bloquent sur place et ripostent au lance-grenades.

— Impressionnant, mais heureusement, ils visent mal, commente philosophiquement Bastien.

Au même moment, le halètement d'une mitrailleuse Maxim se fait entendre. Placée à Maimühle, l'arme automatique prend en enfilade la route Maimühle - café International. Les rafales se dirigent vers le poste de douane d'Apach.

— Il ne faut pas rester là, souffle Vilcoq très calme. Je décroche avec mes blessés vers les Acacias. Tu me suis à cinq minutes.

— A tout à l'heure.

Les derniers hommes de la section Vilcoq disparaissent derrière une haie. Bastien avale une gorgée d'eau tiède de son bidon. En face, les Allemands se sont tus. Bastien décroche à son tour. Il est trois heures du matin.

Dans le verger, deux fantassins vert-de-gris emportent le cadavre du soldat Billaud, de la 6e compagnie.

CHAPITRE VIII

SECTEUR FORTIFIE DE FAULQUEMONT

Le secteur fortifié de Faulquemont s'appuie sur cinq ouvrages de la ligne Maginot : Kerfent, Bambesch, Einseling, Laudrefang et Teting. En tout quinze blocs et un ouvrage monolithique, celui de Einseling, plusieurs tourelles de mitrailleuses et canons de 47 antichars. A une quinzaine de kilomètres au nord de la ligne, sur la frontière allemande, à la lisière sud de la forêt de la Warndt, à l'extrémité de la coulée Ludweiler-Lauterbach, se trouve la bourgade de Carling, où a pris position le groupe-franc du secteur, commandé par le capitaine Vernhes. Il comprend deux sections : l'une aux ordres du lieutenant Buchoud, l'autre à ceux du lieutenant Grimald. Elles sont toutes deux en ligne depuis novembre 1939, date de la formation du GF, et n'ont eu en six mois que deux permissions normales de dix jours prises à tour de rôle par section entière. A ces deux sections sont venues s'en ajouter six autres, appartenant aux 146ᵉ RI (lieutenant Varachaud), 156ᵉ RI (sergent-chef Kirsch remplaçant le lieutenant Thérin, blessé), 9ᵉ BCA (lieutenant Godichat) et trois sections du 44ᵉ RI.

Les groupes-francs cantonnent à Carling même, en lisière de forêt, à la conjonction des bois de Saint-Avold, de Carling et de la Warndt qui s'étend immédiatement au nord. Avec ses petits pavés, ses rues abandonnées bordées de maisons aux volets clos ou battants, Carling ressemble à toutes ces bourgades frontières du no man's land évacuées par leurs habitants. Les Français y sont comme chez eux et ont multiplié, depuis novembre, patrouilles et progressions. Les soldats passent quotidiennement la barrière mobile, à trente mètres du poteau à panneau triangulaire indiquant *Zollschranke 30 mtr* (Douane, 30 mètres) ; ils ne voient même plus, après les photos d'usage, le poste de douane allemand, le *Zollamt,* bâtiment blanc d'un étage, dont tous les carreaux du rez-de-chaussée sont sans exception brisés.

Le quartier de Carling est en fait le siège d'un détachement avancé français, qui, sous l'autorité du secteur fortifié de Faulquemont, constitue l'unité tactique la plus à gauche non seulement du 9e corps d'armée mais aussi de la IVe armée. Outre les groupes-francs, on y trouve le premier bataillon du 44e régiment d'infanterie, flanqué à gauche par les cavaliers du 11e GRCA (groupe de reconnaissance de corps d'armée) et à droite par le 109e RI. Le quartier est commandé par le colonel Roger Malcor, fils du général qui, en 1917, fut le chef de l'artillerie de la IVe armée, militaire de tradition (cinquante officiers de carrière en un siècle et demi) !

Durant tout l'hiver les groupes-francs n'ont cessé de sortir dans la Warndt en poussant même assez loin en secteur ennemi. Ils vont bien au-delà de la ligne des AP et de celle de résistance, situées respectivement sur la route Carling-Creutzwald et sur la voie ferrée reliant ces deux agglomérations, distantes de cinq kilomètres environ.

Ces incursions constantes ont permis aux Français de prendre un net ascendant sur l'adversaire et de se sentir à tel point en sécurité qu'ils y font presque de l'instruction. Les hommes des groupes-francs connaissent tous les chemins, tous les sentiers, tous les endroits dangereux. Les positions changent fréquemment et, à chaque déplacement, même minime, il faut entreprendre de nouveaux travaux pour permettre aux avant-postes d'être rapidement et totalement opérationnels.

Depuis quelques jours, les travaux ont repris activement. Il s'agit en effet, de fortifier dans les plus brefs délais la nouvelle ligne de position, difficile à tenir ; elle est placée de telle façon que si les Allemands venaient à la prendre, ils domineraient les agglomérations de Carling et de L'Hôpital, où sont cantonnés les Français ; la lisière sud de la Warndt court à cet endroit sur un mouvement de terre en hauteur.

— Mon cher Buchoud, avait précisé Malcor au lieutenant qui, pendant la permission de 13 jours du capitaine Vernhes, commandait provisoirement l'ensemble des sections franches, notre ligne d'AP est déjà très solide, huit points d'appui de section quasi imprenables. Mais il faut poursuivre les travaux et notamment accroître les défenses accessoires. Déboisons au maximum, d'autant plus que, pour l'instant, l'ennemi nous laisse tranquilles.

— C'est d'autant plus étonnant, mon colonel, que nous sommes dans les bois et qu'ils pourraient s'approcher facilement !

— Cela prouve, avait répliqué en souriant Malcor, au-dessus de sa moustache fournie qui lui donne un faux air de Lyautey, que vos groupes-francs assurent une protection efficace. Mais — il était redevenu sérieux — dépêchez-vous ; tout fait craindre une attaque de printemps. Et nous risquons d'être aux premières loges, puisque nous sommes devant la ligne Maginot !

Le colonel Malcor n'était pas a priori dans les secrets du haut commandement, encore moins dans ceux de l'OKW *. Pourtant, il ne se trompait guère. Ce 27 avril, à Berlin, Hitler, pour la première fois depuis janvier et l'atterrissage forcé de Mechelen-sur-Meuse, reparle du « Plan Jaune » à Keitel et Jodl. Le « Plan Jaune », en d'autres termes l'invasion de la France. Une directive, signée le 24 février, et qui ne sera pratiquement plus modifiée, en prévoit tous les détails. Le Führer a l'esprit d'autant plus libre qu'en Norvège, où les quelques milliers d'hommes de la Wehrmacht risquent de se trouver dans une position dramatique devant le double débarquement britannique à Namsos et Andalsnes, avec pour objectif Trondheim, nœud de communications, et Narvik, la situation évolue en faveur des Allemands.

Au lieu de l'attaque frontale, qui seule avait de réelles chances d'aboutir, les Anglais, hésitants, décident de prendre Trondheim par la terre, en joignant les deux branches de la pince que formeront leurs troupes après le débarquement. Mais les longs mouvements terrestres, par des routes étroites et enneigées, gênent considérablement les assaillants (parmi lesquels une division légère française), qui sont par ailleurs remarquablement mal organisés : la DCA, pour ne parler que d'elle, ne se trouve que dans le deuxième échelon. Les Allemands et leur Luftwaffe reprennent le dessus et rejettent les Anglo-Français à la mer. Le 30 avril, les troupes allemandes du Gudbrandsdal et celles de Trondheim feront leur jonction et, le 2 mai, il n'y aura plus un seul allié sur le sol norvégien ; échec total qui se solde en outre par des pertes considérables en matériel et en navires. Les Anglais ne renoncent pas, mais, pour l'instant, la partie est remise.

Hitler prépare donc soigneusement son plan d'invasion de la France. Un groupe d'armées, 19 divisions aux ordres du général von Leeb, gardera le front passif entre la Suisse et le Luxembourg, c'est-à-dire à l'endroit précis où attendent les troupes enterrées dans la ligne Maginot. Deux autres groupes d'armées, le groupe B, général von Bock, et le groupe A, général von Rundstedt, se partageront le rôle actif.

Bock attaquera en Hollande et en Belgique avec 29 divisions et, nouveauté militaire, les troupes parachutistes du général Student. A ce rôle d'enclume correspondra l'action de marteau des 45 divisions, dont 7 blindées, du général von Rundstedt.

La mission de ce dernier est simple ; forcer le plus rapidement

---

* OKW : Ober Kommando der Wehrmacht : Etat-major de l'armée.

possible le passage de la Meuse entre Dinant et Sedan puis foncer avec le maximum de ses moyens et de sa vitesse vers l'embouchure de la Somme afin de prendre à revers la zone fortifiée du nord de la France. Le Panzerkeit (coin blindé), fer de lance de cette armée, doit fondre sur Sedan, commandé par le Generaloberst von Kleist avec, comme subordonnés, Guderian et Reinhardt. Ce ne sont pas des amateurs. Plan grandiose dans sa simplicité et sa hardiesse.

Le haut commandement français ne croit pas à une attaque de ce genre, et surtout pas avec ces objectifs. Pour lui, et spécialement pour les généraux Gamelin et Georges, deux batailles distinctes auront lieu, l'une en Belgique, dans les plaines, l'autre sur la ligne Maginot. Toutes les intelligences sont obnubilées par cette fameuse ligne, qui concentre les meilleures troupes françaises. Si les routes sont coupées, les Ardennes ne peuvent être traversées par aucune armée, encore moins par des blindés ! Et pourtant, quelques mois avant la guerre, Gamelin et Georges ont dirigé eux-mêmes des « Kriegspiel » établissant le contraire.

Pour Hitler, en cette extrême fin du mois d'avril, le jour J doit se situer entre le 1er et le 7 mai.

⁂

Buchoud regagne son PC après avoir quitté le colonel Malcor. Petit, vif, physionomie ouverte et toujours avenante, ce Vosgien né à Epinal a également, par sa mère, du sang béarnais dans les veines. L'armée a toujours été son univers. Fils d'officier, c'est tout naturellement qu'il s'est orienté vers l'école de Saint-Cyr à la sortie de laquelle il est arrivé au 35e d'infanterie de forteresse avant de passer au 146e d'infanterie avec lequel il était lorsque la guerre avait éclaté. Tout de suite volontaire pour le groupe franc Buchoud a pris le commandement de l'une des deux sections, l'autre étant aux ordres de son camarade Grimald. Secteur difficile, où les Allemands sont actifs. Les patrouilles quotidiennes ont donné lieu à de fréquents contacts avec l'ennemi. Voici dix jours, le 19 avril, une patrouille française importante a poussé sous bois, à huit kilomètres des lignes, bien au-delà de la limite atteinte par les troupes françaises au moment de la première avance dans la Warndt. La patrouille est tombée sur des défenses accessoires des Allemands et a perdu un officier et deux hommes, déchiquetés par une mine. L'action a fait l'objet du communiqué quotidien, ce qui a eu aussi pour conséquence le contrôle moral de tout ce secteur du front.

Tout en marchant, les mains dans les poches, car l'air est vif, Buchoud songe à ce que vient de lui dire Malcor. Une attaque de printemps. Pourquoi pas ? En tout cas, il faut accélérer les travaux. Tout au bout au tournant de la rue, un groupe de soldats discutent, appuyés contre une barrière. Il fait déjà très clair malgré l'heure — pas tout à fait 6 heures — et Buchoud s'aperçoit avec satisfaction que les hommes sont déjà équipés ; capote, mitraillettes, un FM, et bien entendu des grenades. A sa vue, l'un des hommes, un gradé, se détache. C'est le sergent Lefebvre, du deuxième bataillon du 146, volontaire au groupe-franc. Il salue à trois pas :

— Le groupe est prêt à partir, à vos ordres, mon lieutenant.

Buchoud rend le salut, inspecte rapidement les tenues, l'armement, sourit enfin.

— Mission de protection, Lefebvre. Un groupe de travailleurs va poursuivre les travaux de défense. Vous vous mettez en place à l'intérieur du bois de Carling, mais ne pénétrez pas au-delà de cinquante mètres.

— Si les Boches se montrent ?

— Vous les laissez approcher et vous tâchez de leur causer des pertes, mais attention, inutile de prendre de trop grands risques compte tenu des travailleurs qui seront derrière vous. Si les Allemands sont supérieurs en nombre, vous vous retirez en douceur, et vous prévenez les travailleurs au passage. Ne poursuivez pas et ne cherchez pas l'accrochage. Bien compris ?

— Vu, mon lieutenant.

Le groupe s'éloigne à travers la rue, dont le tiers des maisons, au moins, ouvre vers le ciel ses toits effondrés. Des gravats, regroupés en tas, encombrent les trottoirs. Au-delà, les champs plats, à peine vallonnés, séparés par quelques boqueteaux rabougris, autorisent une vue de plusieurs kilomètres. A droite, à quelques centaines de mètres, la lisière de la Warndt, et immédiatement derrière le bourg, tout proche, le bois de Carling.

Buchoud entend derrière lui un cliquetis d'outils ; une cinquantaine d'hommes, pioche et pelle à l'épaule, partent pour le chantier de fortifications qu'ils ont laissé hier. Ils seront en place dans un quart d'heure. D'ici là, le groupe franc aura eu le temps d'occuper ses positions dans le bois de Carling.

Buchoud tourne les talons et se dirige vers la maison en meulière, qui se donne un air d'élégance avec son perron de trois marches et sa porte à moulures, dans laquelle les officiers du groupe-franc ont élu domicile. Il y retrouve Grimald, qui lui fait signe de la main tout en avalant son premier café de la journée.

Le groupe Lefebvre, arme sous le bras, dépasse le cantonnement provisoire installé au milieu des arbres, une espèce de tonnelle en plaques métalliques courbes, autour de laquelle caisses et paniers font bon ménage, dominés par une immense lessiveuse appuyée contre les barbelés. Les oiseaux se réveillent et leur vol remue les jeunes feuilles, bien timides, de ce printemps tout neuf.

Encore trois cents mètres, et le groupe s'arrêtera. Devant Lefebvre, la silhouette de Lemaire, un peu boulotte, chemine en éclaireur de pointe. Brusquement, Lemaire stoppe sur place, hélant Lefebvre :

— Sergent, un Boche, droit devant, derrière l'arbre !

Tout se passe très vite, avant même que Lefebvre ait eu le temps de rejoindre. Un coup de feu a claqué. Lemaire s'est effondré, une balle en pleine poitrine. Aussitôt, la fusillade a éclaté, intense des deux côtés. Les mitraillettes des Français tirent sans s'arrêter ; mais les Allemands ont l'avantage de la surprise. Lefebvre hurle :

— Repli général !

Les hommes, jusque-là à découvert, reculent en ordre, s'efforçant de se dissimuler le mieux possible derrière les arbres aux troncs malheureusement assez minces. Lemaire s'est relevé et, malgré le sang qui tache sa capote, titubant à peine, il se replie seul. Il rejoint Yams, le tireur au FM, qui n'a même pas eu le temps de mettre son arme en batterie et a reçu une balle dans la cuisse. Grimaçant de douleur, il rebrousse chemin, son arme sur l'épaule. Mais sa jambe ne suit plus, et il tombe à mi-chemin. Yams respire à grands coups. Un coup d'œil en arrière lui apprend que les Allemands approchent, sautant d'arbre en arbre sans interrompre leur feu.

— Ne pas tomber entre leurs pattes..., marmonne Yams.

Il se relève d'un effort, prenant appui sur son chargeur. Le F.M. trop lourd le gêne. Une balle vient se ficher à ses pieds, dans une souche recouverte de jeune lierre. Yams réussit à parcourir quelques mètres. Le F.M. est resté derrière lui. Abrités par un buisson maigrichon, Condaminet et Mordefray tirent sans relâche au mousqueton. Mordefray a repoussé son casque en arrière pour viser plus à son aise. Il faut tenir encore quelques minutes, le temps de permettre aux copains de rentrer en poussant devant eux les travailleurs. Les Allemands hésitent ; le tir des deux Français les empêche de prendre le détachement sur son flanc gauche et de lui couper la retraite. Lefebvre arrive en courant.

— Décrochez les gars, tout le monde est rentré, j'ai fait prévenir le lieutenant !

Dès qu'il a été averti, Buchoud a sauté avec sa section sur le chemin emprunté par le groupe Lefebvre. Il est sept heures du matin. Le sergent vient au devant de lui avec forces gestes, il lui explique qu'il a préféré appliquer les ordres à la lettre, certes un peu brutalement, mais il a la conviction, lui, Lefebvre, qu'à quelques secondes près, la retraite aurait été coupée.

Buchoud approuve totalement. Il pense en lui-même, tout en emmenant sa section au pas accéléré, que Lefebvre, en manquant peut-être un peu de mordant, a sans doute sauvé son groupe alors qu'un autre, voulant prendre de l'initiative, aurait risqué très gros.

Lefebvre a un pansement au bras gauche. Tout en courant, Buchoud questionne :

— Blessé... ?

— Pas grave mon lieutenant, par contre Lemaire et Yams ont plus sérieusement morflé !

Yams... précisément sujet d'inquiétude de Buchoud, ou plus exactement son F.M. : « Pourvu qu'on le retrouve ! » La section avance, précédée par Lefebvre qui raconte l'engagement. Des Allemands, nulle trace. Ils ont complètement disparu.

— Chic, mon lieutenant, le F.M. !

Abandonnée au pied de la souche, l'arme automatique de Yams est couchée dans l'herbe. Lefebvre l'a saisie avec un rire de satisfaction et de soulagement. Il sait parfaitement que le lieutenant, avec raison d'ailleurs, ne plaisante pas avec une arme abandonnée, surtout en état de marche ! La petite troupe revient à Carling, laissant à main gauche, après être sortie du bois, une vaste prairie en pente, bordée d'une barrière faite de bois et de barbelés entrelacés ; au milieu, une vaste grange, aux murs blancs et au large porche ; dans le bas, à une centaine de mètres, la voie de chemin de fer s'enfonce entre deux collines couvertes de boqueteaux.

— Le colonel vous demande, mon lieutenant.

Le soldat passe le combiné du téléphone de campagne à Buchoud.

— Allô Buchoud ? Alors que se passe-t-il ?

En quelques phrases, Buchoud fait son rapport.

— C'est le premier accrochage aussi près de nos lignes depuis janvier, mon colonel, les Allemands semblent reprendre un esprit offensif dans notre zone d'action. Il va falloir être très prudents.

— Mais comment ont-ils pu aussi bien préparer leur embuscade sans que nous nous apercevions de rien ?

— Oh, à la réflexion, ce n'est pas si difficile à imaginer. Les Allemands ont dû venir nous observer comme ils ont l'habitude de le faire, avec des éléments très légers, un homme ou deux à la fois, connaissant parfaitement les bois. Comme nos travailleurs commencent toujours à la même heure, la protection du groupe-franc se met forcément en place en même temps. Il suffisait de le noter et de préparer l'embuscade à l'endroit le plus favorable. D'ailleurs, si mes souvenirs sont exacts, c'est précisément à cet endroit qu'en janvier, une section du 44ᵉ RIC est tombée dans un traquenard.

Après un léger silence, la voix du colonel répond :

— C'est exact, il s'agissait de la section Schwartz. Mais si je ne me trompe, l'embuscade avait fini par tourner à notre avantage. Ce n'est pas le cas aujourd'hui.. Ecoutez-moi, Buchoud, il faut que ceci nous serve de leçon. A partir d'aujourd'hui vous pousserez vos investigations moins loin, mais plus en force et plus prudemment.

— A vos ordres, mon colonel.

Buchoud repose le combiné. Il retourne, pensif, dans son bureau. Son œil recherche une note du QG, reçue il y a une quinzaine de jours. A la suite des pertes importantes subies par les groupes-francs de certaines unités, le commandement avait décidé que les patrouilles devraient être exécutées non plus uniquement par les groupes-francs, mais aussi par des unités en ligne. Ainsi, dans le SFF *, les cavaliers du GRCA ont été désignés pour ce genre de mission plutôt que les fantassins, moins aguerris et qui sont moins habitués au terrain. Mais chaque peloton de cavalerie devra être accompagné par un groupe-franc connaissant parfaitement le secteur. Cela aboutit à des véritables séances d'instructions pour les cavaliers qui peuvent évoluer en toute sécurité sous la protection des groupes-francs. Deux patrouilles ont pu être menées entre le 1er et le 10 avril. Il va falloir en préparer d'autres, sans courir les mêmes risques qu'aujourd'hui.

10 mai 1940. 4 h 30 du matin. Buchoud se penche sur la carte avec le chef d'escadrons Burot de Lisle, du GRCA. Il s'agit de pousser à quatre kilomètres des avant-postes, sur la route Lauterbach-Carlsbrunn. Dehors, deux escadrons attendent le départ. Les deux officiers sortent sur le perron de la maison. L'humeur n'est pas rose. Tout laisse à penser qu'une attaque allemande pourrait bientôt se déclencher.

En France, les gouvernants ne donnent pas l'exemple de l'unité. Hier, 9 mai, après un conseil de cabinet orageux, Daladier, ministre de la Défense nationale, a refusé de relever Gamelin de son commandement. Paul Reynaud a répondu en déclarant le ministère démissionnaire. Tout cela a beau se dérouler dans le secret, la crise gouvernementale n'est ignorée par personne et point n'est besoin d'être fin politologue pour se douter que ce n'est guère le moment d'exposer ses dissenssions en public.

Un brouhaha se fait derrière les cavaliers ; une voiture stoppe devant le perron. Un homme en sort, casqué, cinq galons d'or brillant sur ses manches, le colonel Malcor.

— Mon colonel..., hasarde Buchoud.

— Eh bien quoi ? Je viens participer à la patrouille, vous n'y voyez pas d'objection, je présume ?

— Pas du tout, mon colonel !

— Vous avez l'air étonné, et vous aussi Burot. Je reconnais que tout cela n'était pas prévu. Mais tout à l'heure, le général Baudoin est arrivé sans prévenir et m'a demandé d'annuler cette

* SFF : Secteur fortifié de Faulquemont.

patrouille, en raison de la tension des événements. J'ai beau lui représenter que ladite patrouille a été préparée sur mon ordre pour servir tant à la reconnaissance de l'ennemi qu'aux cadres et aux hommes du GRCA et qu'en outre je ne voyais pas quelle influence les événements pourraient avoir sur une patrouille de ce type, il n'y a rien eu à faire. Finalement, après une discussion dont je vous passe les détails, j'ai obtenu que la patrouille ait lieu, et pour justifier ma détermination, j'ai affirmé que je voulais y prendre part personnellement.

Les deux officiers sourient. Buchoud, un peu moins, car il sait d'expérience que Malcor tient difficilement en place et il adresse une prière au ciel pour qu'aucun incident ne se produise et que le colonel ne se conduise pas comme un voltigeur de pointe !

A 10 heures du matin, Buchoud pose son casque sur la table recouverte de toile cirée ; le colonel le suit ; il entend son pas sur les marches qui ouvrent sur la pièce. La patrouille s'est heureusement bien passée ; pas de casse et des renseignements intéressants.

— Mon lieutenant, mon lieutenant !

Le radio arrive, essoufflé, les yeux hors de la tête. Il agite dans sa main droite un papier à moitié froissé.

— Calme-toi, que se passe-t-il ?

— Les Allemands ont envahi la Hollande à l'aube. La radio l'a annoncé ; leurs parachutistes sont tombés sur Rotterdam, La Haye et l'île de Dordrecht !

Le colonel est entré dans la pièce et a tout entendu.

— Cette fois, Buchoud, ça y est, la guerre commence vraiment.

Le radio se tortille sur place, il a visiblement quelque chose à ajouter.

— Quoi d'autre ?

— L'état d'alerte est décrété, mon colonel — le pauvre a, grade oblige, changé d'interlocuteur — et les permissions sont supprimées !

— Naturellement. Vous pouvez disposer mon petit.

Grimald fait la moue. Lui aussi a entendu ; pour la première fois depuis de longs mois, il venait de fermer sa cantine pour partir quelques jours. Buchoud lui envoie une tape dans le dos :

— Mon pauvre vieux ! Et en plus, ne te fais pas d'illusions, les permissions ne sont pas près d'être rétablies !

***

Dans les heures qui suivent, suspendus à la TSF et au téléphone, les officiers apprennent la ruée allemande. Depuis 7 h 30 du matin, les troupes franco-britanniques sont entrées en Belgique pour tenter de s'opposer au déferlement. Mais la petite Belgique, mal armée, rapidement démoralisée, ne peut faire face. Dès 5 heures du matin, 53 des 179 avions belges opérationnels étaient cloués au sol et les centres de communication les plus importants étaient bombardés. En quelques heures, les défenses s'effondrent. Au matin du 11, qui est un samedi, les Allemands sont solidement établis sur la rive gauche du canal Albert (fossé antichar naturel réputé comme le plus profond d'Europe, qui devait résister une semaine) et ont pris, grâce aux parachutistes, le fort d'Eben-Emael, pourtant puissamment armé. Dans les Ardennes, les troupes belges (chasseurs ardennais et gardes frontières) se replient en détruisant tout, pour ouvrir la route aux IXe et IIe armées françaises.

Sur la ligne Maginot, qui fait face au groupe d'armées C du général von Leeb, il ne se passe pas grand-chose. Pourtant, les Français s'attendent à une attaque, peut-être de moindre envergure que celle qui s'est déclenchée à 80 kilomètres à l'est, mais une attaque quand même. Buchoud et ses hommes entendent distinctement le canon qui tonne sans discontinuer. On apprend que la ligne avancée vers Forbach, tenue par la 11e division d'infanterie, reçoit des assauts violents et résiste.

— Les ordres sont les suivants, annonce Malcor à Buchoud : intensifier l'activité des groupes-francs avec pour but, de déceler tout mouvement ennemi sur notre position, et en particulier sur la route Carlsbrunn-Lauterbach. Nous devons sanctionner tout mouvement ennemi en faisant mal sans nous laisser accrocher. Donner des coups d'épingle et disparaître, telle est la règle.

Buchoud soupire un peu. Il a l'impression que dans ce grand chambardement, son groupe-franc ne va pas avoir affaire à de gros morceaux. Il regarde le drapeau, ou plutôt le fanion rouge à croix gammée que ses hommes ont pris au début de la guerre, après un engagement qui les avait menés au cœur des lignes allemandes, à Lauterbach. Après quelques heures de mauvais repos, au petit jour, le sergent-chef Riot, équipé, frappe à sa porte.

— Mon lieutenant, nous partons... ?

Buchoud achève de boutonner sa vareuse. Il n'a pas dormi, suspendu à la radio, épiant constamment les événements. Pour ce matin, il a ordonné une patrouille de deux sections sur Lauterbach. Les deux éléments, qui partiront par des points et à des heures différentes, seront commandés respectivement par le sergent-chef Riot et le sergent Kirsch.

Riot est un grand clampin connaissant bien son métier et Buchoud ne lui répète qu'une seule chose :

— Surtout ne tirez qu'à coup sûr, et ne poursuivez pas !

Riot tourne les talons, assurant d'une main expérimentée l'étui de son pistolet qui pend sur son blouson, adopté par le groupe-franc depuis que le temps est plus clément ; tenue pratique complétée par une culotte et les bottes, sans oublier le couvre-casque.

Il est six heures du matin. La section s'éloigne sur le chemin qui, à travers le bois, mène à Lauterbach.

Le village est situé au centre d'un vaste espace déboisé, aux lisières de la Warndt. L'approche se fait sans difficulté, en évitant les routes qui, pour beaucoup, ont subi des destructions importantes. La section franche progresse dans un taillis assez épais, en tout cas suffisamment haut pour dissimuler en grande partie les silhouettes des fantassins. Jumelles aux yeux, Riot observe toutes les cinq minutes le paysage dont le calme ne laisse pas de l'inquiéter. Les maisons de Lauterbach sont à quelques centaines de mètres, et les bâtiments servant de casernes se voient nettement au bout d'une large cendrée qui traverse la clairière, à cinquante mètres environ de l'endroit où la section a pris place. Sur le pignon blanc d'une maison sont peints en noir, un aigle et la croix gammée, assortis d'une inscription allemande affirmant les sentiments germaniques de la Warndt.

Les hommes sont à plat ventre, arme braquée. Le FM est en batterie, servi par Raymond et Lanneval. A genoux, Riot continue son observation. Le silence qui régnait jusqu'alors est rompu soudainement par un bruit de pas martelés et des cris gutturaux. Les Français, tapis, ont manœuvré la culasse de leurs armes. Une patrouille allemande apparaît, menée par un feldwebel dont le casque est camouflé, comme celui de ses hommes, par des branchages mis dans un filet. C'est bien là d'ailleurs la seule précaution prise ; pour le reste, ces messieurs mènent grand vacarme. Deux Allemands se détachent pour visiter les jardins ; quatre autres, arme à la bretelle, empruntent la cendrée l'un derrière l'autre, se dirigeant droit vers les Français.

Riot, le nez au ras des herbes, s'est contenté de faire un signe à Raymond, le tireur au FM. Le canon de l'arme automatique vire lentement sur le pied. Raymond retient son souffle, visant soigneusement les torses ennemis. Il fixe les plaques métalliques des ceinturons, parfaitement visibles. La distance diminue. Là..., maintenant. Le doigt de Raymond s'est replié sur la détente, ne la relâchant qu'à la fin du chargeur. En face, trois hommes se sont effondrés, fauchés par la rafale ; le quatrième s'est enfui à toutes jambes vers les casernes.

Riot ne perd pas son temps. Il sait que ses gars, comme lui-même d'ailleurs, meurent d'envie d'aller aux résultats ; mais cela les obligerait à se mettre à découvert, vraisemblablement dans le champ d'une arme automatique ennemie. Les ordres de Buchoud sont formels. En quelques minutes, la section se replie à travers bois. Riot est malgré tout satisfait ; les Allemands ont subi des pertes sans avoir vu leurs assaillants.

Au moment précis où la première section rentre aux avant-postes de Carling, celle de Kirsch les quitte à un autre point, en haut du faubourg dit « l'Hôpital », à l'AP 6 bis. Il est huit heures. Voltigeurs en tête, la section aborde un terrain légèrement broussailleux. Il fait déjà très beau. Le ciel est clair et le soleil brille derrière les arbres de la forêt toute proche.

— Attention, les Boches !

Le voltigeur de pointe a aperçu les tenues vert-de-gris le premier. Toute la section s'est jetée à terre. A cinquante mètres, en plein chemin, à découvert, s'avance une patrouille de cinq Allemands. Ils n'ont rien vu. Riot pense rapidement qu'en les laissant venir, il ne pourra pas utiliser ses FM à cause des broussailles. Il chuchote à l'adresse de son voisin, Brunant, un barbu qui, pour une fois, a remisé son éternelle pipe :

— A mon signal, uniquement à la mitraillette, fais passer...

Brunant lève le pouce et, s'allongeant à demi sur la gauche, il transmet le message au suivant.

Kirsch compte mentalement jusqu'à cinq. Les mitraillettes tressautent. Les Allemands se sont bloqués sur place, totalement surpris, puis refluent immédiatement vers le bois. En arrière, un troisième détachement s'apprêtait à sortir à son tour. La fusillade l'arrête. Le feu dure cinq minutes. Buchoud a entendu lui aussi. Il fonce vers la section Riot, qui vient de rentrer, pour partir avec elle sur le lieu de l'accrochage qui est là, tout près. Il n'en a pas le temps. Kirsch est déjà revenu avec ses hommes. Il a appliqué à la lettre les ordres ; ne pouvant pas sortir, il a fourni cinq minutes de feu, avertissant ainsi ses camarades de ses difficultés et lui donnant le signal d'arrêt. Buchoud écoute rapidement le rapport de ses deux chefs de section, tout en approvisionnant sa mitraillette.

— Bon, les deux sections repartent ; il faut voir si les Boches ont laissé des traces.

Les Allemands n'ont pas laissé de traces, ils n'ont même pas répliqué. Il n'en ont pas eu le temps. En tout cas, Buchoud est maintenant persuadé que l'adversaire accroît ses activités et revient au contact avec les avant-postes pour la première fois depuis longtemps ; les patrouilleurs aperçus et abattus ne sont sans doute que l'indice d'embuscades dressées pour faire des prisonniers. Buchoud est persuadé de la nécessité de tendre des contre-embuscades au cours de la nuit.

Le jour même une section se met en place. Buchoud la commande personnellement. Dans la nuit claire, les hommes progressent sans difficulté dans le sous-bois. Buchoud s'apprête à éviter un arbre abattu qui lui barre la route, quand son attention est attirée par une forme claire sur le sol. Un coup de lampe le renseigne et l'étonne à la fois : à ses pieds plusieurs emplacements de voltigeurs et d'armes automatiques sont habilement camouflés en arbres abattus, grâce à des rondins plantés à la masse dans le sol. Des branches de sapin sont fixées tout autour au moyen de fils de fer tendus. Quant à la tache claire, il s'agit tout simplement d'un paquet de cigarettes abandonné par les guetteurs ou les travailleurs allemands. Kirsch a rejoint le lieutenant et considère le sol à son tour.

— Tout ça est très récent, mon lieutenant, nous sommes passés ici voici deux jours, et je suis certain qu'il n'y avait rien.

— Vous avez raison Kirsch ; cela prouve à quel point ils sont actifs.

La patrouille ne trouve rien d'autre et rentre vers 10 heures du matin à Carling sans que son embuscade ait eu de l'effet. Pendant quatre jours, le groupe franc sort constamment, essayant de ramener le maximum de renseignements. Les Allemands paraissent se rapprocher des avant-postes et installer une nouvelle ligne dans les bois. D'après les observateurs, de nombreux travailleurs s'agitent aux lisières nord de la clairière de Lauterbach.

Le 15 mai au soir, les officiers du groupe-franc achèvent de dîner. Buchoud a du mal à conserver son sourire habituel ; les nouvelles sont très mauvaises.

Les Belges reculent partout devant le rouleau compresseur allemand, appuyé par une puissante aviation qui terrorise les populations jetées sur les routes. Les troupes françaises, montées en ligne le 10 et le 11 en Belgique, courbent maintenant le dos sous les bombes des Stukas. Depuis le 12, la Wehrmacht et ses divisions blindées s'infiltrent à travers les Ardennes réputées inviolables. Au matin, les forces de Guderian ont pris Bouillon et ont franchi la frontière française au nord de Sedan. Le 13 mai, à 16 heures, après de multiples attaques d'aviation, le général allemand et ses panzers franchissent la Meuse devant Sedan, qui tombe le lendemain. La 55ᵉ D.I. du général Lafontaine n'y peut rien. Les brèches effectuées à Dinant et à Sedan vont rapidement s'élargir. Trois divisions seulement tenaient la Meuse de la Chiers à Mézières et deux autres de Givet au nord de Dinant, les unes et les autres peu aguerries et sans réserves à proximité. Le commandement français, complètement dépassé, ne peut faire donner ses réserves et ne réussit pas à retarder les Allemands qui utilisent au maximum la force de leur énorme aviation. Le manque de liaisons et de transmissions achève de paralyser l'armée française, dont une grande partie reste groupée derrière la ligne Maginot, soit Q divisions. Le 15 mai, la bataille de la Meuse est définitivement perdue ; le front français entre le confluent de la Chiers et le sud de Namur s'est écroulé et les Allemands foncent par la brèche ouverte.

— Blitzkrieg, commente sombrement Buchoud devant ses camarades consternés.

— Dire que nous sommes les seuls à ne rien faire, ajoute Grimald, ou presque, alors que nous pourrions attaquer droit devant nous... Que diable, il y a ici trois armées intactes, la VIIIe, la Ve et la nôtre, la IVe...

Il est interrompu par le grelottement du téléphone, dans la pièce voisine. La porte s'ouvre sous la poussée du radio.

— Mon lieutenant, le colonel Malcor vous demande.

Buchoud se lève, disparaît quelques minutes.

— Demain après-midi, annonce-t-il en rentrant, patrouille sur la route Lauterbach-Carlsbrunn pour fixer la situation de l'ennemi. Nous sortirons avec un escadron du G.R.D.A. commandé par le capitaine Mabillaud. Tout le monde doit être prêt à midi.

Il est 21 heures. Les officiers se séparent vite, chacun perdu dans ses pensées.

— Ordre du colonel, la patrouille est annulée.

— Mais pourquoi ? Que se passe-t-il ?

Les hommes piétinent, indécis. Grimald consulte Buchoud qui hausse les épaules dans un mouvement d'ignorance. L'escadron allait partir, accompagné du groupe-franc, lorsqu'une estafette avait débouché dans un nuage de poussière, portant un ordre du colonel, et la convocation des officiers pour 17 heures à son PC.

En arrivant à celui-ci, Buchoud remarque que l'ordonnance du capitaine Vernhes stationne devant la porte. En pénétrant dans la pièce où attend le colonel Malcor, il se heurte presque au chef du groupe-franc, rentré depuis une heure à peine de permission chez lui, à Porquerolles, et qui lui serre vigoureusement la main.

— Content de vous revoir mon vieux, mais drôles de circonstances.

Le visage fin et long de Vernhes ne reflète pas sa bonne humeur habituelle. Au-delà du désastre vécu par l'armée et que Buchoud et Grimald connaissent comme tous leurs camarades, le lieutenant pressent autre chose. Autre chose que Malcor ne tarde pas à leur annoncer, debout derrière son bureau encombré de cartes et de papiers.

— Messieurs, la IXe armée du général Corap a reflué devant les Allemands qui roulent vers Laon. L'armée du général Huntziger, la IIe, subit de rudes coups.

Les officiers se regardent, atterrés. Dans le silence revenu, on entend au loin le roulement continu du canon. Personne n'ose s'imaginer la déroute, les soldats débandés mêlés aux réfugiés fuyant sur les routes devant les Panzers. Le colonel, dont la voix tremble d'émotion, sa silhouette fine raidie, cheveux noirs en brosse, moustache frémissante, reprend comme pour lui-même :

— Corap est sorti major de Saint-Cyr. Il a servi sous Gouraud, Foch et Pétain. On lui a donné une armée mal encadrée, dépourvue de matériel et de munitions. On n'a tenu aucun compte de ses réclamations, et pour couronner le tout, il s'est vu confier le secteur le plus vulnérable du front...

Malcor ne poursuit pas, arrêté par son sens de la discipline militaire dans ce qu'il juge sans doute comme étant déjà un excès de confidences. Mais tous, Vernhes, Buchoud, Varachaud, Thérin, Godichat, savent qu'il pense à la responsabilité des grands chefs, et en particulier au premier d'entre eux, le généralissime, à qui son intelligence brillante n'a pas permis d'être autre chose qu'un médiocre coordonateur.

Un léger mouvement d'épaules, le colonel frappe la carte du plat de la main.

— Les divisions d'appui doivent être regroupées pour être dirigées sur l'Aisne, où il est plus que probable que vont se dérouler les prochains combats. Le même mouvement de repli va se produire conjointement dans tous les secteurs de la ligne Maginot. Pour nous, cela signifie que le 44e R.I., qui tient la ligne L 1 de Carling, partira demain 17 mai jusque dans la nuit du 18. Le rôle des groupes-francs, jusqu'ici d'embuscades, de coups de main, bref, de recherche de renseignements par infiltration chez l'ennemi, change à partir de cet instant : ils doivent protéger le repli et donner le change aux Allemands sur le vide qui va se produire.

Nouvel échange de regards entre les officiers. Vernhes demande d'une voix sourde :

— Concrètement, mon colonel, cela signifiera quoi ?

Malcor enchaîne aussitôt, laissant poindre une certaine irritation :

— Concrètement, capitaine, cela veut dire que les groupes-francs et le GRCA doivent tenir à eux seuls toute la ligne L 1 jusqu'à Forbach.

Il se tourne vers la carte du secteur punaisée sur le mur revêtu de papier à fleurs beiges.

— Il s'agit de garder avec deux groupes d'escadrons, soit quatre escadrons et nos quelques sections franches, tout le front qui était tenu jusqu'à ce jour par quatre bataillons d'infanterie.

Il promène son regard sur les hommes qui l'entourent, fixant la carte.

— Ne vous faites aucune illusion : c'est une mission de sacrifice.

Buchoud intervient :

— Mais mon colonel, notre ligne d'avant-postes est très forte, n'est-il pas dangereux de l'abandonner, d'autant plus que les points d'appui sont complètement terminés et protégés par un réseau de barbelés complet ?

Nouvelle nuance d'irritation dans la voix de Malcor :

— Je le sais aussi bien que vous, Buchoud, et j'ai obtenu du général l'autorisation de garder nos avant-postes. Le 44e nous laisse ses groupes-francs pour deux jours encore. Deux sections du 156e, celles du 1er et du 3e bataillon nous rejoindront. Cela montera à dix le nombre des sections franches dont vous disposerez, capitaine.

Vernhes approuve de la tête.

— C'est tout, Messieurs, je vous remercie.

Malcor coiffe son képi, salue. Un claquement de talons lui répond. En sortant, Vernhes retient Buchoud.

— Nous n'avons que quelques heures pour nous préparer. D'après les ordres écrits que j'ai là — il montre une enveloppe jaune que vient de lui remettre le colonel — le dispositif sera le suivant : l'escadron Corcaux se tiendra à gauche, en liaison avec la IIIe armée ; l'escadron Mabillaud à droite ; le tout sous le commandement du commandant de Montbrison. Quant aux groupes-francs, ils restent disponibles comme éléments mobiles et intensifient leur action autant que faire se peut. Rappelez-vous les mots du colonel : donner le change !

Les deux officiers se séparent. Buchoud enfourche sa moto et rejoint son point d'appui. Le canon tonne toujours. La journée qui vient va être dure.

***

18 mai, 6 heures du matin. Buchoud achève de se raser devant la petite glace suspendue par une chaînette d'acier à la crémone de la fenêtre. Le rasoir reste en l'air, un quart de seconde. A quelques centaines de mètres, un feu nourri crépite.

— Les avant-postes !

D'un coup de serviette rapide, Buchoud essuie la mousse à raser qui lui donne l'air d'un demi-meunier, et saisissant casque et pistolet, il bondit hors de la chambre, laissant la porte béante derrière lui. Devant le perron, sa moto attend, appuyée sur sa béquille. De légers nuages, annonciateurs de chaleur, courent sur un ciel myosotis.

En quelques minutes, la moto avale les chemins qui conduisent à l'observatoire aménagé à la sortie du village, au second étage d'une maison isolée, au bout d'une venelle débouchant sur les champs.

Les observateurs, deux fantassins du 156e, sont accoudés aux fenêtres, jumelles braquées sur Lautebach. Ils se retournent à peine à l'arrivée du lieutenant, dont les pas précipités, succédant aux explosions d'un moteur enrhumé, résonnent dans l'escalier rendu d'autant plus sonore par le vide physique que produit toute maison inhabitée.

— Vous voyez quelque chose ?

— Ça se bat devant A.P. 3, mon lieutenant.

Buchoud attrape la paire de jumelles que lui tend le soldat, calme et quasi indifférent, au contraire de son camarade, dont les phalanges crispées sur les molettes de réglage attestent la nervosité. Le lieutenant voit défiler dans son champ de vision les prés, les boqueteaux et quelques granges isolées avant de s'immobiliser sur AP 3 : une maison de Lautebach, appelée « maison du crime », et un autre bâtiment en vis-à-vis, tous deux séparés par la route nationale. Au milieu, une barricade en planches à hauteur d'homme, remplace la tranchée habituelle. Tout autour, une protection de trois rangs de barbelés coupe la route... Du beau travail de défense.

Buchoud sait que cet AP est tenu par dix cavaliers du GRCA, cinq dans chaque maison. Les jumelles balaient le terrain. Buchoud voit les maisons de Lautebach, continues sur le côté gauche de la route, et largement espacées sur la droite. Derrière, à cinquante mètres, la lisière du bois. On ne fait que deviner le Lauterbach, ruisseau plutôt que rivière, très encaissé entre la route et les bois. Sans qu'il le demande, le premier observateur le renseigne.

— Tout à l'heure, au lever du jour, nous avons aperçu plusieurs éclaireurs boches qui avançaient bicyclette à la main et arme à la bretelle, en plein milieu de la route. Ils se dirigeaient vers l'AP. Et puis derrière, nous en avons vu un autre groupe, ils étaient bien une quarantaine... Là où nous avons commencé à nous inquiéter, c'est que nos gars ne tiraient pas. On a averti le PC du quartier. Et puis tout à coup, les copains ont tiré. Les Boches ont été surpris ; pensez, mon lieutenant, ils se croyaient chez eux. Ils avaient posé leurs vélos contre les barbelés et se promenaient sur la route.

Buchoud voit en effet un important matériel, dont les vélos, abandonné sur la route. Les Allemands ne sont plus là, mais ils ne doivent pas être loin. Le lieutenant en a assez vu. Il redonne les jumelles et dévale l'escalier. Quelques minutes plus tard, il est revenu à Carling, où le capitaine Vernhes a réuni le groupe-franc. Buchoud rend compte au capitaine qui, très calme, ajuste la jugulaire de son casque.

— On y va, Varachaud, Grimald, vos sections suivent celle de Buchoud. Pas de gymnastique.

Réparties en deux colonnes, les sections marchent sur le côté de la route. Les officiers prennent un minimum de précautions ; les Allemands doivent se terrer, traumatisés par la fusillade. Très vite, le groupe-franc parvient à l'AP. Le sous-officier qui le commande sort en courant, faisant des signes avec le bras. Dans les fossés, deux blessés allemands gémissent, deux voltigeurs dont l'un a le bras cassé et l'autre une balle dans l'épaule. Un fantassin s'agenouille, sort son paquet de pansements, l'applique sur la blessure. L'Allemand suit son geste d'un œil angoissé, puis se calme, visiblement rassuré. Sur la route, tout autour de la « maison du crime », les volontaires du groupe-franc ramassent les équipements abandonnés, des paquetages complets arrimés sur les vélos, les lourds vélos de la Wehrmacht, plusieurs fusils Mauser. Le sol est empreint de nombreuses traces de sang et des marques de corps traînés ; les Allemands ont dû enregistrer de nombreux blessés. Du récit des cavaliers, il ressort que l'alerte a été donnée par l'un d'entre eux, de liaison entre les deux maisons, qui a aperçu les assaillants au moment où ils déposaient leurs vélos avant de franchir le réseau de barbelés. Un simple coup de fusil a averti les défenseurs de l'AP qui jusqu'ici n'avaient rien vu.

A 9 heures, les sections rentrent dans les lignes, ramenant les deux blessés, suffisamment valides pour être pris en charge par les officiers du 2e bureau avant d'être envoyés à l'arrière. Pistolet au poing, le capitaine Cointet remmène l'un d'entre eux dans la traction avant du secteur. A ce moment précis, une nouvelle fusillade, très nourrie, éclate sur la droite, vers le secteur de la IIIe armée.

— Encore les Boches, pas possible, ils étaient au courant du décrochage !

Kirsch hoche la tête, presque scandalisé. Varachaud est à côté de lui. Il a aussi son idée sur la question, et ne peut s'empêcher d'en faire part à Buchoud.

— Je ne sais pas ce que tu en penses, mais à mon avis, les frisés ont fait quelques prisonniers, et ceux-ci ont parlé... En d'autres termes, et pour être clair, les gars d'en face sont parfaitement au courant, depuis hier, du repli de nos divisions, et ils étaient persuadés, vu leur air tranquille et dégagé, qu'ils pouvaient venir occuper l'AP qu'ils pensaient trouver vide !

— Cointet vient de me confirmer ton idée, petit génie ; les deux prisonniers, des cavaliers, qui occupaient le poste de Differten, ont été informés de notre départ à quatre heures ce matin et sont partis aussitôt avec deux jours de vivres... pour nous trouver, ce qu'Adolf n'avait pas prévu !

Devant les deux officiers, les hommes du groupe-franc examinent les vélos qu'ils viennent de prendre. Ce sont les modèles allemands, très lourds mais robustes, pneus ballons et éclairage électrique, solide porte-bagages, matricule et nom des unités peints sur le cadre. Valentin passe à côté de Buchoud.

— De vraies prises de guerre, mon lieutenant, garanties d'origine.

Il s'arrête, pointant son doigt vers la machine.

— Regardez, des traces de balles partout. Elles ont vraiment vu le feu.

Content de lui, il s'éloigne dans un bruit de chaîne battant sur le cadre métallique.

Dans un nuage de poussière, la moto à side-car du capitaine Vernhes démarre. En passant devant Buchoud, Vernhes lui décoche un sourire joyeux et lui crie :

— Je vais au PC du sous-quartier de la maison forestière !

Il est 10 heures du matin. Buchoud boit un quart de café et grignote une tartine un peu à l'écart de sa section. Il se demande où peuvent être, en ce début de matinée, les hommes du 44ᵉ, quand un fantassin arrive en courant vers lui.

— Mon lieutenant, le capitaine vous demande au téléphone.

En quelques enjambées, Buchoud est devant le téléphone de campagne.

— Lieutenant Buchoud, j'écoute.

— Buchoud ? Ici Vernhes. Pas le temps de vous expliquer en détail, envoyez-moi deux sections en vitesse à la maison forestière.

Quelques minutes plus tard, le temps de se réapprovisionner en munitions et en grenades, les sections Grimald et Varachaud foncent vers les bois du sous-quartier de la Maison forestière, qui fait la liaison avec la IIIᵉ armée, sur le bord de la route Carling-Creutzwald.

Buchoud s'est joint à elles. Il marche à côté de Varachaud, toujours gai et enjoué, plein d'allant, ce qui n'exclut pas un sérieux et une compétence militaires qui en font un chef que ses hommes suivraient en enfer.

— Tu as une idée de ce qui se passe ?

— Le capitaine ne m'a rien dit, en dehors du fait que Thérin et sa section sont à AP 1, et qu'AP 10, à cent cinquante mètres de là, aurait été attaqué à 9 heures.

— De la casse ?

— Sais pas... On verra sur place.

Buchoud n'en sait effectivement pas plus. Le capitaine, au PC, n'a pas eu le temps de lui donner le détail de ce qu'il a appris. AP 10 aurait été attaqué et l'aspirant qui le commandait aurait été tué dès les premières minutes de l'engagement. La garnison aurait alors lâché pied et se serait repliée dans les bois où elle aurait été encerclée. Depuis une heure, aucune nouvelle d'elle. Pour le PC du sous-quartier de la IIIᵉ armée, pas de doute, elle s'est rendue.

Une voix grésille dans la radio. L'opérateur s'arrête aussitôt. Distinctement, Buchoud entend l'ordre donné en clair par le capitaine Vernhes au lieutenant Thérin :

— Envoyez une patrouille légère par le bois pour reconnaître AP 10 et voir s'il est occupé par l'ennemi... Dans la négative, installez-vous et rendez compte.

La voix du radio de Thérin nasille quelques secondes plus tard :

— Bien reçu. Exécution immédiate.

Une minute ne s'est pas écoulée que la radio grésille à nouveau. Buchoud saisit le récepteur.

— Ici Buchoud, j'écoute.

— Ici Vernhes, les sections Varachaud et Grimald rejoignent AP 1. Deux sections franches de la IIIe armée les y attendent à L 1 Une fois la section Thérin revenue et si l'ennemi est dans le bois, vous ratissez et ramenez le gibier.

— Bien compris.

Les sections reprennent leur progression. Il est près de onze heures. Toujours par radio, Thérin fait savoir que sa patrouille a réussi et qu'il est installé avec ses hommes à AP 10. Buchoud entraîne les siens vers le sous-quartier de la maison forestière pour y rencontrer les deux sections franches qui doivent les y attendre et mettre à exécution la seconde partie du programme prévu.

Le capitaine qui commande la maison forestière, averti lui aussi, attend en compagnie de Vernhes le groupe-franc. Assis sur une souche, ils mastiquent avec application le contenu d'une boîte de singe, qu'ils partagent avec Buchoud, tout en l'informant des événements de la matinée.

— Le repli des avant-postes devait se faire de gauche à droite, commente le chef du sous-quartier. Avant de se replier, chaque poste devait prévenir son voisin de droite. AP 10 devait partir le dernier et seulement après avoir été informé du retrait d'AP 9. Pour une raison inconnue, AP 10 s'est replié prématurément et lorsque les gars d'AP 9 sont arrivés, ils sont tombés sur les fritz !

Buchoud hoche la tête.

— C'est sans doute le combat que nous avons entendu vers 9 heures.

— Sans doute. Il y a eu de la casse, le sergent-chef du groupe a été tué, et pour l'instant, son cadavre n'a pu être retrouvé.

Vernhes, qui n'a rien dit jusque-là, se gratte la tête en regardant son adjoint.

— En d'autres termes, nos renseignements étaient totalement erronés. Il reste qu'on ne peut laisser le corps du sergent-chef aux Boches. Voici ce que nous allons faire. Je pars avec les trois sections vers AP 9 et l'une d'entre elles ira occuper AP 10 pour qu'AP 1 ne soit pas découvert sur la gauche. Elle relèvera Thérin qui attend là-bas. Vous Buchoud, vous repartez avec votre section ; on peut avoir besoin de vous autre part.

Buchoud rameute ses hommes ; la section reprend sa marche en sens inverse. Le lieutenant est plutôt satisfait ; il risque d'avoir à faire là où il va, alors que le capitaine aura probablement une patrouille calme. Mais, quelques minutes plus tard, il va être treize heures, une fusillade éclate du côté d'AP 10 ; elle dure près d'une demi-heure. Buchoud laisse sa section aux ordres de son adjoint et repart vers la maison forestière. Il y est à peine arrivé que la fusillade, qui s'était arrêtée, reprend avec la même intensité. Bientôt se déclenche un tir d'artillerie allemande, qui suit immédiatement l'envoi d'une fusée. Buchoud est suspendu au téléphone mais n'apprend rien, si ce n'est que le combat a effectivement lieu devant AP 10. Il tourne en rond, inquiet pour le capitaine qui a pourtant dû avoir le temps de parcourir le petit kilomètre le séparant d'AP 10 et qui doit se retrouver à la tête de quatre sections : celles qu'il a emmenées et celle de Thérin. Une demi-heure plus tard, à 14 heures, une nouvelle et intense fusillade se fait entendre.

— Mais enfin qu'est-ce qui se passe, ils devraient être rentrés depuis longtemps !

15 heures. La radio grésille :

— Mon lieutenant, un appel pour vous.

Buchoud se précipite.

— Buchoud ? Ici Thérin... Tout le monde redescend, sauf moi. Il faut que je reste ; la section qu'on nous avait envoyée en soutien de la IIIe armée n'a pas tenu. Et puis...

La voix de Thérin hésite. Buchoud pressent un drame.

— Et puis quoi ?

La voix de Thérin reprend, neutre :

— Varachaud a été tué.

Buchoud ne répond pas. Son bras laisse retomber l'écouteur. Varachaud, l'un de ses meilleurs camarades, un magnifique soldat, discipliné et courageux ; et puis toujours gai et enjoué, même et surtout dans les coups durs. Comme l'on dit dans les citations, estimé de ses chefs, aimé de ses camarades, adoré et admiré de ses hommes qui savaient deviner ses désirs et allaient au devant de ceux-ci...

Buchoud enfourche sa moto et va rendre compte au colonel Malcor, qui ne cache pas sa peine à l'annonce de la mort du lieutenant Varachaud.

— Dites à Thérin que je lui donne l'ordre d'abandonner AP 1, et retournez là-bas ; quand vous en saurez plus, informez-moi.

Vers 15 h 30, la patrouille est de retour, le capitaine Vernhes, les traits tirés, attire Buchoud dans un coin.

— Voilà ce qui s'est passé...

La patrouille menée par Vernhes, avec Varachaud et Grimald, était arrivée sans encombre à AP 10 ; la jonction s'y était normalement faite avec Thérin. Puis, réunies, les sections s'étaient mises à la recherche du corps du sergent-chef tué le matin. Rien. Et, brusquement, en débouchant sur un layon large d'une huitaine de mètres, prenant sur la route Carling-Creutzwald, et qui traverse à cet endroit précis une clairière d'une trentaine de mètres crevant les bois, on avait aperçu la vareuse kaki du sous-officier. Le corps était bien là. Un sergent s'était alors engagé dans le layon pour aller le ramasser. Il n'avait pas fait trois pas qu'il avait dû rentrer précipitamment à couvert ; une arme automatique allemande, dissimulée dans les bois assez touffus bordant la route principale, prenait le layon en enfilade à angle droit.

« Bon sang, avait pensé Vernhes, les Boches ont tendu une embuscade sur le cadavre. »

Aussitôt, les sections s'étaient placées en face des résistances ennemies et avaient commencé un feu de neutralisation suffisamment nourri et serré pour permettre à trois hommes de ramener le cadavre. Il était près de 13 heures.

Vernhes aurait pu en rester là et rentrer après avoir placé la section prévue à AP 10. Mais il sentait les hommes nerveux, inquiets, et il avait résolu de les rassurer en tachant de trouver les traces de l'ennemi. C'était une mission délicate, car il était probable que les défenses allemandes étaient toujours en place ; mais elle était nécessaire pour donner du cœur au ventre aux 30 hommes qui allaient rester là.

— Varachaud ?

— Oui, mon capitaine.

— Avec votre section, vous allez traverser le layon et la clairière et fouiller la languette de bois qui se trouve de l'autre côté.

— A vos ordres, mon capitaine.

Varachaud, accroupi, avait salué et s'était éloigné aussitôt pour préparer ses hommes. Le silence le plus total régnait dans le sous-bois, simplement rompu par le chant des oiseaux. Le sol de la clairière était semé de grandes taches de lumière faites par un soleil très chaud.

En deux vagues, la section Varachaud s'était lancée, déclenchant immédiatement le feu adverse. Par miracle, tous étaient passés. De son côté, Varachaud avait en vain fouillé la languette de bois qui s'était révélée entièrement vide. Il fallait revenir. De son observatoire, de l'autre côté de la clairière, Vernhes avait vu son adjoint se préparer à nouveau, répartissant sa section en deux vagues, comme à l'aller, et se joignant à la première. Les Allemands ne pouvaient voir ces préparatifs, mais ils réagissaient dès que la silhouette du premier soldat français s'élançait dans le halo lumineux de la clairière. Les rafales s'égrenaient.

Vernhes voyait les hommes venir à lui en courant. Pour reprendre pied dans le bois de départ, chacun devait franchir un fossé et un petit remblai. Les hommes atterrissaient les uns après les autres à l'abri, sans casse. Varachaud était arrivé le dernier, visiblement fatigué. Il avait sauté le fossé et s'était redressé pour escalader le remblai. Vernhes l'avait vu ralentir imperceptiblement, sentant qu'il était arrivé à bon port. Dans cette seconde le sort basculait. Varachaud était bloqué en plein effort, le visage incrédule. Il venait d'être frappé en plein cœur par une balle allemande. Il s'était effondré dans les bras de Lecompte et Loiselet qui le précédaient immédiatement et avaient tout vu. Les deux soldats avaient porté le corps de leur lieutenant. Varachaud avait les yeux clos. Ses lèvres remuaient faiblement.

— Tachez... de faire du bon travail !

La tête était retombée. C'était fini. Le lieutenant Grimald et l'adjudant-chef Chagniet étaient arrivés à leur tour et avaient aidé les deux hommes, sous les balles qui tombaient dru, à ramener Varachaud dans le bois.

Derrière eux, la seconde vague s'apprêtait à passer à son tour, sous le commandement du sergent Bourgin. Il fallait faire très vite maintenant, car tout un groupe d'Allemands venait de traverser la route nationale pour se jeter dans la languette de bois explorée par Varachaud et y poursuivre les Français qui s'y trouvaient encore.

Bourgin est un jeune, mais bon soldat. Il avait vu le véritable stand de tir que représentait la route directe ; il avait vu tomber son chef. Prudent et énergique, il avait crié à ses hommes :

— On prend par le sud et on fait un crochet, suivez-moi !

Les 15 hommes, courbés en deux, avaient galopé derrière le sergent. Un quart d'heure plus tard, ils avaient rejoint le gros du groupe-franc. Vernhes, debout, tête basse, considérait sans le voir le corps de Varachaud, couché contre une souche.

Pendant ce temps, à AP 10, la section de la IIIe armée paniquait complètement et malgré les objurgations de son chef, se dispersait dans le bois. Furieux, Vernhes n'avait pas hésité une seconde.

— Thérin, restez ici avec vos gars, remplacez ces lâches. Je vous joins par la liaison dès mon retour.

Thérin, sans un mot, avait aussitôt installé sa section, jetant un dernier regard au groupe qui s'éloignait à travers les arbres. Sur les épaules de quatre soldats, ballottait le cadavre de son camarade.

⁂

Durant tous les jours qui suivent, les hommes du groupe-franc connaissent la situation la plus pénible qui soit, dont la constante a pour nom incertitude.

— Si l'Allemand attaque, que faudra-t-il faire ? Tenir ou se replier ?

Cette question revient constamment sur les lèvres des officiers comme des simples soldats. Tous pensent que leur nombre est tellement insuffisant qu'ils ne pourront tenir que quelque temps en tachant seulement de retarder l'ennemi. L'action de retardement est certes importante et, les officiers au moins le savent, les combats de ce type menés par quelques milliers de soldats français, en Belgique et sur la Meuse ont permis sinon de bloquer le déferlement allemand, au moins de sauver l'honneur de l'armée quand la majorité se débandait.

— En cas de décrochage, a précisé le capitaine Vernhes, les groupes-francs devront protéger le GRCA.

Ces réflexions, tout le monde se les fait, dans un climat de nervosité grandissante. Plusieurs avant-postes, n'offrant aucun avantage stratégique, avaient été abandonnés. N'étaient encore tenus que ceux revêtant une importance particulière, notamment AP 4 dont les vues latérales permettaient de surveiller les issues de Lautebach et les bois de l'autre côté de la coulée. De là, les guetteurs voyaient en enfilade la route Carling-Creutzwald. L'ennemi ne se manifeste pas, du moins jusqu'à un bombardement d'une demi-heure le 20.

— C'est du 150, remarquent les hommes en connaisseurs.

— Ils vont peut-être attaquer, répondent à la fois ceux qui le craignent et ceux qui ne supportent plus cette attente. Les hommes dorment — mal — en état d'alerte, arme à portée de la main. Les Allemands lancent fréquemment des coups de main dont le plus fort, dans la nuit du 21, est repoussé sur la voie ferrée par un peloton du GRCA.

Les nouvelles sont chaque jour un peu plus mauvaises. Depuis le 19 mai, Gamelin a été remplacé par le général Weygand, fringant jeune homme de soixante-treize ans, que Reynaud a rappelé d'urgence du Levant, où il commandait en chef. Le nouveau généralissime hérite, il le sait, d'une situation désespérée. Les armées françaises ne sont même plus en mesure d'effectuer la contre-offensive sur Mézières, dernière directive de Gamelin. Et pourtant, de nombreux soldats, des régiments entiers se battent courageusement. Ce n'est pas de ceux-là dont on parle, car leur action héroïque et désespérée est cachée par les colonnes démoralisées qui se mêlent, sur les routes, au gigantesque cortège des réfugiés refluant en désordre devant l'Allemand et ses Stukas.

Buchoud et ses camarades, furieux du calme relatif de leur secteur, apprennent la foudroyante avance allemande à l'ouest. Abbeville tombe le 19 mai, Péronne et Cambrai le 20, Amiens le 21. Dès le 22, les troupes allemandes se redressent vers la Belgique et refoulent les Français vers le nord. Le général Billotte, commandant du groupe d'armées du Nord, lance d'Arras vers le sud-est des contre-attaques visant à desserrer l'étreinte ennemie autour de son groupe d'armées. Il est tué le 21 dans un accident d'automobile, après avoir rencontré à Ypres Léopold III, lord Gort et Weygand, venu voir sur place pour tenter de se rendre compte des possibilités de combat.

Les armées du Nord et les Belges continuent de retraiter. Seules quelques unités livrent des combats désespérés, telles la 4ᵉ DCR (division cuirassée de réserve), pourtant à peine constituée, qu'un certain colonel de Gaulle jette contre les blindés allemands à Montcornet. Il ne s'agit cependant que de piqûres localisées qui laissent insensible l'épiderme cuirassé des adversaires. Le 23 mai, ceux-ci sont à Boulogne et à Arras, le 25 à Calais.

Sur la ligne Maginot, rien ne bouge. Ou plutôt si, le repli amorcé quelques jours auparavant se précise. Le groupe-franc Vernhes, devant le décrochage de la IIIᵉ armée, reste seul à l'orée de la forêt de Saint-Avold. Le 24, un coup de main sur la route Carling-Creutzwald a permis de faire un prisonnier, un fantassin allemand, gros et bien portant, mais vert de peur.

Au retour de ce coup de main, les sections franches apprennent leur rôle après le repli ; il faut tenir de nouveaux avant-postes pour protéger les unités qui retraitent. Les sections franches du 44ᵉ RI rejoignent leur régiment. Le 25 mai, à la tombée de la nuit, le repli commence à s'opérer.

Buchoud et son adjoint, le maréchal-des-logis de Verneuil, précèdent à bicyclette les deux sections franches qui se dirigent vers Dourd'Hal, à trois kilomètres au sud-ouest de Saint-Avold. Il est près de 22 heures.

Les sections sont à quelques centaines de mètres en arrière des deux cyclistes, dont les machines avancent presque silencieusement dans la nuit tiède. L'entrée du village passe par un pont que les habitants, ou plutôt les troupes qui étaient encore là voici quelques heures, ont barré avec des voitures et des instruments aratoires reliés par des chaînes et qui forment une barricade précaire, mais qui oblige Buchoud et Verneuil à mettre pied à terre. Tous deux se frayent un passage, leur vélo à la main.

La rafale de FM est partie des premières maisons du village. Les balles sifflent au-dessus des têtes des deux hommes.

— Ne tirez pas, nous sommes Français, groupes-francs !

Buchoud hurle ; il se dit que si ce sont des Allemands, ils tireront de toute façon ; si ce sont des Français, ils comprendront et cesseront leur tir. Le lieutenant a réussi à passer la barricade et pédale comme un fou sur la route en criant. Au bout de dix mètres, le FM reprend son tir. Buchoud se laisse tomber directement du haut de son vélo dans un fossé.

— Ne tirez plus, bon sang ! Groupes-francs !

Le tir cesse enfin. Il entend un bruit de pas précipités sur la route. Un homme s'approche, mousqueton braqué. Un fantassin français. Buchoud ne peut s'empêcher de l'engueuler.

— Si vous montiez la garde, vous ne risquiez pas d'atteindre grand monde en tirant si haut !

Un sergent-chef arrive à son tour, braque sa lampe sur Buchoud, reconnaît les deux galons d'or.

— Excusez-nous, mon lieutenant, on vous a pris pour des parachutistes boches ! Personne ne nous avait avertis de votre repli !

Buchoud pense avec soulagement que si ses deux sections, qui arrivent seulement maintenant avaient été juste derrière lui, il y aurait pu y avoir de la casse.

Il attrape le sergent-chef par la vareuse.

— Dites-moi, où se trouvent les avant-postes que nous devons relever ?

Le sous-officier tend le bras vers le haut d'une colline que l'on aperçoit, au-delà du village.

— Là-haut, mon lieutenant. Mais je vous préviens, la pente est dure.

Le groupe-franc se remet en marche dans la nuit pleine de senteurs printanières. Le silence est à peine troublé par le bruit des pas, pourtant étouffé par la berme sur laquelle Buchoud repousse ses hommes. Au loin, de temps à autre, un roulement sourd rappelle que vers l'ouest, le canon tonne.

A deux heures du matin, après une heure de montée, les soixante hommes parviennent sur leur position, accueillis par un adjudant du 44e, visiblement soulagé de les voir arriver.

Au matin, Buchoud fait connaissance avec l'AP, situé à l'étranglement des bois de Fürst, à mi-chemin de Saint-Avold et de Teting, tout contre la ligne Maginot et en particulier de l'ouvrage de Laudrefang. Accompagné du margis de Verneuil, ils parcourent les quelques centaines de mètres carrés qu'ils doivent défendre. Pas de comparaison avec les AP de Carling : ici les réseaux de barbelés ne sont pas complets, les trous d'armes automatiques à peine faits.

Le lendemain, Buchoud file voir son nouveau patron, en fait, « son » colonel ; car les avant-postes échus au groupe-franc sont ceux de son régiment d'origine, le 146e RIF. Outre le colonel Prat, Buchoud retrouve ses camarades Schmidt, Boyer et Schaeffer. Ce dernier commande lui-même la section franche du 3e bataillon, installé au casino de la mine de Valmont, à trois kilomètres au nord-est, aux avant-postes du sous-quartier de Teting. Au retour de chez le colonel, qui lui a annoncé un nouveau déménagement vers la cote 355, Buchoud fait ses adieux aux cavaliers du 11e GRCA, qui part vers le nord. Il ne peut s'empêcher de serrer la main avec un air d'envie au commandant de Montbrison.

— Au moins, là-haut, vous allez véritablement vous battre, mon commandant...

— Allons Buchoud, je souhaite de tout cœur que cela ne soit pas simplement pour l'honneur, ça va mal, vous savez.

Cela va très mal, en effet. La radio a annoncé la capitulation en rase campagne, sans condition, de l'armée belge et de son chef Léopold III. Tout le flanc gauche de l'armée du Nord s'écroule. Le Panzer group de Kleist qui comprend la 1re panzerdivision de Guderian, le régiment Grossdeutschland et la Leibstandarte SS Adolf Hitler fonce vers Dunkerque, repoussant devant eux Français et Britanniques qui vont déboucher sur les plages, acculés à la mer.

Tout cela, Buchoud et ses camarades le savent. Ils enragent littéralement de rester sur place, face à des Allemands qui, sur ce point du front, ne semblent pas pressés d'attaquer en masse, s'ils ne restent pas inactifs.

Pour la dixième fois, Buchoud vient d'observer Saint-Avold à travers la binoculaire installée par les artilleurs sur la cote 355. Il a distingué nettement les patrouilles allemandes qui poussent petit à petit dans la ville. Demain 1er juin, ils seront complètement installés et les mouvements de troupes sur la route Carling - Saint-Avold, sur laquelle les vues sont excellentes, sont de plus en plus nombreux.

A Dunkerque, l'opération « Dynamo » est commencée. Jusqu'au 3 juin, 235 000 Anglais et 115 000 Français vont s'embarquer sur toutes sortes de navires, dont la noria, sous les bombardements allemands qui ravagent la ville, ne permettra cependant pas d'embarquer tous les soldats qui se pressent sur le sable, abandonnant un important matériel ; 34 000 hommes restent aux mains des Allemands.

***

La main du capitaine Vernhes se bloque sur le tableau de bord pour amortir le freinage. Dans un nuage de poussière, les quatre roues de la Peugeot s'immobilisent au bas du chemin de terre. Buchoud est déjà là, la mine interrogative. Il ouvre lui-même la portière du véhicule d'où s'extrait la longue silhouette de Vernhes, qui, toujours élégant, tire sur sa vareuse et remet en place son baudrier.

— Ce bougre-là se croit aux 24 Heures, dit-il en désignant du geste son chauffeur qui, l'air faussement contrit, caresse d'un geste de propriétaire le bois du volant.

C'est vrai qu'il a conduit un peu vite pour rejoindre les avant-postes, mais le capitaine est toujours pressé et ce n'est un mystère pour personne que les sections franches sont en alerte à 22 heures, et qu'il en est 19.

Vernhes avance de quelques pas dans l'herbe, examinant d'un œil aigu les défenses de l'AP. Il fait la moue.

— Si les Boches attaquent par ici, vous aurez du travail, mon cher Buchoud !... Alors, vos dispositions sont prises ?

— Oui, mon capitaine, mais je ne vous attendais pas maintenant !

— Je devais effectivement être relevé et laisser les avant-postes du 156e à Longeville. Un peu de repos pour nous tous, même en ce moment, ce n'est pas du luxe. Et puis l'avance des Allemands dans Saint-Avold a tout changé. Le secteur veut des prisonniers pour en savoir plus. On en avait bien un, blessé, abandonné par une patrouille boche, mais il est mort sans donner de renseignements. La compagnie cycliste du 241e était chargée de la mission. Elle cantonne à Valmont ou est son PC, et deux sections sont en place au Venheck, entre Valmont et Saint-Avold. En début d'après-midi, j'ai reçu l'ordre de lancer une opération, en doublant au besoin l'action des cyclistes. D'où la mise en alerte de votre personnel à 22 heures.

Buchoud hoche la tête. Il attend la suite.

— Alors je suis venu vous chercher pour faire une petite reconnaissance avant de partir. Nous passerons à Valmont chercher le commandant Viaud, qui coordonne l'ensemble des AP du 146e, et le capitaine Collignon, qui commande, lui, la compagnie cycliste.

Laissant Teting et son clocher bulbé sur la gauche, la voiture reprend la route pour rejoindre Valmont. Vernhes est de bonne humeur, mais ne cache pas son angoisse.

— La situation est dramatique, Buchoud. Les Allemands ont le feu sacré et y croient, tandis que nous...

Un geste désabusé de la main, qui en dit long ; Buchoud regarde à la dérobée son chef, dont le visage mince et le corps nerveux, sportif, dénotent le parfait gentleman qu'il est en toutes circonstances. Quoique fantassin dans l'âme, Buchoud ne peut s'empêcher de penser que Vernhes aurait parfaitement été à sa place dans la cavalerie. Il possédait toutes les qualités de cette arme, et ses sentiments personnels, monarchisme et catholicisme, étaient plus courants chez les hussards, les dragons ou les cuirassiers *. Mais du fantassin, le capitaine possédait aussi les qualités de courage et d'opiniâtreté. Depuis sept mois qu'il le connaissait, Buchoud

* Le capitaine Vernhes écrivait à une parente le 7 janvier 1940 : « ... j'espère que 1940 verra pour la France une paix victorieuse utile. C'est toute l'éducation du pays qui est à refaire au point de vue spirituel. Prions Dieu et ayons confiance en lui. »

admirait le soin, la méticulosité même, avec laquelle il préparait la moindre patrouille.

Le soleil se couche dans une symphonie de rose et d'or. Il faut un effort pour imaginer la guerre, pourtant si proche. A quelques dizaines de kilomètres, des hommes meurent dans le fracas des obus, des chenilles de char arrachent la terre ; ici même, d'ici trois ou quatre heures, les rafales vont sans doute déchirer le calme d'une nuit de début d'été.

Toujours conduite avec une adroite maestria qui n'exclut pas de brutaux écarts dans les tournants, la Peugeot débouche dans Valmont. Sûr de son chemin, le chauffeur la mène jusqu'au casino de la mine de Valmont, vaste bâtiment blanc à étage, dont les grandes fenêtres du rez-de-chaussée éclairent les pièces où le capitaine Collignon a installé son PC. Les deux officiers franchissent les quelques marches du perron à double révolution. Collignon les accueille.

— Je vous ferais bien visiter la maison et en particulier l'observatoire aménagé dans le toit par le corps-franc du lieutenant Schaeffer, on voit très loin, de la gare de Saint-Avold au carrefour d'accès, et on découvre parfaitement la vallée de la Nied.

— Pas le temps maintenant, Collignon, nous verrons ça après la reconnaissance.

Une porte vient de s'ouvrir sur le commandant Viaud, réserviste et patron des AP du 146e. Souriant, il répond au salut de Vernhes et de Buchoud, leur serre la main, puis coiffe son casque.

— Allons-y messieurs !

La voiture reprend la route. Dix minutes plus tard, elle stoppe à nouveau devant les premières maisons de Venheck, tout petit village formant carrefour à angle droit de deux routes, l'une joignant Saint-Avold à sa gare, et l'autre reliant Valmont à Petit-Ebersviller. Les deux angles du carrefour, faisant face à Saint-Avold, que l'on voit à trois kilomètres environ, sont occupés l'un par une très grosse ferme avec hangars, étables et jardins et l'autre par une maison particulière et un café. Les deux tronçons de route, côté station de Saint-Avold et de Valmont, sont bordés par des villas séparées par leurs jardins.

Les quatre officiers descendent sur la route. Les soldats des sections cyclistes sont répartis en deux groupes commandés par deux sous-lieutenants, Pourel * et Ettul *, qui viennent jusqu'à la voiture prendre les ordres. Buchoud « ne les sent pas ». Il retire, de sa rapide inspection comme du non moins rapide entretien qu'il a avec eux, une impression indéfinissable mais en tout cas négative. Le capitaine Vernhes a beau modifier le dispositif en

* Pseudonymes.

place, Buchoud garde un front soucieux. Avant de repartir, il répète à Pourel les ordres conjoints du commandant Viaud et du capitaine.

— Il faut à tout prix empêcher les Allemands de s'infiltrer par les jardins en venant de Saint-Avold, où ils semblent solidement implantés ; pour cela, vous devez tenir ce carrefour. Le groupe franc viendra vous soutenir cette nuit.

La voiture redémarre, direction Laudrefang. Il fait complètement nuit.

— Vous avez une heure pour vous préparer, départ à minuit, précise Vernhes à Buchoud en mettant pied à terre. Il est impératif d'être en place au lever du jour.

Minuit. La section Buchoud quitte Laudrefang. La nuit est claire, mais, par précaution, le lieutenant a fait mettre un brassard blanc à chacun de ses hommes pour qu'ils puissent se repérer sans difficulté. Le terrain a beau être connu, il faut près de deux heures pour que la section franche atteigne le carrefour à sept kilomètres de là.

Buchoud, depuis près d'une heure, est saisi par un pressentiment. Il ne veut pas en parler à son adjoint, mais quelque chose lui dit qu'il va avoir une surprise en arrivant. La surprise, il s'en aperçoit très vite, c'est qu'aucune des protections qu'il avait prévues ne semble pas en place. La section entre dans Venheck sans être aucunement arrêtée par une quelconque sentinelle. L'air mauvais, Buchoud fonce vers la grange qui se dresse sur la gauche de la route venant de Valmont. A peine parvenu sur le seuil, il distingue un groupe d'hommes dont les casques brillent faiblement sous la lune.

— Où est le sous-lieutenant Pourel ?

— Ici, mon lieutenant...

Pourel sort du bâtiment, l'air passablement ennuyé. Buchoud, malgré son calme, sent la colère monter en lui.

— Où vont vos protections ? Que faites-vous ici, bloqué dans cette grange ? Quel est votre dispositif ?

Le pauvre Pourel ferait pitié dans d'autres circonstances.

— Mon lieutenant, énonce-t-il avec peine, nous attendions un ordre écrit prescrivant ce dispositif de protection... mais nous n'avons rien eu.

Buchoud explose :

— Un ordre écrit ! Pour mettre en place des protections ! Alors que les Allemands sont à quelques centaines de mètres et s'apprêtent sans nul doute à attaquer à la pointe du jour ! Vous vous foutez de moi ?

A part lui, Buchoud pense que cet ordre écrit existe bien, mais l'agent de transmissions n'a pas dû oser le porter de nuit. Ettul apparaît à son tour.

— Mon lieutenant, les Boches sont déjà là, autour de nous, ils occupent l'une des maisons du carrefour, qu'ils ont occupée il y a deux heures.

Du bras, il désigne le pâté de bâtiments qui se découpe dans la nuit, à deux cents mètres environ.

— D'ailleurs, poursuit-il, en faisant une ronde, tout à l'heure, une rafale de mitraillette a fait voler mon casque.

Il montre, à l'appui de son récit, le cimier de son casque effectivement troué.

— Eh bien, allons voir.

Buchoud parvient à se contenir ; il ne veut pas engueuler les deux officiers comme ils le mériteraient, devant leurs hommes. Ils n'en mènent pas large et il espère qu'ils vont se ressaisir.

La section franche se dirige vers les maisons suspectes. Les hommes filent le long de la route, silencieusement, mitraillette et mousquetons braqués. L'herbe de la berme étouffe les pas. Dans la nuit, seuls les bruits atténués des portes ouvertes, des escaliers escaladés indiquent la fouille. Quelques minutes plus tard, le sergent-chef Lebard revient vers Buchoud, qui, pistolet au poing, appuyé contre le mur du café, surveillant la route vers Saint-Avold, attend.

— Rien, mon lieutenant...

Il hésite une seconde, puis donne son avis.

— J'ai bien l'impression que les cyclistes ont eu un peu la trouille...

Incongrue, une horloge égrène ses coups, évitant à Buchoud de répondre. Mentalement, il compte, tout comme Lebard, nez levé vers le ciel qui blanchit déjà.

— Trois heures.

Buchoud pense qu'il ne va pas avoir le temps de mettre en place son embuscade. Il n'a pas fini de penser qu'un sifflement se fait entendre, suivi à quelques secondes d'un éclatement sec. En quelques instants, un bombardement intense s'abat sur le carrefour ; intense et ajusté. Les obus tombent régulièrement sur le Venheck. Tous les hommes se sont terrés. La section franche, encore dans les bâtiments qu'elle visitait, demeure sur place. Mais, en arrière, près de la grange où sont restés les cyclistes et leurs officiers, Buchoud discerne un mouvement. Il voit des silhouettes courir, il entend des cris d'effroi. Le lieutenant hèle Lebard.

— Vite, revenons en arrière, cela panique !

Suivi d'une dizaine d'hommes Buchoud et Lebard courent, s'aplatissant à chaque explosion, puis repartant aussitôt en avant. A plat ventre le long de la clôture métallique d'un jardin, Lebard souffle :

— Qu'est-ce qu'ils nous mettent, mon lieutenant !

Buchoud ne répond pas, se contentant de hocher la tête. Il

vient de ramasser un éclat encore brûlant. Un éclat de 155 français. Le bombardement n'est pas allemand. Les artilleurs portent les insignes rouges des troupes françaises. Buchoud n'estime pas nécessaire d'informer ses hommes.

Chez les cyclistes, le désarroi augmente et tourne même en panique pour certains d'entre eux. Plusieurs d'enfourcher les vélos pour fuir plus rapidement vers Valmont, au moment où les hommes du groupe-franc arrivent à la grange.

— Arrêtez ! Arrêtez où je donne l'ordre de tirer sur vous !

Buchoud est fou de rage, plus contre les sous-lieutenants que contre leurs hommes, qui ne se sentent pas commandés.

— Trouvez vos groupes immédiatement ! Il faut les mettre en place face aux Allemands. Il est peut-être déjà trop tard !

Les cyclistes hésitent ; les obus continuent de tomber avec régularité. Mais seule la route se creuse d'entonnoirs d'où s'élève une lourde poussière qui rentre dans les yeux et la bouche. Les maisons sont à peine écornées. Enfin les hommes semblent vouloir obéir ; plus à Buchoud qu'à leurs officiers, visiblement incapables de les commander.

Au bout d'une heure, le lieutenant se rend compte que ses efforts ne portent pas. Les chefs de groupe ne savent plus que faire, leurs hommes courent sans but réel. Le bombardement a cessé au bout de vingt minutes. Il est presque six heures du matin.

— Tout ce temps perdu, murmure Buchoud, écœuré par tant de veulerie, d'incapacité et de lâcheté.

Le jour est levé. Un épais brouillard couvre la terre, réduisant la visibilité à quelques mètres, mais on sent le soleil prêt à percer. La journée du 3 juin 1940 s'annonce belle.

— Qu'est-ce qu'on fait, mon lieutenant ?

Lebard est toujours là, l'œil interrogateur. Il a l'air aussi écœuré que son chef.

— Impossible de placer notre embuscade. Nous allons nous contenter de doubler avec nos deux groupes-francs les six groupes de cyclistes. J'appelle le commandant par radio. Pendant ce temps, placez les hommes.

Lebard s'éloigne. Buchoud revient, à travers les jardins, vers l'appentis où s'abrite son radio.

— Appelle-moi le commandant Viaud.

A trois kilomètres, Viaud, à l'écoute, répond immédiatement. Buchoud rend compte rapidement. D'autant plus rapidement que Lebard revient au galop.

— Mon lieutenant, venez vite, on entend des bruits bizarres sur la route !

Buchoud suit son adjoint vers le carrefour, entraînant avec lui l'un de ses groupes. Venant de Saint-Avold, des bruits de bottes résonnent sur le goudron. Mais le brouillard empêche toute vue.

Les hommes du groupe-franc sont allongés de chaque côté de la chaussée, au pied du mur du café, à gauche, et le long d'un des bâtiments de la grosse ferme occupant tout le côté droit, pistolets mitrailleurs braqués, doigts sur la détente. L'un des FM a été mis en batterie.

Soudain, du brouillard, un voltigeur allemand débouche, arme à la bretelle et vélo à la main. Prudent, très prudent. Il avance lentement, regardant autour de lui d'un air méfiant.

— Ne tirez pas encore !

Du brouillard débouche un second soldat, tenant également son vélo à la main, tout aussi prudent que son camarade. Celui-ci s'est arrêté, comme s'il avait entendu du bruit ou décelé la présence, toute proche, des Français. Buchoud pressent que l'Allemand va tourner les talons, s'enfuir. Il appuie sur la détente de son pistolet, qui tressaute dans sa main.

— Manqué !

Devant, les deux cyclistes ennemis ont lâché leur machine et s'enfuient en criant à travers les jardins. Toutes les armes du groupe-franc tirent.

— En avant ! Poursuivons-les !

Buchoud entraîne son groupe, au milieu d'une fusillade générale. Les Allemands sont à quelques centaines de mètres en avant, à la sortie de Saint-Avold. On distingue nettement les feux de départ de leurs armes, installées en ligne, face au Venheck. Au même moment, le bombardement reprend. Les hommes de tête, courant à travers les plates-bandes, aperçoivent les silhouettes des deux fuyards. L'un d'entre eux se tient le bras et ralentit l'allure.

— Vous l'avez mouché mon lieutenant !

L'Allemand est rattrapé. Il est un peu corpulent et roule des yeux effrayés sous la visière de son casque. Il est saisi sans ménagement excessif par deux soldats qui le tirent en arrière.

— *Kamerad ! Kamerad !*

Il lève en l'air son bras gauche valide.

— Allez vite, par ici, mon gars !

Le blessé refait le chemin dans l'autre sens. Lebard lui fait un pansement sommaire puis le fait conduire vers les cyclistes, toujours en arrière.

— Evacuez-le vers Valmont.

Pendant ce temps, la tête de la petite troupe qui suivait les deux éclaireurs s'est infiltrée dans les jardins. Le second groupe de Buchoud survient à ce moment et aperçoit les tenues vert-de-gris.

— FM en batterie !

L'ordre du sous-officier a dominé les crépitements. Deux hommes s'abattent avec ensemble dans l'herbe de la plate-bande en friche qu'ils traversaient. En quelques secondes, l'arme automatique est installée, pointée, alimentée ; les rafales déchirent l'air pourtant déjà saturé de bruit. Derrière les deux soldats, leurs camarades ont fixé des grenades VB à l'extrémité de leurs tromblons et tirent vers les Allemands. Plusieurs de ceux-ci s'effondrent, immédiatement emmenés par leurs camarades. Trois minutes plus tard, l'emplacement est vide. Comme pour le confirmer aux Français, le brouillard se lève, découvrant le vaste espace coupé de champs et de maisons qui sépare le carrefour de Saint-Avold. Il est sept heures du matin.

Buchoud essuie son front trempé de sueur. Il faut profiter de ce répit peut-être momentané. Il revient sur ses pas, laissant plusieurs hommes en couverture.

— Lebard, venez ici !

Le sergent-chef accourt sur la route, maintenant les grenades qui bringuebalent à son ceinturon.

— Suivez-moi, nous allons mettre les cyclistes en place, les Allemands attaqueront à nouveau sous peu ; il faut être prêts à les recevoir.

Au bout de vingt minutes, les cyclistes sont à leurs postes, sous le commandement de leurs officiers, auxquels Buchoud a interdit de quitter leurs hommes sous quelque prétexte que ce soit. Buchoud a mis sa propre section au repos et en réserve dans les maisons qui bordent la route de Valmont. Les hommes se sont installés dans les chambres désertées par leurs propriétaires, ils se sont étendus sur les lits de bois craquants, dans les chambres dont les grandes armoires à glace leur renvoient l'image de soldats au visage fatigué bleui par une barbe de vingt-quatre heures. Buchoud installe son PC dans l'une des première habitations.

— Le commandant Viaud pour vous, mon lieutenant.

Buchoud attrape le récepteur, s'assoit sur la chaise de paille que pousse sous son postérieur le radio attentionné.

— Ici Buchoud, j'écoute, à vous...

Le lieutenant hoche machinalement la tête en écoutant son chef. Lorsqu'il repose l'appareil, il sait que la journée va sans doute être rude : Viaud lui a donné le commandement et des cyclistes et de son groupe-franc et lui a transmis l'ordre très simple qui sera peut-être moins simple à exécuter, rester sur place.

Les cinq hommes sont allongés l'un derrière l'autre, derrière la murette d'un jardin, qui domine de quelques centimètres le fossé herbu bordant la route. Machinalement, pour la trentième fois, Brunel compte les petits trous qui constellent la pierre se trouvant à hauteur de son nez. Devant lui, les godillots de son copain Marcel, le guetteur, grattent alternativement la terre meuble du jardin. Sa montre-bracelet marque presque huit heures. Le soleil a percé les nuages et éclaire tout le carrefour. Brunel médite en soupirant. Il ne se passe rien et pourtant, à des kilomètres à l'ouest, les combats font rage. Ici...

— Ecoutez !

Marcel s'est à moitié dressé sur les genoux. Brunel l'imite ; lui aussi a entendu, ou a cru entendre, un raclement en contrebas. Tout arrive alors très vite. Marcel se lève entièrement, épaule son mousqueton, et tire en dessous de lui, prenant à peine le temps de viser. Le groupe de combat s'est dressé, armant les fusils. Brunel se penche ; à deux mètres de lui, dans le fossé, forme verte sur l'herbe tendre, un corps gît, sans vie. Sous le casque carré, une tache rouge vif s'élargit autour d'un trou noir violacé. L'Allemand n'a pas dû souffrir. Les gars sautent sur la route, se penchant sur le cadavre. Marcel n'est qu'à moitié fier ; il sait que le lieutenant ne sera pas content. Cet Allemand est sans doute l'un de ceux qui avaient disparu tôt ce matin. Brunel le retourne, faisant apparaître en pleine lumière les galons du sous-officier de la Wehrmacht. Un bruit de pas sur la route, les cyclistes se retournent avec ensemble ; le lieutenant arrive, suivi de trois de ses gars du groupe-franc. En trois secondes, il les a rejoints, écartant les hommes qui remettent déjà l'arme à la bretelle. Lebard est là, lui aussi ; il sait ce que pense son chef ; d'ailleurs il pense la même chose « Quel est le con qui a fait ça ? »

Buchoud ne dit rien. Ce pauvre type aurait pu faire un bon prisonnier, mais ces cyclistes manquent par trop de sang-froid.

Une corvée emporte le cadavre vers l'arrière. Buchoud a fait reprendre les emplacements. Durant toute la journée qui s'écoule sans nouveaux incidents, il en fait régulièrement le tour.

Les guetteurs clignent des yeux pour tenter de saisir avec précision dans Saint-Avold les mouvements des Allemands que l'on voit naviguer sur les crêtes dominant les hauteurs de la Carrière, du Bleiberg et du bois de Host, au fond desquelles sont encaissés le Venheck et le val menant à Saint-Avold.

A plusieurs reprises, Buchoud demande à l'artillerie de pilonner les Allemands, mais il s'arrête rapidement ; les tirs sont peu efficaces, et ses gars doivent se terrer pour éviter certains obus, tombés trop court.

Il est 16 heures. Les guetteurs continuent à observer des mouvements préparatoires.

— Ils vont déclencher quelque chose, mon lieutenant, répète pour la dixième fois Lebard, les yeux collés à ses jumelles.

Buchoud sait que le sergent-chef a raison. Il faut demander un nouveau tir d'artillerie pour tenter de gêner les Boches. Au même moment, le pas d'une troupe en marche se fait entendre vers Valmont. Buchoud se retourne ; une trentaine d'hommes avancent sur la route, emmenés par le commandant Viaud et le capitaine Vernhes lui-même. Buchoud se dirige vers eux.

— Ça va Buchoud ? lui crie Vernhes, rieur.

— Très bien, mon capitaine, mais les Boches ne sont pas inactifs.

— Je sais mon vieux, nous allons faire une petite reconnaissance par là-bas.

Le commandant Viaud tape sur l'épaule de Buchoud.

— Les sections cyclistes seront relevées cette nuit, vous aurez deux sections franches, celles de Berthon et Chagniet qui se reposent encore à Folschviller.

Buchoud sourit d'aise ; il vient de voir le lieutenant Berthon et l'adjudant-chef Chagniet qui sont venus participer à la reconnaissance. Vernhes prend son subordonné par le bras.

— Alors ? Pas trop dur ?

— Pas vraiment, mon capitaine, mais les cyclistes ne sont pas très bons. Quant à leurs chefs, franchement...

— Franchement quoi ?

Buchoud n'aime pas « descendre » des camarades, mais on est en guerre après tout, et devant l'ennemi.

— Franchement mauvais. Peut-être de bons bougres, mais la trouille les submerge au point de leur faire oublier leur plus élémentaire devoir.

— Je vois ; vous en serez débarrassé dans quelques heures. Vous devez rester ici uniquement pour tenter de faire des prisonniers, le général a été formel. Par contre, si la pression de ceux d'en face se fait trop forte, vous vous repliez, enfin, nous nous replions, car je viendrai avec la relève.

Vernhes donne un coup de canne dans un caillou.

— Nous partons en reconnaissance ; couvrez-nous le mieux possible. De toute façon, les Boches nous regardent.

Il lève les yeux vers le ciel. Dans l'air tourne le petit Fieseler-Torch de reconnaissance, l'avion espion de la Wehrmacht. L'effet ne s'en fait pas attendre, et cinq minutes plus tard, alors que le capitaine, le commandant Viaud, les deux chefs de section et quelques hommes se faufilent dans les jardins un peu en avant du Venheck, cinq obus tombent en plein carrefour, creusant de nouveaux cratères la route déjà bien endommagée.

A 22 h 30, un bruit diffus annonce la relève. Buchoud remercie l'obscurité de dissimuler aux cyclistes et à leurs chefs le plaisir qu'il éprouve à les voir partir. Devant lui, croisant ceux qui partent dans un brouhaha imperceptible d'hommes dont les uns vont au repos les autres vont peut-être combattre et mourir dans quelques heures, les sections Chagniet et Berthon gagnent leurs emplacements. Une ombre se dresse face à Buchoud, qui reconnaît la silhouette élancée du capitaine Vernhes.

— Rien de neuf depuis tout à l'heure ?

— Non, mon capitaine, tout est calme, les hommes ont même pu dîner en profitant des petits soins du cuistot.

Buchoud pense aux trois lapins plus ou moins braconnés par deux débrouillards et que la roulante a su non seulement accommoder, mais encore faire parvenir aux avant-postes sans casse. Le lieutenant, qui en a eu sa part, garde encore dans la bouche la saveur sauvage de la chair des rongeurs, largement arrosée par une « gnôle » fournie par Lebard.

Vernhes sourit et se dirige vers le PC de son subordonné qu'il s'appropie aussitôt. A l'angle, formé par la grosse ferme et un vaste hangar aux tramways qui occupe le côté gauche de la route menant à Petit-Ebersviller, vers l'est, l'adjudant-chef Chagniet a placé sa section au carrefour. Il a disposé ses deux FM de façon à couvrir Saint-Avold, droit devant lui, et le bois de Host, sur sa droite, à mi-chemin de Petit-Ebersviller.

Buchoud occupe avec ses hommes l'autre angle, face à Saint-Avold, tout près d'une vaste étable aux murs de pisé, dépendance de la ferme qui élève ses bâtiments au-dessus des hommes de Chagniet. Buchoud couvre ainsi la seconde partie du carrefour et le PC. Quant à la section Berthon, elle occupe la route en deuxième échelon et assure avec un FM la protection arrière de l'ensemble, son autre FM étant placé face au bois de Host. Prudent, le capitaine a envoyé un dernier groupe sur la hauteur du Bleiberg, assurant ainsi la protection latérale gauche.

— Si les Boches attaquent, nous avons de quoi les recevoir, confie Berthon à son camarade Chagniet, le tout est qu'on ne nous bombarde pas trop.

— De toute façon, rétorque Chagniet, même si les fritz bombardent, le capitaine a donné l'ordre de mettre nos gars à l'abri dans les maisons et de ressortir aussitôt après.

Dans leurs trous, assis sur la berme, à plat ventre derrière leurs armes automatiques, les hommes discutent à voix basse. La nuit est calme, chaude, ou du moins tiède. Aux confins du ciel, on perçoit des clartés blafardes : bombardements ou fusées. Au PC, Vernhes écoute la radio qui crachouille de mauvaises nouvelles ; Paris a été sérieusement bombardé par la Luftwaffe dans la journée de ce lundi ; sur les plages de Dunkerque, des dizaines de milliers d'hommes piétinent encore dans l'espoir d'embarquer sur les navires britanniques et français, malgré les obus et les bombes allemands.

4 h 15. Les hommes de Buchoud étouffent un bâillement. Ils sont derrière leur lieutenant, dans le jardin le plus proche de Saint-Avold, entourant une maison carrée nettement en avant des autres. De l'autre côté de la route, ils voient le vaste jardin potager de la ferme, divisé en quatre par deux allées perpendiculaires. Le

jour n'est pas loin. L'air embaume l'herbe mouillée. Le premier obus tombe sur cette paix. Toutes les têtes rentrent dans les épaules ; une dizaine de secondes plus tard, un second obus lui succède. Buchoud hésite. Les ordres du capitaine sont de se réfugier dans les maisons. Le lieutenant préfère aller se faire préciser l'ordre au PC, qui est, à vol d'oiseau à deux cents mètres. L'instant d'après, il saute dans l'herbe suivi par son ordonnance. Il pense avoir le temps d'effectuer le trajet entre deux obus.

Le souffle l'a projeté à terre. Pas de casse, mais il était moins une. Le bombardement est devenu intense ; les artilleurs allemands envoient des salves de trois ou quatre obus qui se succèdent sans interruption. C'est du gros, du 150. Les Français se sentent pris dans un maëlstrom ou tout se confond, cris humains, souffrance de la terre qui s'ouvre, béante, blessée dans sa chair brune que parsèment éclats de bois et de fer, fragments de route goudronnée, arrachements végétaux des branches d'arbres, à peine nées au printemps qui les a habillées de vert tendre. Buchoud s'élance entre les coups de départ et l'arrivée des obus, évitant les tuiles des maisons qui volent, arrachées par le souffle brûlant. Le lieutenant admire, militairement, les artilleurs capables, comme il ne peut que le constater, de placer quinze obus dans un rayon de dix mètres et de maintenir sans faiblir une telle cadence. Une nouvelle explosion.

— Mon lieutenant, je suis touché !

L'ordonnance de Buchoud, couvert de poussière, est plaqué à terre. Le lieutenant se précipite vers lui, le tire sur le bord de la route. Un large entonnoir remplace dix mètres carrés de bitume, là ou quelques secondes auparavant on voyait la route. Le soldat se relève, commotionné mais indemne. En trois enjambées, les deux hommes, l'un soutenant l'autre, atteignent le PC du capitaine. Buchoud distingue ce dernier, dans la semi-obscurité à peine trouée par une lampe à acétylène, accroupi à côté du poste et tournant frénétiquement la manivelle. Il se retourne au moment où le lieutenant et son ordonnance jaillissent, plutôt qu'ils n'entrent, dans la pièce.

— A la cave ! Le fil est coupé et la liaison avec !

Au bas de l'escalier, la cave, encombrée de vieilles futailles, d'une carcasse de lit métallique et autres vétustés. Plusieurs soldats y sont déjà, le regard levé vers le haut, guettant chaque nouvelle explosion qui ébranle les murs lézardés en plusieurs endroits. Le bombardement continue. Un obus explose juste devant la porte ; à travers le grondement, Buchoud distingue un bruit métallique caractéristique.

— Merde, nos vélos !

A l'extérieur, bicyclettes et matériel divers, littéralement pulvérisés par l'artillerie allemande, sont en morceaux. Les minutes s'écoulent, interminables. Puis soudainement, le tir paraît se lever, et se reporter plus à l'ouest vers Valmont. Lebard, qui a rejoint quelques instants auparavant, jette un œil.

— Ça s'éloigne, mon capitaine !

Le bombardement se dirige sur la ferme de la Pépinière, à quelques centaines de mètres de Venheck. Au-dessus, les Français aperçoivent le Fieseler-Torch mouchard.

— Bon Dieu, ils ont du repérer nos gars sur la croupe du Bleiberg !

Le capitaine regarde dans ses jumelles, tachant d'apercevoir la section Chagniet. Il fait très clair. Il est 5 h 20. Dans ses oculaires, Verhnes distingue nettement les silhouettes des hommes de Chagniet, qui, conformément aux ordres, se sont mis à l'abri dans la ferme et sous le hangar aux tramways.

Sur la gauche, le FM de la section Buchoud semble avoir été touché et son tireur gît allongé à côté de son arme. Au-dessus de lui, ses camarades s'agitent, appliquant leur pansement individuel sur la plaie qui saigne.

Sortant de tous les endroits où ils s'étaient abrités, les groupes émergent sur la route, le long des bâtiments.

— Reprenez vos emplacements !

La voix de Buchoud a résonné clair, malgré les déflagrations des obus qui tombent maintenant largement au-delà du carrefour.

Buchoud se rend compte très vite que son ordre est pratiquement inexécutable, malgré la bonne volonté et l'entraînement de ses gars ; collant au tir de leur artillerie, les voltigeurs allemands se sont déjà infiltrés partout et les Français voient parfaitement leurs adversaires entrer dans les bâtiments qu'ils occupaient encore une heure auparavant, se répandre comme une marée verte dans tous les espaces vides.

Le capitaine Verhnes lève son pistolet lance-fusées et appuie sur la détente. Plus de vingt fusées partent avant qu'au loin, les artilleurs français déclenchent un tir de protection sur le bois de Host, qui va provisoirement empêcher les Allemands de déboucher. Penché sur son calepin, Vernhes rédige calmement l'ordre de repli. Devant la porte du PC, les agents de liaison se préparent à bondir pour porter les ordres aux trois sections.

Le caporal Hébert reçoit celui destiné au groupe avancé de la section Buchoud, toujours en place dans la première maison sur la route de Saint-Avold. Après un salut rapide (Hébert a toujours respecté les « formes extérieures de respect », même sous le bombardement le plus intense), le caporal fonce en avant. Buchoud et Vernhes le suivent des yeux, le voient éviter un trou, sauter un fossé, franchir une haie d'épineux, puis brusquement, se jeter derrière un arbre dont toute la partie supérieure s'est écroulée dans une mare, fauchée net par un obus. En se relevant à moitié,

Buchoud comprend ; un Allemand s'est embusqué dans une grange faisant face à la maison où est bloqué son groupe et n'a manqué que de peu le pauvre Hébert. Par la porte de la grange, qui donne en plein sur la maison, le tireur allemand interdit toute sortie aux hommes de Buchoud, comme il empêche Hébert de les rejoindre et de leur transmettre l'ordre de repli.

Soudain, le caporal surgit comme un diable de son arbre et en trois enjambées, atteint le perron de la maison, derrière lequel il se dissimule. L'Allemand, abrité derrière un pan de mur a réagi trop tard et a manqué son adversaire. Durant dix minutes, les deux hommes se tirent dessus, sortant alternativement le buste de leur abri pour faire feu sur celui d'en face.

— On ne peut pas laisser Hébert comme ça ; il faut aller l'aider et dégager du même coup vos hommes.

Vernhes s'est relevé, imité par Buchoud qui fait signe de les suivre aux agents de transmissions restant, Dumont, Dufoux et Marangé. Le petit groupe s'élance, courant vers le mur de la grange, à l'autre extrémité de laquelle, à l'abri derrière son mur et protégé par les stalles d'une petite étable faisant appentis, l'Allemand poursuit son tir.

Le capitaine Vernhes en tête, le groupe franchit la cour s'étendant à gauche de la grange et se retrouve à côté de l'étable, séparé du voltigeur ennemi par un mur en torchis qui prend le jour par deux lucarnes sales. Deux grenades, prestement dégoupillées, volent par les ouvertures. Trois secondes, deux lueurs orange qui se confondent, soutenues par une déflagration qui fait sauter une partie du mur. Vernhes s'approche de la porte.

— Mon capitaine, ce n'est pas votre place, laissez-nous passer devant !

Vernhes écoute ses hommes sans répondre, pousse la porte et, mousqueton à la main, rentre dans l'étable apparemment vide.

Buchoud et Vernhes se précipitent pour fouiller les stalles, encore pleines de paille maculée de bouse séchée. Le silence est revenu. On n'entend que le brui de la paille remuée.

— Le voilà, je l'ai ! *Hände hoch !*

Le cri du capitaine fige une seconde sur place Buchoud. Vernhes est à deux mètres de lui, à moitié sorti de la stalle qu'il fouillait, face à une porte étroite, donnant sur la route, et dans laquelle vient de s'encadrer la silhouette de l'Allemand. Les deux hommes se font face, s'affrontant du regard, une seconde qui paraît un siècle et durant laquelle tout se décide. Le Mauser et le mousqueton se sont dressés ensemble, mais l'arme de l'Allemand a tressailli la première. La détonation, énorme, résonne comme dans une cathédrale. Les yeux agrandis, Buchoud voit le capitaine s'effondrer dans un râle, une balle en plein cœur, tué net.

Hébert surgit au moment précis où l'Allemand s'enfuit sur la route de Saint-Avold, son fusil part en même temps. L'Allemand s'effondre à son tour, mort. Les agents de transmissions envahissent l'étable qu'ils couvraient de l'extérieur. Ils saisissent le cadavre du capitaine dont l'œil est déjà vitreux, étendu sur le dos.

— Repliez-vous en vitesse, je prends le commandement !

De l'autre côté de la route, Buchoud aperçoit le caporal-chef Collin qui arrose à la mitraillette un groupe d'Allemands embusqués dans un fossé. Un FM ennemi fume encore, le canon dressé vers le ciel, mis hors de combat par une grenade lancée avec précision par Schmidt, et dont l'explosion a tué net les deux servants.

Le groupe avancé de Buchoud s'est enfin dégagé et se replie en ligne par les jardins jusqu'à la hauteur du PC. Les hommes tirent sans arrêt sur les Allemands que l'on voit refluer sur Saint-Avold. Collin est blessé, tout comme l'ordonnance de Buchoud, cette fois-ci réellement touché d'une balle au cou. Le lieutenant réclame un nouveau tir de protection, envoyant vers le ciel fusée sur fusée. A la sixième, il renonce. Les artilleurs ne doivent rien voir au milieu de l'épaisse fumée qui recouvre le carrefour.

Buchoud est inquiet ; il n'a aucune nouvelle de la section Chagniet, qui doit être abritée dans le hangar aux tramways de l'autre côté de la route.

Pour l'avoir reconnue, Buchoud sait que la ferme contre laquelle il s'appuie est un véritable labyrinthe, dédale de porcheries, de hangars, de couloirs, d'auvents et de cours, dans lesquels l'infiltration est aisée. Si l'Allemand s'y est glissé, comme dans les autres maisons et jardins, les hommes de Chagniet risquent d'être pris à revers. Impossible également d'en sortir ; l'unique issue est battue par une arme automatique allemande. Boucon, le tireur au FM, est blessé sur son arme en tentant de la contre-battre ; son camarade Provost, qui le remplace, s'abat à son tour. Buchoud aperçoit alors le sergent-chef Gauville, sous-officier adjoint, qui jaillit du hangar et, tirant tout en zigzaguant, abat l'un après l'autre les servants ennemis.

— Repli général !

Le cri de Chagniet a dominé les rafales. Les hommes passent un à un, courbant le dos sous les balles pour traverser le carrefour complètement dénudé. Vandichèle a pris sur son dos Boucon qui geint et demande qu'on le laisse sur place.

— Ta gueule, tu passeras comme les autres.

A mi-chemin, Vandichèle tombe avec son fardeau. Les deux hommes se tirent l'un l'autre, tout en répondant au feu des Allemands avec leur arme individuelle. Ils sont rejoints par un nouveau paquet de trois hommes dont Provost, blessé, qui hurle de douleur, porté par son camarade Robinet et le sergent Guyot. Les derniers hommes de la section Chagniet arrivent de l'autre côté du carrefour. Buchoud les compte.

— Il me manque un type, grimace Chagniet. Didon a disparu depuis un quart d'heure.

— J'étais avec lui dans les stalles à cochons ; puis je suis passé. Depuis, plus rien.

Le chef Gauville gratte sa barbe en fronçant les sourcils.

— On attend encore dix minutes et on décroche ; on ne peut attendre plus longtemps avec les blessés...

Buchoud regarde les six corps allongés dans l'herbe. Un peu à l'écart, le cadavre du capitaine, est couché sur un brancard, déjà raidi dans la mort, un léger sourire sur les lèvres, reposé *.

Les balles crépitent toujours, semblant venir de partout, et pourtant le gros de l'adversaire est reparti vers Saint-Avold.

— On décroche !

Buchoud se retourne. Le carrefour du Venheck disparaît derrière le tournant de la route. Au-dessus des arbres, la fumée des maisons incendiées monte dans le ciel clair.

---

* Ramené à Folschwiller, le capitaine Vernhes sera inhumé le lendemain dans un champ. Il recevra la Légion d'honneur à titre posthume et la décoration sera remise par les gendarmes à son fils Eric alors âgé de six ans.

CHAPITRE IX

VONCQ ET SEMUY

— Les pauvres bêtes, c'est-y pas malheureux !

Bonnet * et Roubier *, appuyés à leur créneau, ne peuvent s'empêcher de soupirer, en vrais paysans qui souffrent de ne rien pouvoir faire pour les animaux errant à quelques mètres d'eux, à travers champs. Ils n'arrivent pas à s'habituer. Et pourtant, tous les soirs, troupeaux de vaches et de moutons se rassemblent, mus par leur instinct, auprès des enclos qui entourent les villages déserts autour desquels sont cantonnés les fantassins de la 36e DI. Toute la journée, les animaux ont erré dans les grasses prairies vallonnées de ce coin de l'Argonne, dont la verdure contraste avec la monotonie du paysage champenois, où la division se trouvait encore voici quinze jours.

Du 14 au 17 mai, la division a quitté ses cantonnements du camp de Mailly, près d'Arcis-sur-Aube. Roulant de jour comme de nuit, en camion ou en auto, marchant à pied lorsque les routes bombardées sans répit par l'aviation allemande ne permettaient plus d'utiliser les véhicules, elle a parcouru plus de 200 kilomètres pour atteindre ses positions, sur l'Aisne, ligne de défense sur laquelle le commandement français va tenter de stopper le déferlement ennemi.

Bonnet et Roubier sont tous deux volontaires au corps-franc du 57e RI, l'un des trois régiments de la division Aublet. Le lieutenant-colonel Sinais, courte moustache, lunettes rondes cerclées d'écaille, un sourire perpétuel aux lèvres, est revenu le 14 mai

---

* Pseudonymes.

vers 7 heures du soir d'une conférence des chefs de corps au PC du général Aublet. Il a alors réuni ses officiers et leur a lu l'ordre griffonné par le général sur une page de carnet de poche :

« La division s'installe entre l'Aisne et Attigny et le défilé de Grandpré, face à l'est. Mission du 57 : interdiction des ponts sur l'Aisne entre Vouziers exclu au nord et Mouron au sud, face à la trouée de Grandpré. Pas de carte. Prendre toutes dispositions, on peut rencontrer l'ennemi d'un moment à l'autre. »

Le lieutenant-colonel Sinais, voulant montrer à ses subordonnés l'importance tactique de leur position, avait rapporté ces paroles du général Huntziger, commandant le 4e groupe d'armées, au général Aublet : « Il y va du salut de la France. »

Le lieutenant-colonel Sinais ne se faisait pas beaucoup d'illusions sur l'effet véritable d'une formule de ce genre, glorieuse mais tardive, sur des officiers qui avaient pour beaucoup leur opinion personnelle sur le haut commandement, mais il se disait que dans des moments comme ceux que vivait l'armée, tout était bon pour donner du cœur au ventre à ceux qui avaient pour mission de sauver sinon la France, du moins leur honneur, son honneur.

Sinais pouvait d'ailleurs, à titre personnel de chef de corps, être satisfait. Le transfert de Mailly au secteur de Vouziers s'était fait, compte tenu de la situation, dans un temps record et dans un ordre parfait. Et pourtant, faire progresser un régiment au milieu du cortège hagard des réfugiés, encombrés d'objets les plus hétéroclites, brouettes, voitures d'enfants, bicyclettes, n'était pas une sinécure. Les fantassins du 57e, prêts à se battre, avaient pris violemment à partie les quelques militaires isolés rencontrés dans les convois de réfugiés et les avaient invités, un peu durement, à se joindre à leur colonne.

Depuis le 15 mai, à l'aube, tout le monde était en place. Le 16 mai, de nouveaux ordres prescrivaient aux 18e, 14e et 57e RI, formant la 36e division, de pivoter sur la droite, sur le canal des Ardennes, afin de suppléer à la 53e DI qui n'avait pu contenir les Allemands. Le mouvement s'était effectué en plein jour, malgré le survol constant de bombardiers ennemis. La colonne du 57e, qui suivait la rive droite de l'Aisne, avait subi de fortes attaques de Stukas, fondant en piqué, sirènes hurlantes, sur les soldats kaki. Quatre morts et neufs blessés avaient été le tribut de la journée, qui s'était achevée par la destruction des ponts de l'Aisne et des canaux de l'Aisne et des Ardennes, entre 17 h 30 et 22 h 30. Enfin, le 17 mai, le 57e était installé fermement sur sa position, face au village de Voncq, entre Attigny et Le Chesne, sur le canal des Ardennes, au milieu des bois qui, au sud, donnent sur la rive droite de l'Aisne. A quatre kilomètres au sud, le village de Vouziers a presque entièrement brûlé lors de l'attaque du 17 mai. Les autres villages, Quatre-Champs, Vandy, Voncq, maintenant déserts, paraissent encore plus abandonnés dans la solitude des bois.

Le groupe-franc du 57e, aux ordres du capitaine Chounet, vareuse toujours impeccable, molletières, béret basque et canne, est cantonné aux Alleux, village situé sur la route menant de Terron au carrefour du Chesne, en arrière de la voie romaine qui conduisait les légions de Reims à Trèves. Tout autour, les quartiers de Voncq, Semuy, Montgon, Neuville-Day sont occupés par les trois compagnies du 57e.

Dans la petite maison qui leur sert tout à la fois de PC et de logement, le capitaine Chounet et ses adjoints, le lieutenant Bisset et le sous-lieutenant Cima terminent leur déjeuner : boîtes de singe, sardines, riz et chocolat, le tout arrosé du vin de l'Intendance. Le petit Cima n'est pas d'un naturel gai, aujourd'hui. Ce qui ne veut pas dire qu'il soit triste ; il pressent le combat, et cela creuse ses joues déjà maigres.

— En tout cas, mon capitaine, si les gens d'en face attaquent, nous aurons de quoi faire. D'après les rapports de patrouilles des 14e et 18e RI nous avons deux divisions boches en face de nous.

— Oui, commente Bisset, qui épluche avec application une figue séchée, la 10e division d'infanterie bavaroise, la 267e division d'infanterie et un bataillon de mitrailleurs.

Chounet mastique lentement, avec application. Il sent, lui aussi, que l'engagement ne saurait tarder. Après l'irruption des Allemands en Belgique et dans les Ardennes, il faut s'attendre à une tentative de rupture de front dans le coin. Quand et où ? Depuis deux jours, sur l'ordre du général Aublet, les hommes ont posé des mines, installé des réseaux de barbelés, creusé des emplacements d'armes automatiques. Tout cela sous l'œil vigilant et exaspérant des Henschel d'observation, ces petits avions allemands qui contrôlent en toute quiétude les travaux des Français, les avions amis étant, au moins par ici, totalement absents dans les cieux !

Sur la table qui lui sert de bureau, Chounet aperçoit les rapports qui lui signalent les résultats des observations des sentinelles : apparition de blindés allemands sur les hauteurs au nord du canal des Ardennes, nombreuses reconnaissances ennemies de jour comme de nuit. Quant aux bombardements, à chaque tir de nos artilleurs répondent les tirs de représailles sur les PC, les villages, les carrefours. Les bataillons en ligne sont soumis à des tirs de minen de plus en plus meurtriers et les pertes journalières augmentent sensiblement. En tout cas, les Allemands semblent orienter de plus en plus leurs efforts sur Voncq, dont le clocher à quatre pans domine, d'une légère hauteur, l'Aisne qui coule paisiblement en contrebas.

⁂

La voiture de liaison dépose le capitaine Chounet devant son PC.

— Bonnet, trouvez-moi les lieutenants Cima, Bisset et Chaudrut et dites-leur de me rejoindre sans délai.

Entré dans la pièce, Chounet déplie la carte, sortie de la serviette dans laquelle, méprisant le qualificatif de « maniaque » que lui donnent ses camarades, il range lui-même soigneusement tous les documents concernant son groupe-franc. Avec une nuance d'agacement, il arrache la feuille de calendrier journalier qui a été oubliée le matin : 28 mai 1940. Dehors, un bruit de pas annonce ses officiers. Bisset entre le premier, sa large poitrine explosant dans son pull-over kaki, au-dessus de la culotte de cheval claire terminée non par des bottes, mais par des grosses chaussettes réglementaires. Derrière lui, Cima et Chaudrut apparaissent à leur tour, jetant un regard interrogateur à leur capitaine. Celui-ci ne s'embarrasse pas de formules.

— Avant-hier, la section du lieutenant Toulza a fait un prisonnier au Moulin de la Tortue, entre Neuville-Day et Semuy.

Un silence. Les trois lieutenants fixent le petit carré noir qui, sur la carte, symbolise le moulin, sur la rive gauche du canal des Ardennes.

— Le colonel a interrogé ce prisonnier et ce qu'il en a conclu lui a fait décider d'exécuter un coup de main sur Semuy, où doivent se trouver plusieurs éléments ennemis.

Nouveau silence.

— Notre groupe-franc est chargé de ce coup de main.

Les joues de Cima se sont encore creusées. C'est chez lui un signe de satisfaction. Chounet regarde ses trois subordonnés. Si ce n'est les joues creusées de Cima, pas de réaction apparente. Le capitaine sait parfaitement qu'au fond d'eux-mêmes, les uns comme les autres éprouvent cependant le même petit pincement de satisfaction. Une fois de plus, le groupe franc va combattre en avant.

— L'artillerie divisionnaire encadrera l'opération et, à la fin exécutera un tir d'arrêt pour permettre le retour dans les lignes. Par contre, il n'y aura pas de tir de préparation afin d'éviter de donner l'éveil.

Durant dix minutes, le capitaine explique calmement, distribue les rôles.

— Pas de questions ?

Non, pas de questions. Cima, Bisset et Chaudrut connaissent leur métier. Tout est parfaitement clair.

Chounet fourgonne dans une armoire, en sort une vieille bouteille d'Armagnac. En silence, les quatre hommes boivent le fond d'un verre, sorti lui aussi de l'armoire et emprunté provisoirement à leur légitime propriétaire.

Dehors, il fait beau et tiède. Le ciel est illuminé d'étoiles qui brillent fixement. Dans les deux granges qui servent de cantonnement au groupe-franc, les hommes vérifient leurs armes, comptent les grenades, à la lueur des lampes à acétylène qui jettent de grandes ombres sur les murs de torchis.

— Vous pouvez dormir jusqu'à une heure et demie. Départ à 2 h 15.

A trois kilomètres de là, des fantassins jettent des passerelles sur le canal et le pont de Voncq, détruit par les Français eux-mêmes. Silencieusement, des groupes de soldats retournent vers l'arrière, abandonnant leurs positions ; ce sont des éléments de la 5e compagnie du 57e, qui se replient provisoirement pour donner les coudées franches à l'artillerie divisionnaire lorsqu'elle exécutera son tir d'arrêt.

A 3 heures du matin, les sections franches sont en place. Les 47 hommes de Chounet distinguent parfaitement, à quelques centaines de mètres de l'autre côté du canal, le petit village de Semuy et ses rues montantes. Les Allemands l'occupent ; on voit de temps à autre une lumière filtrer à travers une fenêtre ou une porte, voire la lueur reconnaissable d'une lampe de poche.

— Prennent pas beaucoup de précautions, les fritz !

— Ils s'en foutent, mon gars, leur radio leur raconte toute la journée qu'ils sont vainqueurs et que l'armée française est en pleine déroute !

Les sous-officiers font faire silence. Légèrement en avant, Chounet a baissé son bras. Le groupe franc se lève d'un seul coup et, courant à petites foulées dans le sous-bois, se dirige vers les passerelles provisoires. Au moment précis où les éclaireurs de tête les atteignent, le sifflement d'un obus fait jeter à terre les plus instinctifs. En dix secondes, c'est l'enfer. Les obus pilonnent la rive, relayés par les rafales des armes automatiques allemandes qui prennent les passerelles en enfilade. Derrière le canal, l'artillerie française a aussitôt répondu, mêlant le roulement de ses tubes à ceux des artilleurs allemands.

— Foncez ! Ne vous arrêtez pas !

Chounet pousse ses gars en avant, aidant Roubier, qui a trébuché, à se relever. Les hommes du groupe franc passent sur l'autre rive, non sans laisser plusieurs d'entre eux en arrière, fauchés par les balles ou les éclats d'obus.

Il ne faut que quelques minutes aux Français pour atteindre les premières maisons de Semuy. Un combat de rue s'engage immédiatement. En face, les hommes de deux compagnies du 78e régiment d'infanterie rhénan, retranchés dans chacun des bâtiments, abrités derrière des barricades de sacs de terre et de meubles enlevés des maisons, arrosent les Français qui montent à l'assaut. Les balles crépitent, arrachent le plâtre des murs, écornent les volets de bois. Plusieurs volontaires tombent ; l'un d'eux s'effondre sur le canon de la mitrailleuse qu'il allait neutraliser, grenade à la main. Les servants n'ont pas le temps de s'écarter, ni de repousser la grenade, déjà dégoupillée, qui éclate en dispersant ses éclats.

A droite, le sergent Guillot galope vers une maison d'où partent des tirs précis. Sur ses talons, trois hommes foncent en criant. D'un coup de pied, la porte est enfoncée ; Guillot surgit comme un diable, mitraillette braquée. A l'intérieur, trois Allemands se sont levés précipitamment, mains déjà levées, et passent devant les Français qui les repoussent vers l'arrière.

En dévalant la rue, Guillot remarque une silhouette qui tente de se dissimuler. Une silhouette étrange dans ce combat de soldats, une silhouette sans uniforme. Le civil regarde Guillot arriver vers lui. Le regard est fuyant, pour ne pas dire louche. Guillot pense à cet autre civil français, qui voici treize jours, a fini par avouer avoir été parachuté par les Allemands pour couper les lignes téléphoniques mises en place dans la forêt. Le colonel n'a pas hésité une seconde et l'a fait fusiller immédiatement.

— Viens ici, toi, tout de suite.

Le civil, le regard de plus en plus fuyant, se met à courir devant Guillot et sa mitraillette. Il rejoint en quelques enjambées les trois soldats allemands, qui ne lui accordent pas un regard.

Guillot confie ses prisonniers à Christy, qui retourne vers la passerelle, et remonte vers le carrefour du village, où il vient d'apercevoir le capitaine Chounet distribuant des ordres. Lorsqu'il arrive, le capitaine est toujours là ; mais couché de tout son long au bord d'un caniveau. Tué net par une balle allemande. Guillot reste une seconde hébété, puis revenant à lui, hèle deux hommes qui tiraillent à l'abri derrière la porte à moitié arrachée d'une grange. Sous un feu intense, les trois hommes descendent le corps de leur chef.

— Où est le lieutenant Chaudrut ?

— Sais pas, l'ai vu passer avec plusieurs gars, il est passé devant.

Guillot a perdu en effet le lieutenant de vue, au moment où, courant à toute vitesse, il s'engouffrait dans la cour d'une ferme, suivi par plusieurs de ses hommes. Depuis, il ne l'a plus vu, mais des rafales fournies, vers l'ouest du village, lui font penser qu'il doit se trouver dans cette direction. Les hommes du corps-franc refluent vers les passerelles, traînant ou aidant leurs camarades blessés. Les obus de 81 de la 5e compagnie du 57e tombent à propos pour protéger leur retraite, malgré les tirs de l'artillerie allemande, bien dirigée par le Henschel d'observation qui ne cesse de tourner au-dessus du village, renseignant les batteries qui se trouvent à un ou deux kilomètres en arrière.

Les derniers soldats du groupe-franc rentrent dans les lignes, ralentissant, puis stoppant tout à fait en voyant, couché à l'abri d'un mur, le cadavre du capitaine Chounet. Le sous-lieutenant Cima, don les joues sont plus que jamais creusées, regarde droit devant lui d'un air sombre.

— Effectifs rentrés ?

— 17 hommes valides, mon lieutenant.

Cela fait 30 sous-officiers et hommes de troupe hors de combat, plus l'officier commandant le groupe franc tué. Les hommes des 5e et 6e compagnies poursuivent le combat destiné à stopper les Allemands et à reprendre les positions évacuées sur ordre pendant le tir d'engagement. Au téléphone, le lieutenant-colonel Sinais félicité Cima :

— Nous connaissons ce que nous voulions savoir. Transmettez mes compliments à vos hommes.

La voix de Sinais est un peu plus sourde que d'habitude. La perte du capitaine Chounet ne peut se commenter au téléphone et d'ailleurs, Cima préfère, pour l'instant, qu'on n'en parle pas ; les paroles, dans certains cas, sont par trop superflues dans leur insuffisance.

Tout autour du sous-lieutenant, les fantassins du 57e se regroupent. Les positions sont à nouveau réoccupées. Les Allemands ont d'ailleurs pratiquement stoppé leur tir. Le jour est presque complètement levé. Dans Semuy, le lieutenant Chaudrut et ses hommes ne peuvent plus se replier. Ils sont engagés trop loin, et les Allemands sont entre eux et les lignes françaises. Ils commencent une longue journée, dissimulés dans les bâtiments d'une grosse ferme. Ils ne rejoindront que dans vingt-quatre heures.

Dans son PC, le lieutenant-colonel Sinais essuie ses lunettes rondes. La division peut être satisfaite : les renseignements rapportés par le groupe-franc et confirmés par les prisonniers prouvent que les positions ennemies de Semuy sont solidement occupées et soutenues par une forte artillerie dont les tirs sont rendus extrêmement précis par les observations du Henschel espion. Certes, le général Aublet sera content, comme le lieutenant-colonel Sinais est fier de la conduite de son régiment et de son groupe-franc. Mais à quel prix. Plusieurs dizaines d'hommes hors de combat, l'officier commandant le groupe-franc, tué ; le sergent-chef Ypes, gravement blessé aux reins, a rampé une heure dans un champ de luzerne pour regagner sa position de départ ; Fortabat, dix fois blessé... Et Chaudrut ?

— Pourvu qu'il ne se fasse pas tuer, lui non plus. J'ai besoin de tous mes officiers, et le corps-franc est pour l'instant décapité.

***

Venheck. Secteur fortifié de Faulquemont. Didon est seul. La section Chagniet, la sienne, est maintenant entièrement repliée. Le sergent Gauville vient de sauter d'un bond à travers le rectangle clair de la porte. Les balles des Allemands ont aussitôt sifflé dans leur direction. Gauville est quand même passé et a rejoint le groupe des camarades. Didon se dit qu'ils vont se planquer, puis, homme par homme ou en groupe, il ne sait pas, se faufiler vers le carrefour du Venheck et rattraper les gars du groupe-franc du capitaine Vernhes. Il ne sait pas, Didon, que le capitaine est mort depuis une heure, tué de l'autre côté de la route.

Lorsque le tir d'artillerie des Allemands s'était déclenché, tôt ce matin du 4 juin, le groupe Chagniet s'était replié en rampant dans la ferme pour s'y mettre à l'abri. Les gars s'étaient retrouvés dans une étable à porcs, dont les stalles se répartissaient à droite et à gauche d'un couloir central. Lorsque le tir s'était relevé, ils avaient tenté de sortir pour reprendre leurs emplacements dans la vaste cour. Mais les Allemands étaient embusqués partout et Didon et ses camarades avaient dû précipitamment regagner leurs stalles.

— Pourtant, avec l'odeur qu'on attrape ici, on devrait repousser les Boches jusque chez eux, avait plaisanté sourdement Gauville.

Le sergent et Didon s'étaient retrouvés tous les deux et ils avaient attendu, guettant le moment favorable pour bondir et rejoindre le lieutenant, qui avait réussi à se faufiler dans le hangar aux tramways. Cela avait duré longtemps et, à la fin, Gauville s'était décidé. Didon restait seul, guettant à son tour, tous muscles bandés. Il allait s'élancer. Mais à ce moment précis, un bruit de lourdes bottes l'arrête dans son geste. Une silhouette se dessine contre la porte de l'étable. Un soldat entre, Mauser braqué. Il est à trois mètres de Didon qui le voit. Mais lui ne le voit pas, car Didon est dissimulé par le panneau de la stalle. Le coup part, net. L'Allemand tombe en avant, sans comprendre, une balle en plein front.

Au bruit de la détonation succède, saugrenu et métallique : le bruit de la culasse qui éjecte la douille et met en place une nouvelle cartouche. Didon attend, prêt à tirer une seconde fois. Il n'éprouve aucune fierté ; à trois mètres, on ne rate pas son homme. Mais rien ne vient. Les Allemands doivent se méfier, d'autant plus qu'ils ne savent pas d'où partent les balles. Didon n'entend plus rien. Il pense que l'engagement doit être fini. Il soliloque, pour se donner du cœur au ventre.

« Je suis tout seul, tant mieux pour les copains s'ils sont passés, et merde pour moi... Le mieux est d'attendre la nuit ici et de partir à ce moment-là ! »

Didon repense à l'odeur, il sent qu'il va se transformer lui-même en cochon. Mais, cela ne le fait que sourire et se mettant à genoux, il s'aménage une couchette dans la paille pourrie. Il vient à peine de s'étendre que le toit qui le domine semble se soulever sous l'effet de la main d'un géant. Au même instant le bruit énorme d'une explosion le rend sourd quelques secondes. Le tir reprend avec violence et précision. Les tuiles volent, les toits bougent, s'écroulent en partie.

Ce que Didon ne sait pas, c'est que ces obus sont français, mais ce dont il se rend compte rapidement, c'est que sa position est intenable. Il se redresse, ramassant son fusil et son casque, qu'il avait posés à côté de lui. Au moment de s'élancer, il se ravise et repose soigneusement son fusil contre un mur, puis, déboutonnant sa vareuse et sa chemise, il passe par-dessus sa tête la chaîne qui retient sa plaque d'identité. Didon est né en 1900. Il a « le siècle », comme disent les bonnes femmes de chez lui. Cela veut dire qu'en 1917 les Allemands sont venus le chercher, dans le petit village qu'il habitait à côté de Metz. Pour l'enrôler dans l'armée du Kaiser. Didon et ses frères, un peu plus âgés que lui, professaient l'amour de la France, et ils avaient déserté les recruteurs à casque à pointe. En d'autres termes, si les Allemands de 1940 repéraient l'identité du réfractaire lorrain de 1917, la peau de celui-ci ne vaudrait pas bien cher.

Didon a repris son fusil. Aplati contre le chambranle de la porte, il jette un coup d'œil dans la cour. Les Allemands sont là, se dissimulant pour éviter les obus français. Entre les accalmies, ils se relèvent et ramassent les blessés et les morts jonchant les quelques dizaines de mètres carrés qui s'étendent devant Didon. Celui-ci se jette à terre et en rampant, entreprend de sortir du guêpier en longeant fossés et bâtiments. Les Allemands ne font pas attention à lui. Au bout d'une longue demi-heure, Didon est dehors, traversant au pas de course le carrefour du Venheck.

Il arrive devant ce qui était encore, voici quelques heures, le PC du capitaine. La maison est sérieusement endommagée et, devant la porte, un amas de ferraille tordue représente tout ce qui reste des vélos de la section. Didon en repère cependant un, appuyé de guingois contre un mur, semblant avoir échappé au bombardement. Il l'enfourche ou plutôt tente de l'enfourcher ; Didon est petit et la barre est bien trop élevée pour son gabarit.

— Merde... je continue à pied !

Le vélo retombe. Didon, prudent malgré le silence, s'est couché dans le fossé bordant la route et repart en rampant. Devant lui, tombés dans l'herbe, des formes oblongues l'arrêtent, des chargeurs de FM ; vides. Didon prend cependant quelques secondes pour les enterrer soigneusement. Les Boches ne doivent rien trouver d'utilisable. La progression solitaire continue. A quelques centaines de mètres, en levant le nez, Didon aperçoit le toit des maisons d'un village. Sur la gauche, un panneau indicateur, Valmont.

« Chouette, soliloque une nouvelle fois Didon, c'est le bon chemin. »

Le fossé mène aux premières maisons, mais, sitôt émergé de son fossé, Didon est pris à partie par le feu crépitant des mitrailleuses occupant déjà le terrain. Il n'a que le temps de se rejeter, haletant et les cheveux collés au front par la sueur, derrière le mur d'une chapelle. Aplati dans l'herbe, Didon tente de faire corps avec le sol, priant le Bon Dieu pour la première fois depuis de longues années, allant même jusqu'à se signer. Le tir d'artillerie s'est à nouveau déclenché. Didon pense, en un éclair, que les Allemands ont dû suivre le groupe-franc pendant son repli et que les suivant à son tour, il se trouve au milieu des poursuivants. Un obus éventre une maison à quelques mètres de lui, de l'autre côté de la route.

Plusieurs heures passent, faisant alterner les bombardements intenses et le silence quasi absolu. Le soir tombe lentement, trop lentement pour Didon qui compte profiter de l'obscurité pour s'esbigner. Des pas sur la route, un bruit de voix qui parlent allemand ; la patrouille s'arrête à la hauteur de Didon, simplement séparée de lui par quelques buissons. Une lueur orange, une explosion, un adversaire un peu nerveux a lancé une grenade dans l'un des fourrés qui bordent la route. Didon sent les gouttes de sueur longer la racine de son nez, se perdre dans les poils de sa barbe de quarante-huit heures. La patrouille passe, continuant son chemin. Tremblant de froid additionné de crainte, Didon passe toute la nuit au même endroit, toujours abrité par sa chapelle.

Le 5 juin s'écoule à nouveau, sans incident particulier. Didon a faim et soif, mais il n'ose pas bouger. Mais il n'ose pas non plus dormir. Il fait une chaleur torride. La route danse devant les yeux de Didon, comme animée par une vapeur qui s'élève, trouble, audessus du revêtement goudronné jonché d'objets cassés et de tuiles brisées. S'il avait des semelles caoutchoutées, il tenterait bien de passer, mais ses godillots cloutés avertiraient les Allemands à trois cents mètres à la ronde ! La nuit tombe à nouveau, ramenant la patrouille allemande, sans doute relève de quelque poste avancé. Les Boches parlent et marchent sans aucune précaution, passant sans s'en douter à quelques mètres du petit soldat français, qui suce de l'herbe pour tromper sa faim et sa soif.

Avec le jour reviennent les bombardements qui écrasent avec régularité et à intervalles fixes les maisons et les champs de Valmont. Didon se rend compte qu'il ne peut pas rester là plus longtemps, qu'il lui faut prendre un parti, une décision. Rester en arrière des lignes allemandes est chaque jour plus dangereux, la Wehrmacht devant avancer profondément vers l'intérieur. Au matin du 8 juin, hâve, mourant de faim et de soif, ne s'étant désaltéré que dans un seau rempli d'eau croupie et de plâtre trouvé dans une maison proche de sa cachette, Didon se décide à quitter Valmont.

Curieusement, la patrouille n'est pas passée et les tirs d'artillerie se sont interrompus. Didon pense que les Allemands sont peut-être déjà à Paris, ainsi qu'ils l'avaient annoncé dans un communiqué. Didon émerge de sa cachette et se hasarde dans Valmont, complètement abandonné. Didon marche sur la route, un peu inconscient de la cible qu'il doit former, soldat équipé, son fusil à la main, son casque bien droit sur la tête, musette et masque lui battant les flancs. Il finit par obliquer à travers les champs dorés, évitant les nombreux réseaux de fils de fer barbelés. Didon escalade lentement une côte, buvant de temps à autre un peu d'eau dans le bidon qu'il a pu remplir dans une maison abandonnée. Arrivé au sommet, il découvre un vaste panorama, scintillant sous le soleil matinal. Sur la droite, une grosse maison, vers laquelle il se dirige prudemment. Il s'arrête soudain ; un homme vient d'apparaître sur le seuil.

— Les Boches ! Ça y est, je suis pris.

Mais le soldat est rejoint par un autre. Ils regardent dans la direction de Didon, sans excitation particulière. Didon ne peut plus fuir, il est trop près et en plein terrain découvert. L'un des hommes met ses mains en porte-voix :

— Ne te fais pas voir !

Didon se demande s'il a bien entendu. Des Français ! Ce sont des Français ! Quelques minutes plus tard, le lieutenant Buchoud entend la liaison téléphonique grésiller.

— Venez voir, mon lieutenant, Didon est rentré !

***

Ce que le soldat Didon ne sait pas encore, et ce qu'il va apprendre par ses camarades, c'est que depuis le 5 juin, la seconde phase de la bataille de l'Ouest est commencée. A 5 heures du matin, l'artillerie allemande ouvre le feu et les Stukas de la Luftwaffe plongent sur les arrières de groupe d'armées n° 3, tandis que les panzers foncent sur Amiens et Péronne. La bataille de France ne s'engage pas sous d'heureux auspices pour l'armée française. Face aux 27 divisions françaises, la Wehrmacht en aligne 45, dont les fantassins, contrairement à ce qui se passait au mois de mai, sont cette fois-ci capables d'entrer en ligne en même temps que les panzers. « La deuxième grande offensive se déclenche aujourd'hui avec des moyens formidables et nouveaux », annonce Hitler à la radio.

Le plan du Führer est simple et grandiose à la fois. A une rupture du front français sur la Somme par le groupe Bock succédera une attaque en Champagne du groupe d'armées Rundstedt. Ce dernier prendra alors les armées de l'est à revers, pendant que le groupe d'armées Bock, s'ouvrant en éventail, foncera sur Paris, Troyes, Dijon et Lyon vers la Méditerranée d'une part, et d'autre part attaquera la Bretagne puis la côte Atlantique jusqu'aux Pyrénées. Ce plan ne tient aucun compte d'une quelconque et éventuelle réaction française. Hitler sait que si la ligne Maginot est encore solide, le front français face au nord, entre la Meuse et la mer, est faible ; et cette faiblesse va en s'agrandissant au fur et à mesure que l'on va vers l'ouest. Si, sur l'Aisne, les troupes ont eu le temps de s'organiser, il n'en va pas de même sur la Somme. C'est précisément par cette brèche que les Allemands vont s'engouffrer. Quant aux réserves françaises, elles équivalent à la moitié de ce que peut aligner Hitler.

Mais ce qu'Hitler n'a pas pris en compte, et ses généraux, tels Rommel, Manstein ou Tippelkirsch vont s'en apercevoir dès les premières heures de l'offensive, c'est le changement profond de l'état d'esprit de l'armée française. Pour la première fois, celle-ci se sent véritablement commandée. Weygand a su ranimer une confiance jusqu'alors perdue. Le généralissime ne se fait aucune illusion. Il connaît la faiblesse de ses troupes, l'insuffisance de ses effectifs, mais pour les pallier, il prend des directives intelligentes, fermes et claires. Abandonnant la défense passive, linéaire, qui a été l'apanage de cette tristement appelée « drôle de guerre », et qui le fut si peu, il ordonne l'organisation d'un quadrillage de points d'appui fermés, appelés « hérissons ». Ceux-ci, installés dans les villages et les bois, possédant de très nombreux canons de 75 placés en antichars, doivent tenir devant les panzers, qu'ils soient encerclés et même dépassés.

Weygand a articulé ses armées en trois groupes. Le Groupe 2, général Prételat, est responsable de la défense de la ligne Maginot et du Rhin avec trois armées, les généraux Condé, Bourret et Laure. Le Groupe 4, général Huntziger, comprend deux armées, Requin et Freydenberg, et doit barrer sur l'Aisne la direction de Langres et tenir les positions sud de Sedan. Enfin le groupe 3, général Besson, très étiré, s'étend de Reims à la mer. Il a mission d'interdire les directions de la basse-Seine et de Paris avec les armées Altmayer, Frère et Touchon.

Derrière cette mince ligne de bataille, les réserves sont faibles, dramatiquement faibles. Mais tout ceci, ces rapports de force tellement défavorables aux Français, le combattant l'ignore. Et les soldats, enfermés dans leurs hérissons, résistent tant qu'ils le peuvent, avec hargne et courage, causant de gros dégâts aux panzers. Se battant par une chaleur étouffante, au milieu des villages désertés par leur population, où seuls les troupeaux errent en beuglant et bêlant, les Français tenaces et habiles n'enregistrent aucune défaillance. Les généraux allemands constatent tous ce changement catégorique de leur adversaire :

« Les Français, écrira le général List, chef du 2e Bureau ouest de l'OKH *, se défendent avec ténacité. Nulle part on n'observe de signes de démoralisation. On se rend compte du nouveau procédé de combat français » ; Rommel ajoute que les Français « se battent désespérément ».

Cependant, malgré ce combat effectivement désespéré, dans lequel le soldat français lutte avec honneur et efficacité, si les « hérissons » tiennent, les blindés allemands parviennent à se glisser entre les mailles du filet et dès le 6, des fléchissements se produisent aux ailes du groupe Besson. Si le Chemin des Dames, haut lieu de 1914-1918, est perdu, l'ensemble du dispositif n'est pas vraiment entamé. Le 7, malgré la résistance défensive à droite et au centre, à gauche Rommel et ses panzers pénètrent profondément dans les lignes françaises et le soir même, les blindés sont à Forges-les-Eaux, à 60 kilomètres au sud de la Somme, à 40 kilomètres de Rouen. Malgré la contre-attaque du groupe blindé Petiet et les efforts individuels et héroïques de nombre de combattants, la bataille de la Somme est perdue. Celle de l'Aisne va commencer.

*
* *

Le sergent-chef Agnès marche de long en large sur la route qui mène à Valmont. La nuit est douce, le ciel d'un bleu profond, scintillant d'étoiles. Au loin, de brefs éclairs illuminent fugitivement l'horizon, les bombardements allemands ne cessent pas depuis bientôt huit jours. La section franche du 3/146 est encore en place, en mission de retardement. Les régiments ont quitté les uns après les autres la ligne principale de résistance de ce secteur fortifié de Faulquemont. La mission de la section franche, comme celle des autres groupes-francs du secteur, est simple, poursuivre l'activité habituelle aux avant-postes, afin de laisser le plus longtemps possible les Allemands dans l'ignorance du repli général. Se faire voir de temps à autre, manifester sa présence, mais ne chercher en aucune façon l'action offensive.

L'ennemi ne s'étant pas fait prendre aussi facilement à ces subtilités et dès la seconde nuit de la veille, aux avant-postes, il avait déclenché un important bombardement du côté de la vallée de la Nied, dans le secteur voisin. Fusées éclairantes et balles traceuses avaient été suivies d'un véritable carrousel motocycliste que les hommes du groupe-franc avaient observé en silence, spec-

---

* OKH : Ober Kommando des Heeres, Etat-major de l'Armée de Terre.

tacle un peu fantomatique, d'autant plus surprenant que personne ne tirait plus. Les ronflements lancinants des moteurs troublaient seuls le silence revenu. Le sergent-chef Roger Agnès continuait sa marche solitaire, non loin du guetteur qui, derrière son FM, lui jetait de temps à autre un regard rapide, comme pour contrôler qu'il était toujours là, avant de revenir à l'observation des champs et des maisons isolées qui s'étendaient sous la lune.

Agnès se remémore les derniers mois. Le début de la guerre et son affectation comme sous-officier adjoint de la section de mortiers du 3e bataillon du 146e RIF ; la pénétration rapide en Sarre, jusqu'à Karlsruhe et Saint-Nicolas, puis le repli sur la ligne Maginot dans la position d'intervalle de Teting. Le bataillon avait passé là tout l'hiver de cette « drôle de guerre ». La section de mortiers était installée dans le vieux presbytère, dans une position qui n'était d'ailleurs pas idéale. Agnès se souvenait de cette époque sans aucune joie. L'ennui et le désœuvrement dominaient tout. Lorsque, fin janvier 1940, le général commandant le secteur avait donné l'ordre de constituer un corps-franc de l'effectif d'une section renforcée, Agnès et son chef de section, le lieutenant Schaeffer, avaient été immédiatement volontaires.

Durant les premières semaines, cela avait été la griserie de l'organisation ; recrutement des volontaires, formation, entraînement spécial. Ils étaient enfin montés en ligne, s'installant aux avant-postes du quartier de Teting, à 5 kilomètres environ de la ligne principale de résistance, aux lisières d'une côte minière nommée Valmont. Dans le toit de la grande maison appelée Casino de la mine de Valmont, le groupe-franc avait aménagé un excellent observatoire. Il suffisait de déplacer et de soulever quelques tuiles pour découvrir un vaste panorama sur Saint-Avold et la vallée de la Nied. Durant la fin de l'hiver et tout le printemps, jusqu'à l'offensive du 10 mai, la section franche était sortie de nombreuses fois, pénétrant dans les lignes ennemies, fournissant des patrouilles, traquant le prisonnier et le renseignement, montant des embuscades qui duraient parfois des nuits entières sans d'autre résultat qu'un croquis commenté du lieutenant Schaeffer et un compte rendu d'opération dont les exemplaires dactylographiés suivaient l'itinéraire administratif et militaire qui les menait de la section au bataillon, du bataillon au régiment, du régiment au secteur et à la brigade, pour atteindre, quand ils en étaient jugés dignes, l'échelon supérieur de l'armée.

Agnès s'est arrêté. Une fusée éclairante monte lentement dans le ciel, ne laissant aucun pouce de terrain dans l'ombre. Il s'est plaqué contre le mur d'une grange écroulée. En face, les Allemands se taisent. Agnès a la nette impression qu'ils se sont glissés sans difficulté dans le secteur voisin, dont les unités se sont aussi repliées. Tout à l'heure, il ira contrôler.

Dans l'après-midi, accompagné de trois hommes, il fait une incursion de quelques kilomètres sur sa gauche. Son impression est en effet confirmée, les blockhaus sont vides, le silence règne en maître sur les positions abandonnées. Les Allemands ont donc débordé en empruntant la vallée de la Nied et en négligeant l'axe Saint-Avold-Teting-Faulquemont encore tenu par les Français, ou du moins par les groupes-francs, seules unités constituées encore présentes aux avant-postes.

— Nous ferons notre mouvement de repli sur l'axe du bataillon, Faulquemont-Château-Salins-Nancy. Vu ?

— Bien vu, mon lieutenant !

Le lieutenant Schaeffer fixe son subordonné de ses yeux clairs et reprend :

— Nous partirons dans la nuit de demain, assez tôt, pour avoir le maximum de temps devant nous. Il faudra conserver dans la mesure du possible la cohésion de notre section franche ; nous ne sommes pas seuls ; avec les éléments disparates dont nous nous sommes grossis ces derniers jours, tout ce petit monde atteint bien l'effectif d'une compagnie. Nous serons d'ailleurs sous le commandement d'ensemble du commandant Viaud.

Agnès connaît bien cet officier réserviste, dont le PC est encore installé au casino de Valmont, sous « son » observatoire !

— Pas de question, Agnès ?

— Pas de question mon lieutenant, mais j'espère que les gars des autres unités ne nous retarderont pas ; je doute que ces artilleurs, sapeurs et pionniers transmissions qui vont partir avec nous soient aussi entraînés à la marche que nos hommes.

Schaeffer laisse retomber son bras d'un air fataliste.

— Je le crains aussi, mais nous n'y pouvons rien ; d'un autre côté, les sapeurs ont été prévus pour effectuer les destructions de matériel qui s'imposent et leur aide sera précieuse. Allez vous reposer, les heures qui viennent ne seront certainement pas une partie de plaisir !

En effet le petit jour pointe rapidement. Agnès peste intérieurement. Ce qu'il avait prévu s'est produit. Peu habitués à la marche, les éléments joints au groupe-franc n'ont pas manqué de retarder la colonne qui s'est allongée démesurément malgré les efforts des hommes du groupe-franc placés en serre-file. En cinq heures, on n'a parcouru qu'une vingtaine de kilomètres ! Un bruit de moteur fait lever toutes les têtes ; dans le ciel gris-bleu, annonciateur de chaleur, un petit avion allemand survole la route.

— Saleté de mouchard !

Les épithètes fleurissent mais la fatigue, qui fait marquer le pas, calme les sarcasmes et les injures. Heureusement, la colonne rentre dans le petit bois de Chemery-Thonville, à 6 kilomètres au sud de Faulquemont, où le commandant Viaud a décidé de faire reposer ses hommes.

— Halte d'une heure maximum, pause casse-croûte et liaison avec le village de Chemery !

Le lieutenant est déjà passé. Agnès prend à son compte les mesures de sécurité, plaçant les sentinelles, allant d'un groupe à l'autre, considérant d'un œil inquiet les hommes assis par terre, déjà fatigués. L'heure est vite passée. Dans un bruissement d'armes et de matériels entrechoqués, la colonne se relève pour repartir.

— Agnès, vous prenez la section franche et vous éclairez la marche de la colonne !

Les trente-cinq hommes du groupe-franc se mettent en route, en deux colonnes, espacées de trois mètres, mitraillette ou fusil au poing, scrutant la lisière du bois qu'ils vont atteindre à une cinquantaine de mètres. Agnès, qui marche en tête, stoppe brusquement, arrêtant sa section du bras. Dans le jour maintenant totalement levé, tous distinguent parfaitement un bruit de moteurs, qui vient d'au-delà de l'orée du bois.

— Les Boches !

Dans un parfait automatisme, sans qu'Agnès ait à donner un seul ordre, les hommes ont pris leur position de combat et de tir. A deux cents mètres en arrière, le gros de la colonne n'a pas encore commencé sa progression. Agnès écarte prudemment les branches basses des arbres qui le dissimulent à la vue. Devant lui, à cinquante mètres à peine, assez rapprochés les uns des autres, huit véhicules blindés peints en gris foncé viennent de stopper. Dominant le bruit des moteurs qui viennent de cesser leur ronflement, des ordres gutturaux fusent. Agnès comprend immédiatement, aux gestes et aux mouvements amorcés, que les Allemands prennent leurs dispositions de combat pour interdire à la colonne le débouché du bois et les cueillir !

— L'avion mouchard a bien fait son boulot, grogne Agnès, en laissant les branchages reprendre leur place.

Le sergent-chef réfléchit à toute vitesse.

— Nous avons l'avantage de les avoir vus sans qu'eux nous aient repérés, d'être en bonne position de tir, et ils ne semblent pas s'en être aperçus. Attaquons tout de suite pour profiter de la surprise.

Agnès vérifie que tous ses gars sont en place, index sur la détente. Chacun le regarde. Il lui suffit de faire un geste ou de prononcer un mot. Lentement, le sergent-chef épaule son fusil, vise soigneusement le buste d'un sous-officier allemand, reconnaissable au galon clair qui borde son col. Le recul du coup fait entrer la crosse de son arme dans son épaule. Dans la même seconde, la section entière lâche son tir, lance-grenades à main et à fusil, qui visent particulièrement l'arrière des véhicules derrière les roues desquelles les Allemands tentent de s'abriter, tirant à eux les corps de ceux des leurs fauchés par le tir des Français. La riposte vient très vite, mais mal dirigée, se ressentant de la surprise de l'attaque.

Agnès se redresse, rendu un peu ivre par le combat, l'odeur de la cordite qui irrite la gorge, la fumée qui pique les yeux. En courant à demi courbé, il parcourt le front de sa section, lançant toutes les trois secondes :

— A l'assaut ! A l'assaut !

Un autre ordre, avant de démarrer. Les trois FM de la section restent sur l'aile gauche du dispositif avec mission d'appui-feu pour protéger l'attaque.

Agnès est revenu au centre de ses hommes qui ne le quittent pas des yeux. Il lève le bras, le cœur battant, puis l'abat devant lui tout en sautant de l'autre côté des arbres, apparaissant en pleine lumière, face aux blindés allemands et à leurs servants, médusés. Le groupe-franc charge en hurlant, tirant de toutes ses armes, soutenu par le staccato des trois fusils mitrailleurs. Les hommes courent en ligne, en plein terrain découvert, butant parfois dans les mottes du sol inégal. Les Allemands voient surgir ces diables kaki se détachant sur la haute muraille vert sombre du bois, dont les hêtres dominent la scène dans un friselis bruissant de feuilles agitées par le vent.

En quelques secondes, Français et Allemands sont au contact. Agnès s'attend au corps à corps ; mais, complètement surpris par la soudaineté et la violence de l'attaque, un officier, quatre sous-officiers et une quinzaine d'hommes lèvent les bras en l'air, aussitôt désarmés et encadrés par le groupe-franc.

— Rassemblez-les et conduisez-les vers l'arrière !

Agnès remonte ses bandes molletières qui se sont défaites pendant sa course et tombent comiquement autour de ses mollets. Discrètement, il examine ses prisonniers. L'officier, un jeune Oberleutnant, mine à la fois effarée et dédaigneuse, porte à la ceinture un superbe pistolet Mauser. Agnès ne résiste pas à la tentation.

— Prise de guerre mon lieutenant, commente-t-il sobrement en tendant la main vers l'arme, que l'officier allemand lui remet par le canon.

Sur la droite, des éclatements de mortiers se font entendre. Agnès rentre dans le bois, à la recherche du commandant Viaud. Celui-ci est arrivé, accompagné d'une section.

— Bravo Agnès, mais ne vous faites pas d'illusions ; il s'agit d'un encerclement. D'ailleurs, écoutez là-bas. Vous l'avez brisé devant vous, mais nous devons être complètement tournés. Il faut sortir de cette souricière en gagnant le mouvement de terrain dominant à quatre cents mètres environ, par là.

Le geste du commandant désigne le côté opposé de l'engagement.

— Foncez avec le groupe-franc, nous suivons.

Dans un bruit de branches brisées, les trente hommes repartent aussitôt, au milieu des éclatements de mortiers et des explosions et détonations de tout genre. Il n'est plus nécessaire, maintenant, de prendre des précautions qui pourraient retarder la progression. Le groupe débouche sur le sommet de la crête.

— Disposition de combat ; appuyez les gars qui sortent du bois.

En contrebas, la colonne du commandant Viaud n'en finit pas de sortir du petit bois de Chemery.

— Mais qu'ils se grouillent, bon Dieu, jure Agnès entre ses dents.

Les trois FM continuent leur mission d'appui-feu en arrosant les lisières du bois d'où des tirs de mortiers partent en direction de la ligne de progression des Français. Mais il ne sera pas possible de tenir indéfiniment de la sorte ! Enfin le commandant Viaud et le lieutenant Schaeffer apparaissent, pressant les retardataires. Quelques minutes plus tard, les deux officiers rejoignent le groupe-franc, discutant avec animation. Agnès s'approche.

— Il nous manque un certain nombre d'éléments !

— Et pourtant, mon commandant, je suis resté en dernier et j'ai quitté le bois sans laisser personne derrière !

— Il est à craindre que l'ordre de reprendre la marche n'ait pas atteint tout le monde. Ou bien les hommes se sont perdus, ou bien ils se sont fait prendre. Attendons une demi-heure, si rien ne bouge, il nous faudra poursuivre sur Château-Salins.

Les hommes profitent de cette halte involontaire et supplémentaire. Ceux qui se sont rendu compte de l'absence de quelques-uns de leurs camarades scrutent avec angoisse la lisière du bois, qui se dessine nettement en contrebas. Les minutes passent. Rien. Le commandant Viaud regarde sa montre tout le temps. Tous écoutent les éclatements de mortiers, qui finissent par se calmer pour s'arrêter complètement. Ce silence apparaît comme un signal ; le bois ne peut être que vide. Les copains ne rejoindront plus. Viaud laisse tomber ses jumelles, se retourne lentement vers Schaeffer et Agnès.

— On y va, faites lever les hommes. Agnès, vous reprenez la tête de la colonne en éclaireurs avec le groupe-franc.

Dans la matinée déjà brûlante, le petit bois de Chemery disparaît derrière la crête. Loin, vers l'ouest, on distingue les hauteurs de Nancy.

***

Le patron du 57e RI, le lieutenant-colonel Sinais, en est de plus en plus persuadé ; tout montre, dans l'activité des Allemands, la nette intention de pousser une attaque importante sur Vonck, qui domine la rive gauche de l'Aisne. Patrouilles nombreuses, apparitions de blindés sur les hauteurs au nord du fleuve, pilonnages d'artillerie, autant d'éléments qui ne tromperaient pas un sous-lieutenant. Le 57e n'est pas resté inactif depuis le coup de main sur Semuy ; pose de mines, de réseaux de barbelés, creusement d'emplacements d'armes automatiques. Le lieutenant-colonel Sinais ne veut en aucun cas se laisser surprendre, et il a disposé ses bataillons face au canal des Ardennes, répartis tout au long de la ligne Vonck-Le Chesne, légèrement en arrière, abrités dans les bois. Du 1er au 7 juin, l'artillerie des deux camps poursuit ses tirs de harcèlement. Celui des Français ne manque pas d'efficacité, ainsi que le prouve un message intercepté le 6 juin par le poste écouteur de la division :

« La situation en ligne est intenable, mais cela va changer grâce à l'intervention prochaine d'un détachement d'aviation d'assaut. »

— Aucun doute, déclare Sinais à ses officiers au cours d'un rapide dîner à sa popote le 8 au soir, les Allemands vont forcer le passage entre Voncq et Attigny !

A deux mètres de lui, un officier au visage expressif, yeux perçants, la calvitie naissante, hoche la tête en approuvant ; le capitaine Le More, qui jusqu'aux combats de Semuy, était adjoint au chef de bataillon Soulié, commandant du 2e bataillon, a succédé au capitaine Chounet tué le 29 mai à la tête du corps-franc. Depuis plusieurs jours, il est sorti fréquemment avec son groupe, tendant des embuscades et patrouillant dans les quartiers tenus par les 1er et 2e bataillons. Les indices qu'il a recueillis confirment en tout point le sentiment du lieutenant-colonel Sinais. Et, pour sa part, il attend l'attaque dans les heures à venir.

Les officiers sortent de la popote. La nuit est étonnante de silence, contrastant violemment avec les soirs, les jours précédents, perpétuellement occupés, en toile de fond, par le roulement incessant du canon qui, parfois, pilonnait avec précision les positions françaises. Ce soir, pas un coup de feu, pas un obus, pas une fusée éclairante.

— Soyez vigilants, Messieurs, tous à vos postes.

Le lieutenant-colonel Sinais salue ses subordonnés qui regagnent chacun leur emplacement, scrutant le ciel, l'œil soucieux.

Et le dimanche 9 juin, à 4 heures du matin, sur tout le front de l'Aisne, le bombardement se déchaîne, soudain, violent, précis. Le 57e est en première ligne de son secteur et reçoit de plein fouet 105, 150, minen, obus percutants, fusants et fumigènes, dont la mitraille se déverse, meurtrière, sur les positions françaises.

Au PC du lieutenant-colonel Sinais, installé à mi-chemin entre Voncq et Le Chesne, en bordure du bois de Voncq, on se rend compte immédiatement de la gravité de la situation.

— Les liaisons par fil sont coupées, mon colonel, annonce laconiquement l'officier de transmissions !

— Utilisez la TSF ! Le capitaine Le More est-il parti ?

— Oui, mon colonel, il y a quelques minutes, juste avant le déclenchement du tir allemand.

Le capitaine progresse le plus rapidement possible vers la position qui lui a été prescrite, à trois kilomètres des Alleux, le PC du 1er bataillon, commandé par le chef de bataillon Roussenque. Le More sait qu'à environ quatre cents mètres au sud-est de cette position, dans un ravin, il doit normalement retrouver le reste de son corps-franc ; 20 hommes et gradés, qui, divisés en deux patrouilles aux ordres des sous-lieutenants Cima et Chaudrut, ont mené une patrouille d'embuscade dans les secteurs des 1er et 2e bataillons. Les 20 autres volontaires du groupe-franc, qui étaient restés avec leur chef en protection au PC du colonel, le suivent au plus près, se plaquant à terre à chaque sifflement d'obus précédant l'explosion qui fait voler terre, branches et murs. Le More fait une courte halte à l'abri d'un bosquet. Ses hommes soufflent quelques minutes, avant de repartir, se courbant dans les passages découverts, courant presque pour rejoindre au plus vite leurs camarades.

5 h 30. Les vingt gars du capitaine Le More dévalent les pentes du ravin. 11 silhouettes se profilent au fond ; celles du groupe du sous-lieutenant Chaudrut.

— Cima ? questionne Le More en arrivant près de Chaudrut.

— Pas de nouvelles, mon capitaine...

Le More serre les mâchoires. Pourvu que Cima ne se soit pas fait allumer sous ce déluge de feu.

Cima est à quelques centaines de mètres de là, au PC du commandant Roussenque, allongé sur une civière ; il a reçu un éclat d'obus à la cuisse et attend d'être évacué. Ses hommes se sont joints provisoirement à ceux du 1er bataillon, courbant la tête sous le bombardement qui s'intensifie. Au bord du parapet, cigarette aux lèvres, le commandant Roussenque tente de se faire une idée de la situation. Il hèle l'un de ses adjoints.

— Il faut absolument sortir pour voir ce qui se passe au-delà de ce bombardement ; les Boches sont peut-être en train de progresser. Une section et on y va !

Le commandant se hisse déjà par-dessus son parapet, à moitié retourné vers les 30 fantassins qu'il encourage du geste. Une rafale de 105 s'abat à cet instant précis sur le PC ; Cima voit le commandant basculer en arrière, tué net. Le sous-lieutenant s'est à moité redressé. Tout autour du commandant, les hommes se pressent. Il est trop tard. Le lieutenant Fonade prend le commandement.

Il est sept heures, les Allemands attaquent en masse sur un front de neuf kilomètres, entre Attigny et Neuville-Day. En face d'eux, le 2e bataillon du 18e RI et le 1er du 57e. La fusillade crépite avec violence ; les Allemands se ruent dans le bois de la Brouille et sur Voncq, sans se préoccuper des lourdes pertes qu'ils enregistrent au passage.

— Des parachutistes !

Le capitaine Parrat, qui vient de prendre le commandement du 1er bataillon sur ordre du lieutenant-colonel Sinais, braque ses jumelles dans la direction indiquée par le sous-officier qui se trouve près de lui. Derrière eux, en effet, en direction des villages de Terron et de Vandy, plusieurs corolles descendent du ciel, larguées par une dizaine d'avions qui poursuivent leur route vers le sud. Tout autour, la bataille fait rage. Les hommes du 57e se font hacher sur place, comme le lieutenant Cordes, chef de la 2e compagnie, abattu à bout portant pour avoir refusé de se rendre aux éléments du 78e Rhénan qui envahissent le secteur.

Le lieutenant-colonel Sinais fait mentalement la synthèse des informations qui convergent vers lui. Les Allemands déferlent de partout, risquant de submerger son unité qui accomplit pourtant des prodiges. Il est 7 h 30.

— Mon colonel...

Sinais se retourne. Un capitaine de blindés se tient devant lui.

— Capitaine Dairas, à vos ordres mon colonel, j'ai reçu instruction de mettre ma compagnie à votre disposition.

Dans le fracas des combats et les explosions, le colonel n'a même pas entendu les douze chars Renault, alignés les uns derrière les autres, à cinquante mètres de son PC.

— Parfait capitaine, vos chars vont se joindre aux éléments de pionniers et au corps-franc pour contre-attaquer.

Le capitaine Parrat vient de se replier avec la section de commandement du 1/57.

— Parrat, vous allez vous joindre à la contre-attaque avec les éléments disponibles de votre bataillon. Le More prend le commandement de l'opération, je l'informe par TSF.

Dans son ravin, le capitaine Le More note calmement les ordres que lui donne le colonel. Sur son genou, la feuille de papier quadrillé glisse régulièrement, tout aussi régulièrement remise en place par l'un des soldats accroupi à côté du capitaine.

— Bien compris, mon colonel.

Un grésillement, puis la voix du colonel revient :

— Le More... ?

— Mon colonel ?

— Bonne chance, mon vieux.

Pour contre-attaquer, le patron du corps-franc dispose des douze chars du capitaine Dairas, qui marchent vers lui en ce moment, de deux sections de pionniers coloniaux, des pionniers du régiment, d'un détachement du Génie divisionnaire, du petit détachement du 1/57 aux ordres du capitaine Parrat et de son corps-franc. Ce dernier compte environ 40 hommes, y compris ceux du sous-lieutenant Cima, qui viennent de le rejoindre après l'évacuation de leur chef.

L'objectif est dans un premier temps, l'éolienne et les lisières ouest du bois de Voncq, dans un second, et c'est le plus important, le village de Voncq lui-même, qu'il faut reprendre aux Allemands s'y trouvant déjà et tenir coûte que coûte jusqu'à l'arrivée des renforts.

Très vite, Le More se rend compte qu'il ne pourra pas lancer son attaque à l'heure prévue, 9 h 15 ; trop de monde à regrouper, et disparate.

— J'axe mon dispositif sur la route Les Alleux-Voncq, indique Le More à Parrat en dépliant sa carte sur une souche renversée. Il faut que Dairas embosse ses chars à la lisière ouest du bois de Voncq... Quand tout mon monde sera là, disons à 9 h 30, nous fonçons.

Un feu très vif dominé par le bruit du canon semble venir d'un petit layon du bois Renard.

— C'est Roudgé, murmure Parrat.

Le petit lieutenant Roudgé commande un point d'appui comprenant un canon de 25 et un groupe de la 9e compagnie avec un FM. Craignant des infiltrations dans ce secteur, le lieutenant-colonel Sinais vient précisément d'informer Le More qu'il donnait l'ordre de détacher deux des chars de la compagnie Dairas pour y patrouiller. Ce que ne voient ni Le More, ni Parrat, c'est que Roudgé est durement attaqué au lance-flammes par les Allemands qui, croyant le layon vide, avançaient en colonne, motocyclistes en tête. Le canon de Roudgé hache sur place les imprudents ; on retrouvera des cadavres littéralement coupés en deux.

Il est 9 h 30. Tous les éléments du capitaine Le More sont regroupés, corps-franc en tête. L'attaque démarre aussitôt, sur la route Les Alleux-Voncq, appuyée par les chars.

Très vite, c'est le contact avec les Allemands. Devant lui, le sergent Maurice Guillot, du corps-franc, voit un groupe d'Allemands venir à leur rencontre. Le feu part des deux côtés. Deux hommes tombent chez les Français.

— Ils se rendent !

Plusieurs Allemands lèvent en effet les bras, mais d'autres continuent à tirer. En quelques secondes le corps-franc, qui progresse en tête, est sur eux. Les hommes de Le More regroupent les soldats gris-vert sur le bord de la route, sous la surveillance des mitraillettes. Les Allemands retirent leur casque. Certains sortent un calot et s'en coiffent calmement ; pour eux, la guerre est finie. Parmi eux plusieurs sous-officiers et un officier.

Les prisonniers sont dépassés par les chars Renault, qui écrasent de leurs chenilles le goudron de la route. A cent mètres, ils stoppent dans la fumée. Le plus grand nombre reflue, reculant devant la pièce antichar mise en place par les Allemands et qui vient de faire mouche deux fois. Un troisième char verse dans le fossé, inutilisable.

La contre-attaque progresse régulièrement, faisant de nombreux prisonniers. Il est 11 heures. Le capitaine Le More ordonne une halte près de l'ancienne position de la batterie de son camarade Boulle.

— Regroupez-vous tous et ravitaillez-vous en munitions. Chaubet, dit-il au lieutenant commandant les pionniers du 57e, ramenez les blessés et les prisonniers aux Alleux, et rendez compte au colonel...

Sur tout le secteur de leur attaque, les Allemands se sont violemment heurtés aux Français. Partout ils ont essuyé des pertes sanglantes, même si dans certains coins, ils ont réussi à submerger leurs adversaires, notamment en s'infiltrant entre les bois de la Brouille et de Voncq. Le 2e bataillon, celui du commandant Soulié, a réussi à maintenir ses positions sur le canal, face à Neuville-Day. Il a même stoppé net une attaque d'un groupe de reconnaissance, détruisant au fur et à mesure motocyclistes, cyclistes, véhicules blindés et cavaliers ; 46 chevaux harnachés sont capturés par le lieutenant Bayle et sa section. Mais le 1er bataillon est submergé et les forces qui l'ont dépassé abordent le 3e bataillon, qui tient la ligne d'arrêt depuis 48 heures ; il est durement étrillé au lance-flammes et à l'arme automatique. A l'heure à laquelle le capitaine Le More fait reposer ses hommes avant de repartir à l'assaut, l'attaque allemande, malgré sa furie, ne réussit pas à se développer. Seul succès véritable pour les fantassins de la Wehrmacht, la poussée de quelques-uns de leurs éléments sur Terron et Vandy, à six kilomètres en arrière du bois de Voncq, tenu par les Français.

A 12 h 15, le capitaine Le More, préparant son nouveau bond, fait manœuvrer les hommes du lieutenant Fonade vers Voncq, à quelques centaines de mètres de la ferme du Moulin...

— Débrouillez-vous, mais les Boches ne doivent pas atteindre les lisières nord du village.

A 12 h 30, corps-franc toujours en tête, le groupe Le More reprend sa progression sur Voncq, accompagné par deux tanks. Le feu des Allemands est toujours aussi vif. Blessés et morts tombent des deux côtés. A 14 h 15, le capitaine Le More peut faire envoyer au colonel le message indiquant que les premières maisons de Voncq sont atteintes. Une demi-heure plus tard, il s'installe au château de Voncq, après avoir pris liaison avec le lieutenant Faureau, qui tient une tranchée deux cents mètres en avant de l'édifice. Quelques hommes du corps-franc, ceux du lieutenant Faureau et les deux tanks tentent en vain, vers 16 h 30, de dégager un petit bois sur leur gauche. Ils se replient vers le château que le capitaine Le More décide d'abandonner devant la pression des Allemands qui se resserre par infiltration dans les buissons et de s'installer dans la partie haute du village.

— Nous serons mieux dans les maisons situées de part et d'autre de la route des Alleux.

— Et puis, ajoute le sous-lieutenant Chaudrut, en réunissant les hommes du corps-franc, de là-haut, on domine tout, y compris le carrefour de la route des Alleux et la route de Semuy.

Le jour baisse à peine alors que le groupe Le More décroche dans l'ordre. Lorsque la nuit est complètement tombée, le village est tout entier occupé par les Français, une centaine d'hommes et quatre officiers sous le commandement du capitaine Le More.

— Les munitions s'épuisent, Chaudrut, confie le capitaine à son adjoint du corps-franc. Pourvu que le colonel ait pu nous envoyer ce que je lui ai demandé.

Le More est inquiet. Les Allemands vont certainement attaquer une nouvelle fois en profitant de l'obscurité. Les tirs se sont un peu espacés ; chaque camp s'adjugeant un répit qui ne peut qu'augurer de la reprise encore plus violente de l'assaut.

Vers 20 h 30, alors que les hommes avalent rapidement une boîte de singe et dévalisent les rares provisions trouvées dans les maisons abandonnées, le bruit d'une chenillette venant des lignes françaises fait lever les têtes. Le véhicule apporte les munitions demandées par le capitaine Le More.

— Lanusse, dit Le More au médecin-lieutenant qui commande le poste de secours du 1er bataillon, installé dans une maison à demi écroulée, mais dont le rez-de-chaussée tient encore, évacuez vos blessés. Il n'y aura peut-être pas d'autre liaison avant demain et la nuit sera sûrement agitée.

Les blessés sont installés tant bien que mal dans la chenillette, qui repart en cahotant sur la route parsemée de cratères. Au même moment, un violent bombardement reprend, partant des lignes allemandes pour s'abattre sur le PC du régiment et le poste de secours.

— Ce n'est que le hors-d'œuvre, commente Le More en avalant une gorgée d'eau tiède de son bidon.

Une demi-heure plus tard, les Allemands lui donnent raison en attaquant en masse.

— Attention, des grenades incendiaires !

Les projectiles volent, atteignant les maisons dans lesquelles sont embusqués les hommes de Le More, déclenchant aussitôt l'incendie. Dans la nuit, les flammes s'élèvent, embrasant murs, poutres, toitures. Les volontaires du groupe-franc ripostent vivement, braquant leurs armes automatiques sur les silhouettes des Allemands qui se profilent en contours nets sur la lueur rouge des multiples foyers. Posté à côté du capitaine qui régulièrement, comme à l'exercice, lance grenade sur grenade vers les Allemands, le sergent Guillot tire sans relâche. Son bras se déploie vers le ciel après avoir dégoupillé l'engin qui explose au milieu des adversaires.

— Evacuez la maison, vite ! Repli de l'autre côté de la rue !

Le feu dévore la pièce où le groupe a pris place voici moins d'un quart d'heure. Le FM est rapidement démonté. Tireur et servant, enjambant les gravats, l'un portant l'arme, l'autre les chargeurs, courent en se courbant, s'affalant contre un mur branlant pour éviter les impacts. Une gerbe de traceuses semble les poursuivre le long de leur retraite.

— Allez, allez, on y est presque !

Le More les pousse, se retournant deux fois pour lâcher une courte rafale et lancer une nouvelle grenade. Les patrouilles allemandes s'infiltrent dans les rues, repoussant les Français mais ne parvenant pas à prendre réellement pied dans le village.

A quelques kilomètres, le lieutenant-colonel Sinais demande des renforts à la division. Il sait que malgré les prodiges accomplis, le corps-franc et les autres éléments de son régiment ne pourront tenir indéfiniment dans Voncq.

— Gounouilhou, vous partez vous-même au QG du corps d'armée exposer la situation !

Cette situation, le commandant Gounouilhou, chef d'état-major du régiment, la connaît par cœur. Le 57e a perdu les deux cinquièmes de ses effectifs, mais tient toujours ses positions. Et pourtant les Allemands n'ont pas lésiné sur les moyens. Des documents trouvés sur le cadavre d'un officier dans le bois de Voncq et des interrogatoires des prisonniers faits au cours de la journée, le colonel a pu déduire qu'il avait en face de lui, sur un front de cinq cents mètres, des éléments des 77e et 78e Rhénans.

Le commandant Gounouilhou revient avec de mauvaises nouvelles ; plus de réserves ! Le général Aublet fera malgré tout exécuter une contre-attaque à l'aube par une fraction du groupe de reconnaissance et un détachement du 2e Spahis. Sept chars de la 7e compagnie déjà en ligne dans le bois de Voncq et une section du 14e RI se joignent à ces éléments vers 5 heures et progressent sur Voncq par la route de Terron. Dans le village les hommes de Le More sont de plus en plus resserrés par l'étreinte des Allemands.

Le capitaine essaie d'oublier sa fatigue, l'épuisement de ses hommes. Toute la nuit s'est passée en combats incessants. Les Allemands grouillent tout autour du village, se dissimulant dans les blés, tentant d'isoler les Français pour les faire prisonniers.

— Le lieutenant Mesnard vient d'être tué, mon capitaine !

Le More baisse la tête, ôte une seconde son casque, s'essuie le front. Un bon camarade, Mesnard, un de plus, tué sur place. Les pertes sont de plus en plus lourdes. Le More remet son casque, désigne cinq hommes du corps-franc.

— Fouillez les vergers, les jardins. Il faut tenter de déloger les Fridolins, et surtout éviter qu'ils se rapprochent de nous !

En milieu de matinée, la contre-attaque est repoussée par les Allemands, qui ont à 9 h 30, déclenché un violent tir d'artillerie sur les lisières sud du village et la route de Terron. Les spahis amorcent leur repli. Il est 11 heures. Les capitaines Dairas et Le More se consultent. Le chef du corps-franc tire une bouffée de la cigarette qu'il vient d'allumer, regarde la route encombrée de gravats et de débris de toutes sortes, les maisons noircies par la fumée, les poutres qui se consument.

— Mon vieux, nous allons tenter de barrer la route aux Boches !

— Mais nous n'avons pratiquement plus de munitions, mes chars ne peuvent plus avancer faute d'essence, quant à nos hommes...

— Je sais, Dairas, je sais. Précisément, il faut utiliser ce qu'on peut ; le terrain, les cours, les jardins, les ruines. Avec les quelques gars qui restent, nous allons essayer de dresser une barricade au milieu de Voncq, cela retardera toujours les Allemands. Faureau s'installera sur la transversale nord-sud, dans la partie ouest du village.

Les deux officiers quittent la pièce. Dairas rejoint ses chars. Le More transmet ses ordres aux douze hommes survivants de son corps-franc. Mais quelques minutes plus tard, le capitaine se rend compte que la mauvaise visibilité produite par la fumée des nombreux incendies, ravivés par de nouvelles attaques au lance-flammes et à la grenade incendiaire des Allemands, empêche les chars de manœuvrer et les fantassins de progresser. Deux hommes du corps-franc, Dantoing et Renouillau sont près de lui, guettant le coin de bâtiment derrière lequel on entend des ordres gutturaux.

— Venez avec moi !

Les deux hommes se lèvent, saisissent leur fusil. Le More fonce sous la mitraille, arrive près de l'un des chars, fait un signe au sergent qui commande le groupe.

— Suivez-moi ! Je marche devant vous, et dès que je disparaîtrai vous ouvrirez le feu !

Le More s'élance, encadré à deux mètres en arrière par ses deux volontaires. En cahotant, écrasant les gravats et les débris incandescents sous ses chenilles, le char avance, suivi par les autres blindés. La petite colonne monte vers l'église sous un déluge de feu. Les balles crépitent sur l'acier des blindages, soulèvent la poussière en percutant le sol tout autour des Français. Le More,

Dantoing et Renouillau continuent à progresser, tirant eux aussi en direction des maisons.

— Attention à gauche !

Le More s'est tourné instinctivement vers le bâtiment, en face de l'église, d'où paraissent partir des rafales nourries. Plusieurs Allemands y sont embusqués à l'étage. Les trois hommes n'ont pas eu le temps de réaliser. Une giclée de balles les a fauchés. Le More est blessé à la face ; ses deux compagnons perdent leur sang en abondance.

Le lieutenant Chaudrut, courant par bonds, arrive près de son chef.

— Chaudrut, grimace le capitaine, vous prenez le commandement, mais je reste là !

— Pas question, mon capitaine, il faut vous évacuer !

— Foutez-moi la paix, je peux... parfaitement... tenir le coup ! Occupez-vous d'eux deux.

Le More montre du doigt Dantoing et Renouillau, qui se traînent à l'abri d'un mur longeant un jardin dont un arbre achève de se calciner.

— On les évacue aussi !

Les chars tirent sans arrêt, usant leurs derniers obus. Les pièces antichars des Allemands, embossées au bout de la rue, les détruisent méthodiquement. Celui commandé par le sergent La Myre-Mory, député du Lot-et-Garonne, se replie tant bien que mal. Dans la tourelle, La Myre-Mory repose comme un pantin désarticulé, atteint de plein fouet. Mort.

Le More perd son sang ; il se laisse conduire, aveuglé.

— Chaudrut, prévenez Faureau !

Le corps-franc est réduit à 9 hommes, y compris son chef, le lieutenant Chaudrut. Les survivants sont exténués. Il fait chaud. La faim et la soif torturent. Les sergents Entremont et Guillot se relaient autour du dernier fusil mitrailleur utilisable. Ils sont embusqués dans l'une des maisons près de l'église, visant soigneusement tout ce qui bouge, guidés par le lieutenant qui, dissimulé par un volet pendant au bout de ses gonds à demi arrachés, tente de discerner les Allemands qui se tiennent à distance respectueuse.

— Ils se méfient de nos cartons ! rit Entremont.

Il ajoute en passant sa langue gonflée sur ses lèvres desséchées :

— Si seulement on pouvait boire !

Guillot retourne pour la dixième fois son bidon vide. Ils n'ont pas bu depuis des heures, malgré la poussière des combats et la chaleur qui marque ce mois de juin 1940 d'un bout à l'autre du front. Entremont se lève, passant la crosse de l'arme automatique à Guillot.

— Je vais voir s'il ne reste pas une bouteille dans cette bicoque !

Il part en se courbant ; les balles boches peuvent entrer par les trous béants des murs et ricocher jusqu'à eux. Cinq minutes plus tard, il revient, hilare, tenant à la main une cuvette pleine d'eau savonneuse.

— C'est pas du champagne, mais c'est mieux que rien... surtout assaisonné avec ça !

D'un geste large, Entremont verse dans le récipient le fond d'une petite bouteille de Viandox.

— A votre santé, mon lieutenant.

Chaudrut boit en grimaçant. Guillot et Entremont l'imitent.

— Jamais rien bu de meilleur de ma vie !

Entremont s'essuie la bouche d'un revers de manche blanc de plâtras. Devant, les Allemands continuent à tirer ; mais ils sont trop éloignés pour lancer leurs grenades.

Les trois hommes lèvent la tête ; au-dessus du village l'avion mouchard tourne, réglant les tirs d'artillerie.

— Le salaud ! Il doit signaler la moindre mouche qui vole !

Ils entendent une cavalcade derrière le mur. Auger, l'un des derniers du corps-franc, saute dans la pièce par la fenêtre donnant sur l'arrière. Depuis le début de l'après-midi, il parcourt le village en tous sens pour assurer la liaison entre les divers groupes de défenseurs.

— Le lieutenant Faureau est toujours dans sa maison d'angle ; il craint que les Boches ne nous bombardent une nouvelle fois !

Vers 14 heures, Faureau s'est installé dans une maison à l'angle des routes de Semuy et de Fontenille. De là, par les trous pratiqués dans les portes et les fenêtres, il surveille toutes les entrées de Voncq.

Auger repart en sautillant. Entremont le suit des yeux. La petite silhouette kaki court le long de la rue. Entremont s'est levé, blême ; Auger s'est tassé sur lui-même, tombé sur les genoux. Dans son dos, une large tache sombre s'élargit autour d'un trou violet. Il retombe sur le côté, son casque roulant à deux mètres, s'arrêtant contre la chenille désarticulée de l'un des chars du capitaine Dairas.

La nuit tombe, saluée par un nouveau bombardement, peut-être encore plus intense. Les Allemands attaquent en force, avec la volonté manifeste d'en finir avec la poignée d'hommes qui leur résiste depuis plusieurs heures. De leur maison, Chaudrut, Entremont, Guillot et les quelques hommes du corps-franc, le caporal-chef Fougère, les soldats Vieillard, Bouzon et Etchegonnay voient les Allemands se ruer sur Voncq, en poussant des cris sauvages qui emplissent la nuit. Lance-flammes et bidons d'essence répandus incendient ce qui n'est pas encore incendié.

Les Français tirent sans répit. Le FM brûle les mains, les dernières grenades ont été lancées. Il est près de deux heures du matin. Guillot, dents serrées, œil sec, engage l'un des derniers chargeurs. Tous, l'officier, les deux sergents et les hommes, savent que la fin est proche. Dans quelques minutes, ils n'auront plus aucune munition. Ils ignorent si, dans les maisons qui les entourent, leurs camarades survivent ou non. Dans la cave de la maison, quelques pionniers se terrent. Dans l'ombre, les soldats ont posé leurs armes, inutiles. Ils n'ont plus une seule cartouche.

Entremont prend le relais de Guillot. Son index presse la détente du FM. La rafale n'en finit pas de s'égrener sur une silhouette à casque carré qui disparaît en titubant. Blessé ou tué ? Entremont ne le saura jamais. Ce qu'il sait, par contre, c'est que le chargeur est vide. Avec un juron, il repousse l'arme. Guillot la saisit, commence à la démonter, aidé par son camarade. Le lieutenant Chaudrut les regarde, son pistolet pendant au bout du bras. Son visage est éclairé par les lueurs dansantes. Entremont se lève, va à la fenêtre arrière, et jette les pièces du FM. Il revient vers son copain Guillot, et, mû par un sentiment soudain, le serre dans ses bras.

Les survivants du groupe-franc s'écroulent sur le plancher, recrus de fatigue. Entremont et Guillot s'endorment lourdement. Le lieutenant veille. Il se demande ce qui peut se passer en arrière. Les rafales et les explosions ont diminué au point de presque arrêter. De temps à autre, une détonation résonne sur le bruit de fond de l'incendie, ronflement régulier rompu par le fracas des bâtiments qui s'écroulent, rongés par le feu.

Ce que Chaudrut ignore, car l'ordre de repli n'est pas parvenu jusqu'à Voncq, c'est que depuis 22 h 30, la veille, le 57e RI a décroché, sur ordre du général Aublet. Toutes les divisions sur la gauche ont cédé. En ce moment, les Panzers allemands qui ont franchi l'Ourcq, poussent vers la Marne et franchissent la basse Seine. Paris est menacé d'un double débordement. Depuis minuit, l'Italie a déclaré la guerre à la France. Le groupement blindé von Kleist s'apprête à franchir l'Aisne à quelques kilomètres de Voncq, à Berry-au-Bac. Et pourtant, les soldats français se sont battus désespérément, malgré un complet déséquilibre des forces. Avec l'énergie du désespoir. Mais partout, en dehors de la contre-attaque de la division de Lattre de Tassigny sur Rethel, qui fait 800 prisonniers, les troupes françaises ont dû céder.

Chaudrut ignore tout cela. Comme il ignore — mais que cela changerait-il ? — que la 3e division d'infanterie coloniale va tenter de se placer entre les Allemands et le 57e retraitant.

A 6 heures du matin, le 11 juin, le lieutenant Chaudrut réveille ses hommes. Par-dessus les toits, ils aperçoivent l'artillerie allemande et les convois de ravitaillement qui progressent dans la campagne. Rien ne bouge dans Voncq, qui brûle toujours. Plusieurs fantassins allemands se glissent près des maisons occupées par les Français. Ceux-ci ne répliquent pas, et pour cause ; ils ne peuvent plus tirer depuis plusieurs heures. Les fantassins ennemis se retirent.

— Ils vont revenir bientôt.

Entremont cherche à voir, à travers la fumée noire des derniers foyers.

A quelques mètres les uns des autres, ignorant leur sort mutuel, Chaudrut, Faureau et le médecin-lieutenant Lanusse attendent le dernier assaut.

A 8 heures, la marée des forces allemandes se rue sur Voncq. Motocyclistes et voitures blindées stoppent sur la place de l'église, fusils, mitraillettes et mitrailleuses braquées. Dans le silence, les soldats français sortent, un par un, les derniers valides soutenant les blessés. Plusieurs pleurent ; les larmes coulent sur leurs traits tirés et pâlis, sur leurs joues mangées par une barbe de trois jours. Ils découvrent leurs adversaires en pleine lumière ; non seulement fantassins de la Wehrmacht, mais combattants d'élite de la division SS « Polizei ».

Entremont, Guillot, Fougère, Vieillard, Bouzon, Etchegonnay. Les derniers soldats du groupe-franc du 57e, sous la conduite du lieutenant Chaudrut, font leurs premiers pas de prisonniers. Ils regardent sans les voir ces soldats allemands qu'ils ont combattus et devant lesquels ils n'ont pas le sentiment d'avoir faibli.

« ... Quand plus tard ces hommes se regrouperont en une heure de méditation, il suffira à l'un d'entre eux de rappeler cette soirée de Voncq et ils se comprendront sans un mot. »

Ces lignes seront écrites par un correspondant de guerre allemand. Celui de la *Deutsche Allgemeine Zeitung*.

« ... D'une manière incessante, nos hommes attaquent la montagne de Voncq et se battent avec ténacité pour chaque mètre de sol. L'ennemi (57e) se défend avec ses ongles et avec ses dents, mais nos hommes, des SS, ne lui donnent pas de répit. Notre artillerie se met à tirer et bat les maisons de Voncq. Lorsque la nuit tombe, le village en flammes se dresse comme une fabuleuse fontaine lumineuse dans le crépuscule. »

CHAPITRE X

FACE A LA RUEE ALLEMANDE

Si la fin du mois de mai 1940 marque le début du repli de l'armée française, incapable, malgré des prodiges de valeur ponctuels, de résister à la ruée allemande, elle signifie aussi, pour les corps-francs, un nouveau style de combat, une nouvelle manière d'opérer. La période des embuscades, des coups de main dans le no man's land séparant les lignes est achevée. Pour la plupart, les corps-francs, sans être dissous, réintègrent le dispositif normal de leur unité d'origine, servant essentiellement de groupes de protection. Protection du PC du colonel, voire du général commandant la division ; protection du repli du régiment ; dernier rempart, souvent symbolique, devant l'avance de la Wehrmacht. Encore une fois, les groupes francs vont se distinguer dans des combats individuels, tentant de résister face à une marée vert-de-gris qui va chaque jour en s'amplifiant.

Partout, sur l'entière étendue du front, les volontaires des corps-francs s'embusquent dans les villages, au coin des bois, parfois en plein milieu d'une route déserte, attendant l'adversaire supérieur en nombre et en matériel, retardant autant qu'ils le peuvent le déferlement des vainqueurs. Ils ne veulent pas savoir qu'au bout de ce combat de la dernière chance, de ce véritable baroud d'honneur, il ne peut y avoir que la mort ou la captivité, en tout cas la défaite. Et pourtant ils se battent, sans faiblir.

***

Le caporal Roger Verdeau a dix-neuf ans. Bourguignon de Saône-et-Loire. Engagé au 1er Etranger d'infanterie en 1938, il s'est retrouvé à la mobilisation au 27e RI, ancien « Royal Dauphin », régiment de réservistes formé à Autun. Radiotélégraphiste à la compagnie de commandement, ce grand garçon au regard franc, au visage carré planté de cheveux drus et bruns, s'est rapidement ennuyé. Régiment de première réserve, le 27e n'est cependant pas une marmite bouillonnante d'où s'échapperaient une multitude de baroudeurs. C'est pourquoi la décision de former un groupe-franc, en janvier 1940, a fait bondir de joie le caporal Verdeau. Il a rapidement déchanté ; son chef de compagnie a besoin de soldats compétents dans leur domaine, et un spécialiste des transmissions, cela ne se lâche pas comme cela ! Les trois premières demandes de Verdeau ont été rejetées. Mais la quatrième est enfin passée. Le nouveau patron du régiment, le lieutenant-colonel Garletin, vieux briscard amplement décoré, n'est pas pour rien dans ce changement. Il tient à « son » corps-franc, ayant lui-même combattu dans une unité de ce type en 1914.

— Vous serez agent de liaison observateur, a déclaré le lieutenant Ostrowski, commandant le tout jeune groupe-franc, en accueillant Verdeau.

Ostrowski inspire naturellement la sympathie. Petit mais beau garçon, un visage avenant, cet officier de réserve, fonctionnaire parisien dans le civil, suscite aussi la confiance. Et pourtant, les volontaires n'affluent pas. Le lieutenant-colonel Garletin s'obstine, et finit par avoir son compte de volontaires. Mais ils sont tellement particuliers que le corps-franc doit être dissous au bout de deux patrouilles. Quelques semaines plus tard, un nouveau corps-franc est constitué. Verdeau est toujours là, avec ses camarades Ester et Orgeas. Le premier, sergent, le second, caporal. Tous deux parisiens, tous deux garçons de café. Et décidés à en découdre. Durant toute la drôle de guerre, le corps-franc, suivant le régiment, se bat en Alsace, dans la région d'Haguenau, cantonné le plus souvent dans le petit village d'Oberbetschdorf : maisons typiques, à colombage, serrées à l'orée de la forêt d'Haguenau, à moins de dix kilomètres de la ligne Maginot. Embuscades, innombrables patrouilles de nuit, ont ponctué les mois d'hiver et de printemps, avec une croix de guerre à la clef pour Verdeau à la suite d'une opération sur la Lauter. Le lieutenant Ostrowski a été tué le 14 mai, au moment de l'attaque allemande, en tentant de faire déboucher du village de Salmbach le groupe-franc pris sous le feu allemand partant des lisières sud du bois de Bienwald.

Ostrowski a été remplacé par le lieutenant Dufouleur, volontaire pour le poste. Grand, lui aussi, beau garçon, Dufouleur était comme la plupart de ses hommes, issu de la région bourguignonne : grande famille viticole de Beaune.

Dix jours plus tard, la 16e DI, à laquelle appartient le 29e, quitte l'Alsace pour la Somme, dans le secteur d'Amiens où les combats font rage. Le groupe-franc du 29e, grâce à l'obstination du lieutenant-colonel Garletin, avait échappé à la dissolution, contrairement à tous les autres groupes-francs de la division, refondus dans leurs unités d'origine. Le 29 mai, le groupe-franc est en protection de PC à Marestmontiers. La 16e DI a pour mission principale d'interdire aux Allemands la tête de pont d'Amiens sur un front de quatorze kilomètres, sur une ligne principale de résistance allant de Vers-sur-Selle à Fury-en-Amiens.

Le PC régimentaire est installé dans une grosse ferme. Durant deux jours, les 5 et 6 juin, par une chaleur suffocante, les hommes des 29e, 56e et 89e RI se sont battus sans une minute de répit, faisant face aux trois divisions allemandes, dont la 10e Panzer, appuyées par une artillerie et une aviation considérables. Le 29e réussit à détruire 22 chars ennemis ; mais ses pertes sont importantes : au cours de la seule journée du 6, plus de cent hommes sont hors de combat.

Le corps-franc est en place autour du PC. Les hommes se sont installés dans les « tombeaux » creusés par les Sénégalais qui les ont précédés sur la position, simples trous creusés dans la terre meuble et recouverts de branchages. Trois FM sont pointés sur la route qui s'allonge en avant, serpentant entre les prairies parsemées d'arbres en fleurs, comme piqués sur le paysage plat. A cent mètres, sur le côté, gît l'épave d'un Stuka abattu par l'artillerie française qui a rasé, dans sa chute, plusieurs dizaines de mètres carrés de végétation. La carlingue, noircie, paraît enfoncée dans le sol, et une aile, décrochée, repose à quelque distance, sa croix noire criblée d'éclats métalliques.

Verdeau somnole dans son trou, à côté de son camarade Darmigny tireur au FM. Darmigny est assis sur une vieille caisse, la crosse de son arme au creux de l'épaule, l'œil comme fixé sur l'horizon. Il est près d'une heure de l'après-midi. Le soleil tape sur la route et les bois. Une légère brume de chaleur paraît faire trembler le paysage. L'air est rempli de roulements lointains ; la bataille se poursuit avec intensité à quelques kilomètres. Le PC apparaît comme une oasis de calme au milieu du fracas des explosions, des bombardements allemands, des attaques de Stukas qui, sirène hurlante, fondent sur les Français accrochés à leurs positions. Toujours somnolent, Verdeau se gratte ; les hommes du corps-franc, comme tous les combattants du secteur, sont littéralement dévorés par les « petites bêtes », qui résistent même au nettoyage au pétrole. Darmigny, soupire, mâchonne un quignon de pain retrouvé au fond de sa musette. Son œil fixe toujours l'horizon.

— Merde ! Verdeau, regarde, regarde vite, ce sont les Chleuhs !

Verdeau sursaute, bondit sur son MAS 36, une arme encore peu répandue dont il est très fier. En face, à cinquante mètres à peine, une motocyclette allemande avance rapidement, deux soldats sur l'engin, un autre dans le side-car. Ils roulent sans précaution dans le soleil, les yeux protégés par d'épaisses lunettes leur donnant l'air de gros insectes verts. Darmigny tire, vidant en quelques secondes un chargeur entier. La moto a viré sur place, comme folle, éjectant ses trois passagers qui vont bouler sur la route et le fossé. Les corps restent immobiles, truffés de balles. Le sang s'étale en large mare dans la poussière. Derrière Darmigny et Verdeau, un bruit de galopade se superpose momentanément aux roulements d'artillerie et au fracas de chenilles de chars. Le lieutenant-colonel Garletin arrive en courant. Sur la route, le calme est déjà revenu. Quelques secondes auparavant, il y avait trois vies humaines et le bruit d'un moteur. Il n'y a plus que trois corps allongés et une moto dont les roues tournent à vide, renversées vers le ciel.

Le lieutenant Dufouleur arrive à son tour, suivant les hommes qui se penchent déjà vers les cadavres pour relever les identités, prendre les livrets, les armes. En passant près de Verdeau, il lui dit :

— Préparez-vous au repli. Nous resterons en protection de PC !

Dans quelques heures, le groupe-franc va suivre le mouvement de décrochage du régiment sur la Poix, avant de gagner l'Oise et la région de Beauvais. Le 9 juin, le lieutenant Dufouleur est tué à son tour d'une balle en pleine poitrine à Abbeville-Saint-Lucien, en voulant reconnaître un petit bois occupé par les Allemands. Verdeau et Ester, après l'avoir retrouvé, l'enterrent dans un sillon de betteraves, à peine recouvert d'une couche de terre.

— Pas possible de faire plus, commente Verdeau ; les balles sifflent tout autour de nous.

Au cours de la journée et de la nuit précédentes, le 29e aura perdu plus de 650 hommes.

Le régiment se bat jusque dans les environs immédiats de Paris, à Pierrefitte et Juvisy. Verdeau ne sera pas fait prisonnier avec son groupe-franc. Il perd le contact à la mi-juin et, voulant toujours se battre, il se joint à des unités de rencontre, pour aboutir à Moulins, seul, sans armes, contemplant avec tristesse et écœurement le spectacle de la débâcle. Il se présente alors à un groupe d'officiers décidés à défendre coûte que coûte le passage.

— Vous avez une arme ? lui demande un commandant.

— Non, mon commandant, pas même un revolver...

— Alors allez à la caserne des gardes mobiles.

Le sous-officier de gendarmerie lui montre des caisses encore fermées.

— Tu veux un pistolet ? Tu ne préfères pas une mitraillette ?

Les caisses débordent de pistolets mitrailleurs Thompson arrivant des Etats-Unis. Verdeau s'équipe, fonce sur les bords de l'Allier, s'installe face au pont, à côté des officiers et des volontaires. De l'autre côté, les motocyclistes allemands arrivent en masse, s'abritant derrière le parapet qui borde la rive d'en face ; du côté des Français, il n'y en a pas.

Verdeau tire sans arrêt, jusqu'au moment où les Français sont pris sous le tir croisé de deux mitrailleuses allemandes. Les Allemands débordent. Une explosion. Verdeau est projeté en arrière, inconscient. Lorsqu'il reprend ses esprits, la première chose qu'il entrevoit est l'extrémité d'un canon de fusil, prolongé d'une baïonnette qui lui pèse sur le ventre. Au-dessus, bien campé dans ses bottes, un soldat de la Leibstandarte SS « Adolf Hitler ».

*
**

9 juin. La forêt de Senlis est bien belle, mais les hommes du corps-franc du 3e RIA préféreraient l'admirer dans d'autres conditions que sous le mitraillage des avions allemands. Pour la troisième fois, les appareils à croix noire repassent au-dessus d'eux. Les balles crépitent dans les branches, se fichent dans la terre. Uniformes kaki sur troncs bruns, les soldats français se collent aux arbres pour tenter d'échapper au massacre. Leurs yeux suivent les grandes silhouettes d'acier qui rasent la cime des hêtres. Les hurlements des moteurs diminuent, s'éloignent vers le sud. Lentement, comme abasourdie, la petite troupe se redresse, dans un silence ponctué de quelques exclamations sourdes. Au loin, de nouvelles explosions. La chasse allemande vient de faire sauter les ponts de Creil et de Pont-Sainte-Maxence.

Le corps-franc reste sur place, tentant de récupérer un peu après cette marche harassante qui, depuis deux jours, l'a mené de la Somme, où le régiment tenait les positions entre Nesle et Ham, à la région parisienne. Retraite sans nom, au milieu des réfugiés, des soldats de toutes armes, de toutes unités. Le corps-franc, en garde du colonel, puis du commandant qui avait pris le régiment après l'évacuation de son chef, se replie en dernière position, protégeant l'arrière-garde. De jour, de nuit, le corps franc poursuit sa marche, dépassant les hommes, les chevaux, le matériel qui avancent dans le plus complet désordre. Régulièrement, les avions allemands survolent cette foule et la mitraillent, la précipitant pêle-mêle dans les fossés, à l'abri des maisons ou des haies, laissant après chaque passage une partie de sa substance au milieu des flaques de sang. A partir de l'après-midi du 8 juin, le corps-franc est reparti en tête des restes du régiment. Les hommes gardent de la tenue, ayant simplement abandonné leurs sacs encombrants, mais conservant armes et munitions, prêts à se battre au milieu de ceux qui ne songent qu'à fuir. Et puis, au matin du 9, on a atteint Pont-Sainte-Maxence et traversé l'Oise avant de s'enfoncer dans la forêt de Senlis.

— Sergent, sergent, mon père, venez vite, on a besoin de vous plus loin : un brigadier vient d'être tué par les avions boches ; il faut l'enterrer tout de suite !

Le sergent se lève, le revolver battant la hanche, prévient d'un mot le lieutenant qui commande le corps-franc et suit l'homme en courant.

Le sergent-chef Raymond Leopold Bruckberger est prêtre, ou plus exactement religieux, dominicain. Et pour l'instant, sergent-chef au corps-franc du 3e RIA. Etonnante personnalité ; un père autrichien, une mère auvergnate. Le père, ingénieur, né à Vienne, était venu en France en 1901 pour prendre la direction d'une usine exploitant une carrière de roches siliceuses. Le Viennois avait rencontré en Auvergne une jeune fille aussi brune qu'il était blond et l'avait épousée. Raymond Léopold Bruckberger, quatrième de cinq enfants, avait grandi au cœur de la France. Cette France qu'il aimait profondément, même s'il pouvait lui reprocher d'avoir arrêté et interné son père, sujet autrichien, en 1914. Après les études secondaires, puis la faculté des Lettres de Montpellier, était venu le couvent de Saint-Maximin et l'entrée, en 1929, dans l'ordre de saint Dominique.

Lorsque la guerre était arrivée, le Révérend Père Bruckberger avait quitté Saint-Maximin et la *Revue Thomiste,* dont il était secrétaire général depuis 1937, pour rejoindre son régiment et ses galons de sergent-chef. A la croisée de la France et de l'Autriche, aimant l'une et l'autre, il combattait cependant, et sans arrière-pensée pour ce pays qui l'avait vu naître, souvent écœuré par l'état d'esprit de soldats qui ne voulaient pas se battre, et par un gouvernement dont il n'approuvait pas les options, et qui menait, selon lui, la France et son armée à la défaite. Il ne trouvait de réconfort que dans l'exercice de son ministère ecclésiastique et dans son travail de sous-officier. Religieusement heureux, célébrant sa messe aussi bien dans une église de rencontre qu'au fond d'une casemate, entouré de soldats respectueux de ses gestes, il ressentait cependant douloureusement la médiocrité de sa tâche de soldat, d'autant moins exaltante que le 3e RIA, appartenant à la 29e division alpine, était en réserve générale dans la région de Châlons-sur-Marne. Durant tout l'hiver 39, il n'avait eu qu'une seule idée, échapper à cette léthargie qui le minait et l'exaspérait.

Enfin la solution tant espérée s'était présentée sous la forme du corps-franc de la division, commandé par le lieutenant Agnely avec pour adjoint le lieutenant Darnand. Bruckberger, comme beaucoup, professait une admiration de soldat pour ces deux authentiques guerriers ; leur unité, au milieu de l'apathie générale du front, débordait d'activité et n'avait de cesse de porter des coups aux Allemands. L'un des chefs de section du corps-franc était prêtre lui aussi ; le sous-lieutenant François-Julien, mariste et préfet des études d'un collège du Var « dans le civil ». Agnely tenait à avoir un prêtre dans son corps-franc ; non seulement pour exercer son ministère auprès des soldats, mais aussi, — pourquoi pas ? — pour utiliser ses éventuelles qualités guerrières.

Les prêtres français, en effet, par dérogation exceptionnelle du Saint-Siège, avaient été provisoirement autorisés à porter les armes, alors que leur état ecclésiastique, depuis toujours, faisait d'eux, en cas de conflit, des aumôniers et des infirmiers. Bruckberger connaissait Agnely et celui-ci lui avait promis de lui faire signe dès qu'une place serait libre chez lui. Mais le 8 février 1940, Agnely avait trouvé une mort glorieuse devant Forbach, et le sergent-chef dominicain avait dû renouveler sa demande auprès du nouveau patron du corps-franc, Darnand, qui avait promis à son tour.

Et puis, après plus de deux mois d'attente et d'ennui, le 21 avril, le sous-lieutenant François-Julien avait rendu visite à Bruckberger.

— Je quitte le corps-franc et je sais que vous êtes volontaire depuis longtemps. C'est le moment, et vous ne l'ignorez pas, Darnand est d'accord.

Bruck avait sauté de joie : enfin se battre réellement. Enfin la possibilité d'être un soldat responsable et de prouver aux autres comme de se prouver à soi-même l'amour de la patrie et le courage. Dans l'esprit du dominicain, ce raisonnement va parfaitement avec sa vocation religieuse, qui suppose, qui exige même, toutes les initiatives ; se battre, voire mourir pour la France, fait partie de celles-là. Il l'a déjà expliqué à des camarades sachant sa demande de mutation au corps-franc ; il l'a même écrit. Il ne sait pas s'il a convaincu tout le monde, mais au moins, il s'est expliqué et on a paru le comprendre.

Il avait attendu la mi-mai 1940, à la fois fête de la Pentecôte et déclenchement de l'attaque allemande, pour rejoindre le corps-franc cantonné à Faverney. Il avait célébré sa messe devant les hommes avec, au premier rang, intimidant, le lieutenant Darnand. Le 20 mai, une noria d'autobus parisiens avait transporté les troupes sur la Somme et très vite le combat était venu. Le lieutenant Michaux et le sergent-chef Bruckberger, sur l'ordre de Darnand, au milieu du chaos des unités mélangées, devaient garder un poste non loin d'un pont derrière lequel on attendait les Allemands. Les hommes étaient embusqués dans les maisons, Bruckberger d'un côté, le lieutenant Michaux de l'autre. Les canons des FM, des fusils et des mitraillettes dépassaient des volets clos. On attendait les Allemands devant, sur la route, et ce sont les Stukas qui sont arrivés, arrosant la position de bombes qui pulvérisaient les bâtiments et ouvraient des entonnoirs béants.

Au milieu de l'épaisse fumée, les gars du corps-franc restaient impassibles, armes braquées, courbant simplement un peu plus le dos lorsque les obus tombaient trop près, la plupart tirant calmement sur leur cigarette ou, comme Bruck, sur leur pipe. Quand les Stukas s'étaient éloignés, il ne restait plus grand-chose du village ; mais la maison où s'abritait le corps-franc avait été épargnée, tout comme le pont, dont l'arche enjambait toujours la voie ferrée en contrebas. Bruckberger était sorti, un chien sur ses talons, un pauvre chien affolé par les explosions et qui s'était réfugié en tremblant près du religieux-dominicain : du coup, Bruck lui avait donné le nom de Chauny, nom du village où ils s'étaient rencontrés ; ils ne se quitteraient plus.

En face de Bruck, s'était dressée la silhouette trapue du lieutenant Darnand.

— Pas de casse, Bruck ?

— Non, mon lieutenant, grâce à Dieu, personne.

Darnand avait eu l'air content. Il avait souri sous sa moustache et, s'approchant du sergent-chef, il avait décroché son propre insigne du corps-franc pour le fixer sur la poitrine du père : « A vaillant cœur, rien impossible. » Bruck s'était senti complètement intégré.

Et puis, pratiquement tout de suite, le corps-franc divisionnaire avait été dissous : pour éclater en corps-francs régimentaires. Le lieutenant Darnand avait rassemblé son monde et ils avaient, tous ensemble, entonné le refrain du corps-franc, « leur » refrain :

Ce sont les durs du corps-franc
Qui foutent la rouste aux Boches
Ce sont les durs du corps-franc
Qui reviennent triomphants.

Ensuite avait commencé la véritable débâcle, devant une armée allemande déferlante et victorieuse. Le corps-franc du 3e RIA marchait à l'arrière, couvrant la retraite. Et pourtant, dans le secteur où était le régiment, les premiers jours de juin avaient été calmes, jusqu'à l'attaque massive du 5.

Alors que le 6, le RIA avait repoussé trois fois de suite les Allemands de l'autre côté de la Somme, le soir du même jour, l'ordre de repli était arrivé. Bruck était écœuré ; il croyait dans les paroles du généralissime : « La bataille dont dépend le sort du pays sera livrée sans esprit de recul sur la position que nous occupons actuellement. Tous les chefs, jusqu'aux chefs de section, doivent être animés du désir farouche de se battre jusqu'à la mort. » Et cet ordre général ne datait que du 26 mai ! Oui, Bruck était écœuré, et il l'avait dit à Darnand, rencontré au détour d'un chemin forestier. Darnand avait haussé les épaules, toute sa fureur lui aussi concentrée...

Le même jour, la IXe armée allemande, entre l'Ailette et l'Aisne, s'emparait du Chemin des Dames, repoussant au-delà de l'Aisne la VIe armée du général Touchon.

Le corps-franc se replie donc vers le sud, vers Paris ; sur les bermes des fossés, ulcéré comme ses hommes armés et équipés, prêts à intervenir, Bruck voit des équipements abandonnés, et même des vareuses d'officiers, à deux, trois, et jusqu'à quatre galons ! Dans la nuit du 7, le groupe-franc subit le feu violent d'une automitrailleuse allemande ; un pont saute, les hommes se dispersent et le sergent-chef se retrouve seul, isolé sur une place de village de l'autre côté d'un canal.

Il marche un bon moment avant de retrouver un aspirant et une partie du corps-franc. Quelques heures plus tard, ils entrent dans la ville de Lagny, illuminée par les incendies. Bruck conservera toute sa vie à l'esprit la vision d'un immeuble ouvert en deux et d'une pièce ainsi découverte aux regards, avec le lit ciré, la cheminée, les photos de famille. Tout cela s'écroulant d'un seul coup, image de la vie familiale paisible et sereine, du bonheur de la paix, enseveli par les flammes dans une gerbe d'étincelles. Tout autour, ce ne sont que cadavres d'hommes et d'animaux, gravats, meubles et objets brisés, chevaux hennissant, affolés, galopant au hasard et traînant leurs traits d'où les caissons se sont décrochés, canons abandonnés, à moitié renversés. A nouveau les avions, les bombes et les fusées éclairantes, qui contraignent les hommes à se terrer dans les fossés. Bruckberger marche, Chauny derrière lui.

La retraite a continué sur Pont-Sainte-Maxence et l'Oise. Et puis cette forêt de Senlis, où les avions ennemis, une fois de plus ont contraint le corps-franc à se fondre avec les arbres et les buissons.

***

Bruckberger revient. Il a béni le corps du petit soldat tué par une bombe : il repose maintenant dans une tombe provisoire. Des camions attendent ; le corps-franc s'embarque, tout seul. Le combat approche peut-être. La nuit commence à tomber. De sa place, au-dessus des épaules qui ballottent sous les chaos du camion, Bruck aperçoit une pancarte routière : Verneuil. C'est un joli village au bord de l'Oise entre Creil et Pont-Sainte-Maxence.

Les ordres arrivent : défendre un pont de bateau que les éléments du Génie ont commencé de construire.

Bruck place ses FM. La nuit est belle, calme. On a envie de rêver ; chienne de guerre !

Et puis le capitaine du Génie arrive.

— Nous nous replions..., enfin, mes hommes ; vous restez ici avec une section de DCA.

Le pont n'est pas achevé, et la partie utilisable est précisément celle qui touche à la rive sur laquelle doivent en toute logique apparaître les Allemands. La DCA est encore là, mais pas pour longtemps. Le lieutenant qui la commande, plus très jeune, va chercher l'ordre de repli. Il revient avec, et le corps-franc reste seul. Les hommes se restaurent dans la cave d'une auberge proche, pleine de victuailles et de vin. Sur l'autre rive, apparaissent des réfugiés, qui restent, affolés, devant le pont de bateaux inachevé. Les hommes du corps-franc, du moins ceux qui ne sont pas allongés derrière leur FM, sautent dans une barque et font la navette.

Au matin, on vient chercher Bruck.

— Chef, nous venons de prendre deux officiers, et des officiers supérieurs. Ils ont une drôle de gueule !

Bruck part, suivi du lieutenant, qui a armé sa mitraillette. En chemin, on leur apprend que les deux officiers circulaient en auto mais que les questions posées sur les positions et les possibilités de défense avaient paru curieuses.

En effet, ils ont des têtes impossibles. Mais les papiers sont ou paraissent corrects. Alors il faut les laisser partir. Si Bruck s'écoutait, il les interrogerait dans un endroit plus calme ; mais cela ne se fait pas !

La matinée est déjà avancée ; le corps-franc est toujours sur sa position. Les hommes n'ont pas de problème de ravitaillement ; la cave est toujours là.

— Les Boches !

Le cri a fusé du haut de la maison, où un guetteur ne quitte pas des yeux l'autre côté de l'Oise.

Tous les regards se portent vers l'endroit indiqué. Une moto allemande, montée par deux soldats casqués, vient d'apparaître au sommet de la côte faisant face. Derrière elle, un camion rempli de soldats vert-de-gris. La mitrailleuse du corps-franc, placée en enfilade, crache aussitôt un chargeur entier, pendant que les hommes prennent leurs emplacements de tir. En face, en solides combattants entraînés, les Allemands ont vite réagi. Le conducteur a fait basculer sa moto, et l'a couchée en travers de la route. Abrité derrière la machine, avec son camarade, ils ouvrent le feu sur les Français. Toutes les armes crépitent. Le camion a fait demi-tour. Les deux Allemands arrêtent soudain de tirer et, abandonnant leur moto, ils entreprennent de ramper vers l'arrière pour échapper au feu d'enfer. Bruck se lève à demi ; il voit parfaitement la scène. Les motards doivent être tous les deux blessés ; ils rampent avec difficulté. Brusquement, leurs corps s'immobilisent sur place. Les balles du corps-franc les ont truffés comme des dindes.

Le combat est fini. Il est presque midi. La journée se passe, sans incident notable jusque vers 4 heures, lorsqu'un agent de liaison apporte un ordre de repli. Bruckberger s'étouffe de rage.

— Se replier sans s'être battus, jamais !

Le lieutenant et lui sont d'accord. Le corps-franc reste sur place. D'ailleurs, une heure plus tard, un motard revient du PC ; jamais le commandant Pochot n'a donné l'ordre de repli ; c'est écrit noir sur blanc, sur une feuille de carnet de poche.

La lecture du billet est ponctuée de détonations. Mais elles viennent du même côté de l'Oise où se trouve le corps-franc, non loin de la 10e compagnie du régiment.

Les armes tirent avec ensemble dans cette direction.

— Serions-nous tournés, chef ? interroge l'un des tireurs au FM.

Bruck se le demande en effet. Les Allemands sont là à quelques mètres, dans un petit bois. Ils ont dû passer le canal un peu plus loin et attaquent les Français sur la rive qu'ils occupent. La 10e compagnie a fait mouvement et leur fait face, perpendiculairement au canal. Bruck a vite compris que le corps-franc, tel qu'il est placé peut interdire, en contrebas, tout débouché aux Allemands. En quelques secondes, les FM sont en place, les hommes à plat ventre ou soigneusement dissimulés dans la végétation touffue. Les Allemands ont déclenché une fusillade nourrie à laquelle répondent rageusement les armes de la 10e compagnie et du corps-franc. Fievet, tireur au FM, s'étrangle de fureur : son arme s'enraye et refuse de partir.

— Nom de Dieu, avec l'emplacement qu'on a !

Bruck est aussi furieux que lui. Pipe à la bouche, il arpente sa ligne de feu, ravi d'être en plein baroud, mais prêt à piétiner cette saloperie de FM qui ne sert plus à rien alors qu'il prend les Boches en enfilade.

En face, à moins de cinquante mètres, les assaillants grimpent dans les arbres, bien plus à l'aise pour viser les Français tapis dans les herbes.

— Attention aux snipers, descendez-les !

Les gars du corps-franc ont la réputation d'être excellents tireurs. En quelques minutes, les trois quarts des snipers sont mis hors de combat, dégringolant en poussant de grands cris. Le soir tombe. Un soir admirable. Le soleil dore les champs de blé innombrables qui s'étendent tout autour de la position occupée par le corps-franc, à l'orée des bois.

— Bruckberger, vous allez conduire une patrouille vers Pont-Sainte-Maxence et tenter de dégager la route pour rompre l'encerclement. Et puis, si vous trouvez des munitions, ne vous privez pas, car...

Le geste du lieutenant se passe de commentaires : des munitions, il n'y en a pratiquement plus.

Les douze hommes du groupe-franc partent au pas de course, précédés par leur moine-soldat.

— Prenez les fossés.

Bruck désigne le fossé qui borde chaque côté de la route s'enfonçant dans la campagne. La patrouille se répartit en deux groupes, le premier mené par Bruckberger lui-même, le second par un petit bonhomme, le caporal Missemer. Fievet et son FM ferment la marche. Après chaque tournant, et Dieu sait s'ils sont nombreux, il se met en position pour protéger les arrières d'une éventuelle attaque. Un tournant, encore un tournant, rien, et pourtant, Bruck le sait, les Allemands sont partout. Au troisième tournant une maison apparaît dans laquelle un homme entre précipitamment à la vue de la patrouille, vue facilitée par la lueur d'une fusée éclairante qui vient de s'élever précisément de cette maison.

— Fonçons ! Vite ! Vite !

Les douze hommes courent dans les fossés, courbés en deux. Bruck est à droite et galope aussi vite qu'il le peut. Derrière lui, Missemer se redresse un peu, voit un grand Allemand qui, posément, vise le sergent-chef. Missemer ne réfléchit pas, ne prévient pas son chef. Instinctivement il appuie sur la détente de sa mitraillette. A quinze mètres, le soldat vert-de-gris s'effondre, le ventre transpercé. C'est aussitôt la fusillade. Instinctivement aussi, Bruckberger a plongé dans le fossé, qui doit mesurer soixante centimètres de profondeur. Juste suffisants pour lui éviter de prendre en plein corps les trente-cinq balles du chargeur de mitraillette qui lui passent en sifflant au-dessus de la tête. Missemer tire toujours sur tout ce qui bouge. La maison regorge d'Allemands qui arrosent la route. Brusquement tout s'arrête. Bruck réfléchit. Impossible de rester là. Cela ne sert strictement à rien.

Il chuchote :

— En arrière, en rampant dans le fossé.

Cinq cents mètres dans la terre et les herbes folles, en marche arrière, aveugles. Bruck entend bien d'autres raclements de godillots que celui des siens, mais il lui semble pourtant que la patrouille n'est pas au complet. Après le tournant de la route, il est hors de vue des Allemands. Il se redresse. Dans l'ombre, devant lui, se dressent Fievet et son FM.

— Content de vous revoir, chef, j'avais peur que vous ayez été tué et je me préparais à aller vous chercher.

— Ce ne sera pas pour cette fois-ci mon vieux, et les autres ?

Fievet a un geste d'ignorance et de désabusement.

— Ils sont repartis sur la position, sauf Missemer.

— Missemer, mais il était en tête, avec moi !

Bruck réfléchit. Missemer n'est pas rentré. Il faut aller le chercher, vivant ou mort. Bruck sait que c'est à lui d'y aller. Et pourtant, après l'ivresse du combat, c'est maintenant une peur horrible qui lui prend les tripes à l'idée de retourner là-bas. On se sent tellement bien, une fois revenu en arrière, à loin, cinq cents mètres, des balles et des Fridolins.

— Bon, tu restes ici, j'y vais.

Bruck reprend le fossé en sens inverse. Il est plus pratique de ramper en allant droit devant soi qu'en se déplaçant comme un crabe. Il fait nuit noire. Les mètres passent, l'un après l'autre. Les coudes font mal, les genoux aussi, malgré l'entraînement, malgré l'angoisse qui occupe l'esprit. Devant, les Allemands parlent et marchent sur la route. Bruck sent qu'il est revenu tout près de la maison. Et puis tout à coup, se détachant en ombre chinoise sur le ciel qu'il voit en contre-plongée, Bruck aperçoit le casque de Missemer, Missemer couché dans le fossé, le canon de la mitraillette pointé devant lui. Missemer qui n'a ni vu ni entendu ses camarades se replier et qui attend, tout seul face aux Boches !

Bruck étend la main, touche le pied de son caporal, qui sursaute, regarde en arrière, cherchant à distinguer, à reconnaître un visage.

— C'est moi, Bruckberger. Viens, tout le monde est parti ; je suis venu te rechercher.

Ils font cinq cents mètres à nouveau, dans l'autre sens. Ils retrouvent Fievet et Muller, qui attendaient et ils repartent tous les quatre, marchant sans grandes précautions en plein milieu de la route, s'arrêtant dans une ferme abandonnée pour puiser de l'eau à la pompe qu'ils manœuvrent dans un bruit épouvantable. Rien n'arrive. Un peu plus tard, ils débouchent près du village où se trouvent les restes du bataillon et du corps-franc. Les balles sifflent à nouveau.

— Les cons, ils nous tirent dessus maintenant !

Il faut se faire reconnaître. Les sentinelles ont tiré sur ces quatre ombres. On n'attendait plus de survivants de la patrouille. Les sourires et les tapes dans le dos sont encore plus amicales pour Bruck et ses compagnons.

Bruck regroupe ses hommes. Il ne leur dit rien sur ce qu'il pense de leur façon de s'être esbignés en le laissant avec Missemer dans le fossé. Cela ne servirait à rien dans la circonstance présente. Il vaut mieux essayer de filer à travers la forêt pour passer à travers le barrage des Allemands. Le bataillon, ou plutôt le fantôme du bataillon, se met en marche. Bruck dispose sa patrouille et l'échelonne le long du chemin afin de le reconnaître et d'éviter les surprises. D'autant plus qu'avec cette nuit sans lune, il est quasiment impossible de reconnaître un ami d'un ennemi. On laisse matériel et mulets, inutilisables et encombrants.

« C'est vraiment la débâcle », pense Bruck, au bord des larmes.

Il vient de parcourir à plusieurs reprises le kilomètre et demi tout au long duquel sont disposés ses hommes. Une ombre claudique devant lui. Missemer s'est foulé le pied gauche tout à l'heure. Il n'en a rien dit, mais il souffre visiblement et ne peut plus avancer.

— Appuie-toi sur moi...

Ils avancent, l'un soutenant l'autre. Ils tournent en rond. Autour d'eux, les hommes s'espacent ; ils sont à la hauteur des traînards. Et puis soudain, après un fourré, plus rien ; ils sont seuls.

Bruck continue à réfléchir. Ils ne peuvent continuer comme cela.

— Ecoute-moi, on va descendre vers la route, ce sera plus facile et on trouvera peut-être un vélo.

L'autre approuve. Il a mal et il fait confiance à son chef. Voilà la route, illuminée au loin par une immense lueur ; Creil est en flammes.

— Evitons la ville, les Boches doivent y être.

— Et puis, je voudrais me reposer, je n'en peux plus, souffle Missemer.

Les deux hommes obliquent sur la gauche, dans un chemin, une petite route qui passe à travers champs. Au bout, à trois kilomètres, une ferme, abandonnée, comme tout le reste. Bruck et Missemer entrent, s'affalent sur un grand lit. Missemer s'endort aussitôt, comme un bébé. Bruck veille, s'assoupissant quelques minutes pour se réveiller aussitôt, la main sur son arme.

Il regarde sa montre, qui marque presque trois heures. Il secoue son compagnon.

— Il faut repartir !

Un grognement lui répond.

— Lève-toi mon petit, il faut y aller, les Boches ne sont pas loin !

Et ils repartent. Missemer claudique de plus en plus. L'aube colore de bleu tendre et de rose la cime des arbres. Encore une belle journée, mais seuls les Allemands en profiteront. Sur la droite, un grand château, perdu dans un bois et, au sortir du bois, le miracle, une bicyclette abandonnée. Bruck y hisse tant bien que mal le caporal et le pousse, courant à côté. Cela va mieux pour Missemer. Ils continuent leur route, incongrus au milieu des champs de blé et des fleurs.

— Un village !

Oui, un village. Un village avec ses toits d'ardoise ou de tuile, ses murs gris-jaune. Un vrai village français. Avec des pots de fleurs aux fenêtres. Et des fusils. Et des mitrailleuses. Le tout allemand. Et tout cela tire sur les deux silhouettes. Missemer tombe de son vélo et Bruckberger se retrouve dans un fossé en contrebas, d'où il saute dans un pré, et de là dans un fossé plein d'eau. Il barbote, mouillé jusqu'à la ceinture. Le tir s'est arrêté. On n'entend plus rien.

— Missemer ?

Pas de réponse.

— Missemer ? Tu es blessé ?

Bruck n'ose pas lever la tête. Il serait en plein dans l'axe de tir de la Maschinen Gewehr.

— Missemer ?

Bruck marche dans le ruisseau jusqu'à un petit pont, passe sous celui-ci en rampant, revient de l'autre côté de la route, à hauteur de l'endroit où Missemer est tombé. Il reprend ses appels. Le silence. Bruck pense que son camarade est mort, tué par une rafale. Il ne peut plus rien pour lui. Il reste encore un peu. Pas un bruit, pas un appel, pas un gémissement. Bruck s'éloigne, la mort dans l'âme *.

Bruck est seul. Il s'est rendu compte que le village est peuplé d'Allemands. Il faut pourtant absolument le traverser. Alors, il décide de ramper tout au long du fossé qui tient lieu d'égout à ciel ouvert et dans lequel il s'est retrouvé après son roulé-boulé. Il rampe pendant ce qui lui paraît être des heures, tremblant d'être vu par le premier Allemand jetant un coup d'œil dans ce ruisseau nauséabond. Au-dessus d'un pont, bustes verts et casques carrés défilent en masse. Bruck ne peut pas continuer. Il quitte brusquement le fossé et atterrit dans le jardin d'une maison. Il court, passant entre deux bâtiments. Une tourterelle est là, coincée dans un grillage au-dessus d'une porte. Bruck la regarde, sourit. La dégage. Encore une qui ne doit pas aimer les Fridolins ! Au bout d'un jardin s'élève une grande maison, seule sur son promontoire. Le fugitif la considère, à l'abri derrière une palissade. Il ferait bon s'y introduire, s'y reposer, manger un peu, réfléchir. Il prend sa course et brusquement à quelques mètres, il voit nettement le canon du fusil qui dépasse d'un interstice de volet. Il oblique sur place et, à toute vitesse, grimpe une petite pente qui le conduit dans un bois de pins. Il crispe les muscles du dos, s'attendant à chaque pas à recevoir une balle. Il s'écroule sain et sauf au pied d'un arbre.

Dans un vallon en contrebas, passe une patrouille d'Allemands. Dans le lointain, tonne le canon allemand. Les Allemands sont partout. Bruck repart, traverse les champs, les bois, se guidant sur le canon français qui tonne aussi, mais qui s'éloigne aussitôt

* Missemer va être fait prisonnier et, comme Alsacien, il sera enrôlé de force dans la Wehrmacht, avec cette phalange de « Malgré nous » qui combattra sur le front russe. Il s'évadera en 1944, rejoindra les maquis tchèques et finira par rejoindre la France. Il restera dans l'armée, et Bruck le rencontrera bien des années plus tard dans le hall d'un hôtel, à Metz. Le père dominicain et le caporal devenu adjudant-chef se raconteront alors leur histoire.

que Bruck a cru le localiser grâce aux bruits de départs ; les artilleurs changent de position après avoir tiré un ou deux obus et, eux, ils sont à cheval !

Le soleil tape dur. Il est près de 9 heures, ce 11 juin 1940. Bruck s'arrête, essoufflé. Selon lui, il a parcouru d'une seule traite près de vingt-cinq à trente kilomètres. Il a faim, il a soif, il est exténué. Un nouveau champ de blé, aux tiges très hautes et tout près, derrière la forêt de Chantilly, qu'il vient de traverser, selon lui, de part en part, un petit village, à quelques centaines de mètres, Lamorlaye.

Et puis, sur la route, de l'autre côté, une troupe marche, tranquille, fusil à la bretelle. Français ? Allemands ? Impossible de distinguer l'uniforme à cause de la distance et du soleil aveuglant.

Bruck court et hurle :

— Français ou ennemis ?

Les soldats se sont arrêtés et se sont tournés dans la direction du cri.

— Venez ! Venez !

Une voix française ! Bruck fonce. Mais ses jambes s'arrêtent d'elles-mêmes. Celui qui a parlé, vu de plus près, porte un casque caractéristique, vert avec un couvre-nuque.

— Les Boches !

Bruck n'a que son pistolet. Contre au moins trente fusils et mitraillettes. Il faut bluffer ; il vient de réaliser qu'il est en plein terrain découvert.

— Français ou ennemis ?

Le bluff.

— Venez ! Venez ! Dépêchez-vous !

Bruck entrevoit la reddition. Se rendre, le mot qui lui fait le plus horreur. Alors, d'un seul coup, il tourne les talons et court comme un fou, droit devant lui, au milieu des balles qui maintenant l'encadrent en sifflant.

— *Komm ! Komm !* hurlent les Allemands...

Il court le sergent-chef Bruckberger. La mitrailleuse se met de la partie. Bruck progresse par bonds. Il se couche entre chaque. Les premières rafales le manquent. Il se relève. Une fois, deux fois. Devant lui, le salut ; une ligne d'arbres. Un nouveau bond et un choc immense, qui projette Bruck sur le bord de la prairie qu'il voulait atteindre. Les deux balles l'ont touché dans le dos, la première dans l'épaule gauche, la seconde dans le poumon gauche. Le sang coule à flots. Bruck est très conscient de sa blessure, du sang qui coule, des oiseaux qui tournent dans le ciel, de son isolement au milieu des herbes. Les Allemands ne l'ont pas poursuivi. Ils doivent le croire mort. Et il sait que s'il ne se remet pas en marche, il va effectivement mourir sur place. Personne ne le saura. Et son corps pourrira sur ce coin de terre ; car ce coin de terre, il est à lui, maintenant ; il l'a gagné avec son sang. Il se remet debout : il faut rejoindre la route. Après le grand choc indolore de la blessure, il a mal. La route est vide, il la voit dans un brouillard, puis se couche sur la berme herbue. Près de lui, soudain, une tête. Blonde. Celle d'un infirmier allemand qui lui fait un pansement rapide *.

⁂

Le colonel Réthoré est soucieux ; il n'a plus de liaison avec l'unité voisine de la sienne, le 23e régiment d'infanterie de forteresse. Le 23e n'est pas loin de sa base de paix, Haguenau. La forêt des Vosges est bien belle en ce début juin, malgré la guerre et les Allemands qui attaquent sans discontinuer. Tout va de mal en pis. Depuis le 13 juin, deux jours auparavant, l'ennemi a franchi la Seine à l'ouest de Paris et pousse vers l'ouest. Hier, les Allemands sont entrés dans Paris. Le soir même, le Grand Quartier Général s'est replié sur Vichy ; Weygand sait que la demande d'armistice est inéluctable. Partout la débâcle, le repli, l'exode. Les troupes françaises de l'Est, près de la ligne Maginot, ont tenté de résister le temps nécessaire pour permettre au gros des forces de retraiter. Mais, le 2 juin, le général Prételat avait demandé une nouvelle fois au généralissime l'autorisation de préparer la retraite ; ce que Weygand avait alors refusé. La retraite n'a pu commencer que le 14, alors que les Allemands achèvent l'encerclement des troupes françaises de l'Est enfermées dans les Vosges. Venant de la Sarre la Ire armée allemande marche sur les Vosges du nord au sud, tandis que la VIIe, après avoir franchi le Rhin à Neuf-Brisach, se porte sur le même objectif d'est en ouest.

Réthoré n'ignore rien de tout cela. Tout le révolte, lui l'ancien de 14. Son régiment, comme tous ceux composant le groupe d'armées 2, s'est mise en boule sur ses positions, prêt à se battre jusqu'au bout. Le colonel est assis sur une caisse, au cœur du petit bois dans lequel il a disposé ses hommes. Sa mission est de regrouper les points d'appui qui tiennent encore.

— Un agent de liaison et une moto !

Un adjudant se présente aussitôt, bâti en athlète, grand, les cheveux plantés en arrière, un nez solide, légèrement busqué, le regard un peu dissimulé par les paupières légèrement tombantes, mais un regard direct. Il était là, tout près, avec ses trente gars du

* Evadé dès le 10 juillet 1940, le Père Bruckberger rejoindra la Résistance après avoir rompu politiquement avec Darnand, qui l'avait cependant, par solidarité d'armes, attiré à lui dès la fondation de Légion Française des Combattants. Gaulliste, arrêté par la Gestapo, le Père Bruckberger n'oubliera pas, malgré les dissensions, la fidélité à Darnand et assistera celui-ci au moment de son exécution (*cf.* p. 85). Il a par la suite poursuivi la carrière que l'on connaît, religieux intransigeant et écrivain fécond.

groupe-franc qui forment un peu la garde personnelle du colonel.

— Ah ! Bigeard ! Voilà un pli pour nos voisins, trouvez-les, demandez-leur ce qu'il en est et revenez me rendre compte.

— Bien, mon colonel.

Bigeard fait demi-tour, marchant de son pas élastique vers le motard qui, sur un signe, met déjà sa machine en route. Bigeard s'aperçoit, en approchant, que l'homme n'a pas l'air faraud. Il transpire. Mais il est vrai qu'il fait chaud. Bigeard lui tape sur l'épaule :

— Allons mon vieux, pas de mollesse, que veux-tu qu'il nous arrive ? Je vais avec toi...

L'adjudant a enjambé le siège arrière de la moto, assuré son casque, donné une nouvelle tape dans le dos du soldat :

— On y va !

La moto démarre, décrit un large cercle dans le sous-bois pour rejoindre un layon. Au passage, Bigeard adresse un petit salut amical à ses gars du groupe-franc, armes en batterie, surveillant les lisières entre les arbres.

Marcel Bigeard, Lorrain de Toul, a vingt-quatre ans. Rien ne le destinait à l'armée et au goût de la chose militaire, son père est mécanicien à la SNCF et il n'a aucun antécédent familial. Il a fait son service militaire de 1936 à 1938 comme 2e classe sur la ligne Maginot, libéré comme caporal-chef. Jusqu'à la guerre, il a sagement travaillé comme employé de banque à la Société générale de Toul. Et puis la mobilisation est arrivée. Il y a eu alors en lui comme un déclic : il fallait défendre sa province, sa patrie. Alors il est parti avec l'idée de se battre à fond, avec simplement un petit pincement au cœur en laissant les siens et Gaby sa fiancée... et a retrouvé le 23e RIF, son régiment. Il travaille, passe ses examens et lorsque Hitler envahit la Pologne, en septembre 1939, il étrenne des galons de sergent tout neufs. Il est affecté à la ligne Maginot. Le 23e fait partie des régiments d'intervalle.

Bigeard aime la vie militaire, mais l'inaction lui pèse. Aussi lorsque l'on demande des volontaires pour former un groupe-franc, il se présente immédiatement avec 40 camarades. Le groupe-franc est commandé par deux Cyrards qui veulent en découdre, le capitaine Beck et un petit sous-lieutenant d'origine alsacienne, « fonceur » malgré sa frêle apparence, le lieutenant Bouilloc.

A Trimbach, village alsacien où ils cantonnent, les hommes du groupe-franc vivent à part, dans le no man's land d'une contrée vidée de ses habitants. Les patrouilles succèdent aux embuscades et les embuscades aux patrouilles. Le secteur de la Lauter est truffé d'Allemands qui ne chôment pas non plus. Une première citation, puis une seconde accompagnent les galons de sergent-chef, puis d'adjudant. Tout cela, en quelques mois. Bigeard est maintenant l'adjoint de Bouilloc, avec lequel il s'entend parfaitement.

Bouilloc commande le groupe-franc depuis la blessure du capitaine Beck, au cours d'une opération pendant laquelle Bigeard a lui aussi été atteint et brûlé par une grenade à manche. Des copains sont morts, d'autres ont disparu. Bigeard ne veut pas y penser plus qu'il ne le faut.

— Demain, ce sera peut-être moi, mais il faut continuer ; d'ailleurs Bouilloc donne l'exemple.

En effet, si le sous-lieutenant Bouilloc pouvait arrêter l'invasion allemande à lui tout seul, il le ferait ; il est toujours sur un coup, recherchant continuellement le contact avec l'ennemi. Et puis un après-midi de ce beau printemps, une fois de plus il a décidé de partir en reconnaissance.

— Je vais tâcher de voir où ils sont, a-t-il dit à Bigeard, qui tord le nez. Toi, tu prépares notre affaire, je reviens le plus vite possible.

Bouilloc est parti sur sa moto, qu'il chevauche comme un pur-sang. De plus en plus inquiet, Bigeard tourne en rond. Les heures ont passé. On a retrouvé le sous-lieutenant Bouilloc étendu, les bras en croix, sur la route goudronnée, à côté de sa moto. La rafale l'avait atteint en pleine poitrine.

Et Bigeard ne peut s'empêcher d'y penser en roulant sur cette route vide, bordée régulièrement de tas de cailloux laissés là par les cantonniers. Le soleil tape dur. Le pilote avance vite. Derrière lui, l'adjudant Bigeard scrute le paysage vallonné, les bois sur le côté. Mais où sont les autres ? Il faut pourtant bien faire cette liaison ; le colonel attend. La route descend. A deux cents mètres, elle remonte après avoir traversé un vallon.

Le moteur ronfle, augmente de régime pour aborder la contre-pente. Les deux hommes ont l'impression de grimper vers le ciel, d'un bleu uni.

Les rafales d'armes automatiques ont déchiré l'air. Bigeard sent la moto partir en zigzaguant. Devant lui, le dos du pilote s'est affaissé. Ne pas réfléchir, sauter tout de suite. Comme à l'entraînement, il exécute un impeccable roulé-boulé. Mais une giclée de balles ricoche sur le goudron en miaulant. Le fossé. Le pilote est mort, tué net. A deux mètres de lui, Bigeard voit son œil fixe, le sang qui coule de sa bouche, l'immobilité glacée de celui qui relançait son moteur, il y a moins d'une minute...

— Que veux-tu qu'il nous arrive ? lui avait dit Bigeard.

L'adjudant grimace. Il a mal à l'épaule, à la jambe droite. Les rafales allemandes continuent. Il ne faut pas qu'il reste là. Muscles bandés, Bigeard compte mentalement jusqu'à cinq, se dresse et fonce droit devant lui dans les fourrés. Les balles le suivent. Il s'aplatit, repart, bond après bond.

Il court maintenant dans les boqueteaux, franchissant les haies bordant les champs. Sa jambe tire de plus en plus. Il est essoufflé.

Mais le feu allemand s'est tu. Il est trop loin. Il emprunte un chemin, et au tournant découvre les bâtiments d'une ferme. Bigeard parcourt les derniers mètres plus lentement, contrôlant sa respiration. Il a la gorge sèche, brûlée par la course et la poussière. La jugulaire de son casque, trempée de sueur, rentre dans sa joue. Il va pouvoir demander à boire ; derrière la vitre de la fenêtre, il voit les habitants bouger. La porte est là mais, elle ne s'ouvre pas, ou plutôt, malgré les coups de poing sur le battant et les appels, pas tout de suite. Enfin un visage apparaît. Le paysan n'a pas l'air heureux de voir un soldat. Même pas compatissant.

— Je suis tombé dans une embuscade, mon camarade a été tué... J'ai soif. Je voudrais simplement me reposer un peu et repartir.

Le visage se ferme encore plus.

— Ne restez pas ici. Nous ne voulons pas d'histoires avec les Allemands !

Bigeard ne comprend pas. La porte se referme. Il reste interloqué et furieux.

— Les salauds !

La course folle reprend. La soif se fait de plus en plus forte. La douleur de la jambe est lancinante. Le chemin devient route. Tout près, derrière la ferme, il y a un village. Une silhouette se profile sur la route, c'est un motocycliste. Pas un soldat, une jeune fille. Bigeard la distingue mal, en dehors des cheveux au vent. Etonnant, cette moto pilotée par une jeune fille. Elle s'arrête. Elle est jeune et jolie, et sûrement courageuse ; à trois kilomètres les Allemands sont embusqués et tirent sur les motos. Bigeard s'entend lui expliquer ce qui lui est arrivé. Elle écoute, les sourcils froncés.

— Il faut vous cacher. Les Allemands sont dans le secteur.

L'adjudant sourit ; il est payé pour le savoir !

— Venez chez moi, continue la jeune fille, je vous soignerai. Après vous pourrez rejoindre vos camarades.

Une heure plus tard, Bigeard est restauré, abreuvé, soigné. Assis dans la pièce, il somnole. Il faut attendre la nuit.

La jeune fille est passée devant. Elle connaît tous les chemins et sait où se trouvent le colonel Réthoré, les restes du 23e, et le groupe-franc. La nuit est claire. Bigeard se laisse emmener, guider. Il tient une main fraîche. Ils entrent dans un bois, s'arrêtent une seconde, pour écouter. L'adjudant des corps-francs sent cette présence tout près de lui. Il serre la main un peu plus fort. Ils restent un peu plus longtemps que ne l'exige la prudence. Un baiser furtif, puis un autre, plus long, plus tendre. La guerre est bien loin, et elle est en même temps si proche. Les minutes passent.

— Il faut y aller, vos camarades sont par là, dans un bois, tout près d'ici.

Ils repartent. Une heure plus tard, Bigeard est devant le colonel.

— Content de vous revoir, mon vieux. D'ailleurs, vos hommes étaient persuadés que vous reviendriez d'une manière ou d'une autre !

Les volontaires du groupe-franc veillent. Dans le lointain, de brefs éclairs illuminent le ciel par-dessus les arbres. On entend un oiseau de nuit, répondant comme un écho au roulement du canon. Sur les routes, les Panzers poursuivent leur approche. Bigeard s'allonge dans les feuilles, son pistolet mitrailleur appuyé contre un arbre. Il ferme les yeux. Derrière ses paupières closes, une silhouette gracile pousse une moto sur une route déserte.

CHAPITRE XI

JUSQU'AU BOUT, JUSQU'A LA FIN...

Pour la quatrième fois, en vain, mâchoires crispées, le conducteur actionne le démarreur.

— Saloperie de saloperie !

Le cinquième coup de démarreur ne déclenche qu'un vague hoquet de la mécanique. Insuffisant pour démarrer, il est suffisant pour encourager les hommes du groupe-franc Buchoud qui, arc-boutés sur les flancs de la chenillette, poussent l'engin en jurant.

Pendant ce temps, les balles allemandes ricochent tout autour de la petite troupe et des deux chenillettes dont l'une, moteur ronflant, attend sa jumelle. Derrière la récalcitrante, le canon de 25 que les Français viennent de trouver, abandonné, et qu'il ne faut pas laisser aux Allemands qui suivent, tout près, de l'autre côté des crêtes de la route.

— Poussez sur la pente !

Buchoud s'impatiente. Depuis trois jours, depuis le 13 juin, le groupe-franc, son groupe-franc depuis la mort du capitaine Vernhes, s'est replié sur une ligne Destry, Morhange, Gerbécourt, Château-Salins. Sa mission est de protéger le repli du 1/146 et de couvrir le PC du colonel.

Le groupe-franc est divisé en deux, la moitié des hommes disposant de bicyclettes et l'autre marchant à pied. Tels les officiers de l'Ancien Régime ou de l'Empire qui crevaient sous eux les chevaux, le lieutenant Buchoud a « usé » trois motocyclettes, qui l'ont en fait successivement « lâché »... Il chevauche la quatrième en trois jours !

— Ça marche !

La chenillette, poussée par des poignes vigoureuses, après trois nouveaux hoquets, vient enfin de consentir à démarrer. Derrière, les hommes ont sauté sur leurs vélos, se sont accrochés aux motos, à l'autre chenillette, à la 302 qui constituent le convoi hétéroclite du groupe-franc.

La nuit tombe. Le repli s'effectue de crête en crête, sous le feu des Allemands qui attendent l'arrivée de l'adversaire au sommet d'une côte pour tirer en enfilade, bien que d'une manière imprécise et mal ajustée. Depuis trois jours le groupe-franc se replie en se battant. Tout à l'heure, les FM et le canon de 25 ont détruit, à deux cents mètres en avant de Château-Salins, un side-car allemand monté par trois voltigeurs. Château-Salins où Buchoud a pu récupérer les transports qui servent maintenant à ses hommes, une Peugeot 302 presque neuve, deux motos et quelques bicyclettes.

Les hommes ont soif.

— Hein, mon lieutenant, si on avait emporté le champagne !

Buchoud ne peut s'empêcher de sourire. Hier, à Morhange, dans un hangar à marchandises, ils sont tombés sur un monceau de caisses remplies de bouteilles de champagne et d'apéritif. Il y a eu un bref moment d'hésitation, puis, ne voulant ni céder à la tentation, ni laisser l'aubaine aux Allemands, le groupe a méthodiquement détruit le stock.

Le groupe-franc poursuit sa progression vers le sud. Devant lui, le 146e RI se replie toujours, serré de près par les Allemands. Il se replie comme toute l'armée française. Cette armée partagée entre la panique et la veulerie de ceux qui fuient en abandonnant leurs armes, et ceux qui se retournent, font face, se battent et tombent sur place ou sont faits prisonniers. Nombreux sont les officiers allemands qui feront rendre les honneurs par leurs soldats superbes et vainqueurs à des soldats français trempés de sueur et épuisés, mais qui n'auront cessé le combat qu'une fois tiré le dernier coup de fusil ou lancée la dernière grenade.

Depuis le 11 juin au soir, au château du Muguet à Briare, où s'est replié le GQG, l'alliance franco-britannique est morte. Devant Churchill et Spears, Weygand et Georges ont peint un tableau décourageant de la situation, résumée en un mot : la France est à bout.

Toute l'argumentation du Premier britannique ne sert à rien. Pétain, Reynaud, le général de Gaulle, secrétaire d'Etat à la guerre, n'y peuvent rien ; l'opposition est nette et violente entre les deux conceptions. Le 12 à 13 h 15, peu de temps après le départ de Churchill, le général Weygand a signé l'ordre de repli général prévu la veille. Paris a déjà été déclaré « ville ouverte » l'avant-veille et le torrent des réfugiés s'est accru de la masse affolée des habitants de la capitale dans laquelle la Wehrmacht victorieuse est entrée le 14. Le soir même, le GQG se replie sur Vichy.

L'armée allemande pousse dans toutes les directions, sur la Loire, vers Dijon et Lyon, vers le plateau de Langres et la frontière suisse, ou les blindés de Guderian ont pour mission de couper la route aux armées de la ligne Maginot. Le 14 également, le gouvernement s'est transporté à Bordeaux, après avoir « transité » au château de Cangé, près de Tours, où se sont tenues des séances dramatiques du Conseil des ministres, pendant lesquelles Français et Britanniques se sont affrontés dans un climat mettant de plus en plus les désaccords en évidence. Le maréchal Pétain proclame, d'une voix cassée, que la demande d'armistice est inévitable, Weygand fulmine contre les politiciens qui, « le cul dans leur fauteuil », prolongent le sacrifice inutile des soldats, Reynaud continue de préparer le passage en Afrique du Nord des recrues et du personnel des dépôts. Il décide en même temps d'envoyer de Gaulle à Londres pour présenter les besoins de la France. Le « Réduit breton », évoqué dès le 12 juin, et malgré les efforts du général Altmayer, ne représente, faute de troupes, qu'une chimère que Weygand, devant le général anglais Brooke, qualifie de « romantique »...

Le 16, dans la journée, Reynaud préside son dernier Conseil et communique les promesses encore bien vagues des Etats-Unis et le projet « d'union indissoluble entre la France et l'Angleterre », téléphoné de Londres par le général de Gaulle. Les ministres discutent une nouvelle fois, sans voter, de la proposition de Camille Chautemps de demander à Hitler ses conditions de cessation des hostilités « pour prouver que rien ne peut être espéré de lui »...

A 21 heures, le ministère Reynaud donne sa démission au président de la République. Lui succède le ministère Pétain.

A la même heure, le groupe-franc du lieutenant Buchoud arrive au carrefour de Burthecourt, sur la Seille. Un chef de bataillon, le commandant Leixelard, attend sur place.

— Buchoud, votre mission est de tenir ce carrefour pour couvrir le repli du deuxième bataillon et une partie du 156ᵉ.

Buchoud regarde, dans la nuit, très claire, le carrefour où il va, dans quelques minutes, installer ses hommes. Encore un carrefour, Venheck, Burthécourt, des routes qui se coupent à angle droit, allant vers Chambrey et Nancy à l'ouest, Salonnes et Sarrebourg à l'est. Les maisons sont alignées le long de la chaussée, le pont passe sur la Seille et, tout de suite derrière, s'étend le parc d'un château avec, en face, une grosse ferme.

Buchoud se retourne vers le commandant.

— Les Allemands ?

— Ils sont tout près. Mais il faut leur interdire la route de l'ouest vers Chambrey ; c'est là que doivent passer nos hommes.

Le commandant lève le doigt vers le ciel illuminé d'éclairs ; on entend le roulement de la bataille et les mille bruits de troupes motorisées en marche.

Buchoud salue. En quelques minutes, il met en place ses deux sections ; un groupe à deux cents mètres en avant, tenant la crête vers Château-Salins, un autre groupe sur la route de Salonnes, face à l'est. Il garde pour lui un groupe de réserve, placé au carrefour, avec le canon de 25. Il parcourt les trois positions.

— Si les Boches arrivent, à pied ou sur des engins, jetez-vous dans les fossés, et attendez que le canon ouvre le feu. Agissez alors à la grenade.

Les hommes ajustent leur casque, vérifient leurs armes, la hausse des FM.

Venant du sud, sur la route de Bezange-la-Grande, le bruit d'un moteur se fait entendre. Le colonel Prat descend de sa voiture, reconnaît Buchoud qui s'est avancé vers lui.

— Tenez jusqu'à minuit, puis repliez-vous derrière la Seille. Et donnez l'ordre au sous-officier du Génie qui se tient à hauteur du pont de faire sauter celui-ci. Ensuite, attendez d'être relevé par le 2e bataillon.

Les derniers mots du colonel sont couverts par un bruit caractéristique de chenilles, venant de Château-Salins. Un homme arrive en courant.

— Les Boches, mon lieutenant, on distingue des engins arrivant à allure réduite.

Buchoud se tourne vers Prat.

— Mon colonel il faut partir !

Le colonel s'engouffre dans sa voiture et repart vers son PC. Suivant l'ordre de Buchoud, tous les hommes se sont tapis. Le canon est chargé. L'œil à la lunette, Westendorp, le tireur, attend, le doigt crispé sur la détente.

— Tu les vois ? souffle Buchoud.

— Pas encore, mon lieutenant.

Ils approchent cependant. Le bruit des chenilles va en s'amplifiant. Ils vont sugir de la crête à environ deux cents mètres en avant du carrefour. Buchoud pense qu'ils ont déjà dû dépasser son groupe avancé qui doit attendre le premier coup de canon. Westendorp se ramasse sur lui-même.

— Mon lieutenant, je les vois !

A cadence rapide, cinq obus jaillissent de la gueule du canon, aussitôt relayés par les rafales de FM. Les balles crépitent sur les blindages des engins qui ont stoppé sur place, à une cinquantaine de mètres. Les hommes du groupe avancé sont au contact ; Buchoud entend les cris en Français et en Allemand. Une boule de feu monte soudain, orangé et jaune, des torsades de flammes éclairent la route et les maisons. Un réservoir d'essence saute. Par liaison, Buchoud appelle son groupe, le sergent Hébert arrive en courant le premier.

— Continuez le tir au 25, mais un peu plus sur la gauche !

Hébert repart. Régulièrement le canon reprend son tir. Des gerbes d'étincelles et de flammes s'élèvent au-dessus des blindés à croix noire. Brusquement, Buchoud se sent soulevé par un souffle irrésistible. Des pierres tombent tout autour de lui, arrosant les Français qui regardent, suffoqués, vers l'arrière de leur position, d'où est partie une gigantesque explosion ; le pont sur la Seille a sauté, sans que l'ordre de destruction ait été donné. Buchoud a envie de hurler de rage ; lui et ses hommes plus le canon et une chenillette sont bloqués de ce côté, retraite coupée. Devant, la route est barrée par une véritable muraille de flammes ; les engins allemands brûlent, les munitions sautent dans un fracas ininterrompu. Un par un, émergeant de la fumée noire, les hommes du groupe avancé reviennent. Le tireur au FM ouvre les bras d'un air désolé :

— Comprends pas, mon lieutenant, une rafale immense et mon arme coupée net, en deux morceaux. De toute façon, les Fridolins ne pourront pas les recoler.

Buchoud compte ses gars. Valentin, Raymond et Liviou manquent. Ils ne réapparaîtront pas, tombés dans le corps à corps. Le lieutenant regarde sa montre ; il est minuit moins cinq. Il faut se replier. Un groupe de combat reste en protection. Le reste du groupe-franc, la chenillette et le canon vont tenter de passer la Seille à gué ; à cet endroit, elle n'est pas très profonde et on pourra s'aider des remblais du pont détruit. Prudemment, la chenillette s'approche du bord, s'incline vers la rivière. Les chenilles entrent dans l'eau, disparaissent centimètre par centimètre. Armes à la main, les hommes regardent le véhicule, encourageant le pilote qui plisse les yeux, manœuvrant avec précaution. Un mètre, deux mètres, brusquement, l'engin se soulève, puis lentement, majestueusement, malgré les efforts et les cris de rage, il bascule dans l'eau noire avant de s'immobiliser, noyé. Le pilote s'extrait, saute dans l'eau, rejoint la rive, l'air furieux. Il lance un regard à Buchoud.

— Excusez-moi, mon lieutenant...

— T'inquiète pas, aide plutôt les autres.

Les autres sont déjà dans la Seille, de l'eau jusqu'à la ceinture, poussant et tirant le canon de 25 qui finit par passer, lui, hissé sur l'autre rive par dix paires de bras. Il est immédiatement mis en batterie face aux Allemands.

Buchoud est passé à son tour. Il installe le canon et un FM face à la route de Château-Salins, prise en enfilade. Les deux autres FM se placent de part et d'autre de la route, celui de droite embusqué aux lisières du parc du couvent de Burthécourt. En vérifiant son emplacement, Buchoud pense que quelques jours auparavant, il était venu visiter ses blessés, soignés dans ce couvent transformé en hôpital.

Il est une heure du matin. De l'autre côté de la rivière, les blindés allemands brûlent toujours. Deux d'entre eux ne flambent pas mais paraissent inutilisables ; l'une des tourelles semble bloquée et expédie régulièrement des obus traceurs dans deux directions diamétralement opposées. A 2 heures, Buchoud envoie chercher le sergent Hébert.

— Partez en patrouille en face, tâchez de repérer nos gars disparus.

Hébert s'éloigne avec quelques hommes. Trois quarts d'heure plus tard, il est de retour.

— Pas trace des copains, mon lieutenant : ils ont dû être embarqués par les Boches. Par contre, nous avons trouvé ça.

« Ça », c'est une mitrailleuse légère allemande, que l'un des patrouilleurs tient à bout de bras et tend au lieutenant.

La nuit passe lentement. Le groupe-franc veille, en position sur les tas de cailloux bordant la route en réfection. A l'horizon, de longues traînées plus pâles, tranchant sur le fond uniformément bleu-noir du ciel, annoncent l'aube. Venant avec elle, trois jeunes officiers du régiment, le lieutenant Welter et les aspirants Jeandel et Delfoos arrivent silencieusement pour reconnaître le terrain sur lequel ils doivent mettre leurs sections en place avant le lever du jour. Derrière eux, ils entendent un bruit de sabots : Welter amène avec lui deux canons de 25 tractés par des chevaux.

Le jour du 17 juin commence à illuminer de sa clarté les champs environnants et les foyers éteints des incendies nocturnes. Soudain, un feu brutal se déclenche. C'est un tir d'infanterie fourni, véritable base de feu qui survient en pleine relève. Les hommes de Welter courent, tentant de gagner leurs emplacements sous les balles qui sifflent à leurs oreilles, coupant net les branches d'arbres qui tombent sur la route. Les deux canons de 25 s'installent tant bien que mal ; le premier battant la route en enfilade, le second placé dans les champs à gauche, près d'un rideau d'arbres bordant les buissons. L'aspirant Jeandel arrive devant Buchoud, l'air ennuyé.

— J'ai perdu deux groupes ; ils ont dû rester en arrière.

Ses voltigeurs ont rejoint et s'installent dans le parc de Burthécourt, à droite de la route. La secion Delfoos est en face. Toutes deux mettent en batterie leurs armes auomatiques.

— Quel champ de tir ! murmure Delfoos.

Devant lui, le terrain est plat comme un billard, n'offrant aucun obstacle ni aux Allemands qui attaquent, ni aux Français qui se défendent.

Buchoud fait passer l'ordre à ses chefs de groupe de se replier vers la voie ferrée qui passe à cent mètres de là, en bordure de la route Nancy-Sarrebourg, aux lisières du parc. La fusillade continue assourdissante ; les hommes n'arrivent pas à distinguer d'où vient le feu adverse. Buchoud lui-même s'y trompe et envoie une patrouille dans le parc afin de contrôler s'il est occupé ou non. La patrouille revient.

— Rien vu, mon lieutenant.

A quelques mètres, le caporal-chef Klusick gémit, une balle dans la jambe. Tout aussi brusquement qu'il s'est déclenché, le tir allemand cesse ; à la même seconde, les hommes du groupe-franc voient distinctement, de l'autre côté du pont, s'avancer les fantassins allemands, progressant en deux files ininterrompues et serrées de chaque côté de la route. Elles vont être prises sous le feu du FM avancé. Buchoud attend. Le tir ne vient pas.

— Vas-tu y aller animal ! hurle-t-il, à l'intention du tireur.

Le tireur rêvait sans doute. A peine le lieutenant a-t-il crié qu'une silhouette kaki saute, se met en place, pointe, tire. Les rafales éclatent enfin. Mais trop tard. Les Allemands se sont couchés dans les fossés.

Buchoud monte dans la 302, à l'arrière de laquelle il a fait installer Klusick ; par chance, la voiture avait passé la Seille avant que le pont explose. Le soldat Wacogne prend le volant. Par la vitre baissée, Buchoud hèle Jeandel :

— Je file au PC, le groupe-franc est en réserve dans la ferme près de la voie ferrée.

Wacogne embraye. Il ne dit rien, mais il sait qu'il va falloir traverser près de 800 mètres de route découverte, à la vue de l'ennemi. Il n'a pas le temps de penser beaucoup, les balles sifflent déjà, soulevant des impacts tout autour du véhicule. Le pied droit du chauffeur enfonce l'accélérateur : l'aiguille du compteur de vitesse monte rapidement. A l'arrière, anxieux, Klusick ne quitte pas du regard le dos de son camarade. Trente secondes, une minute, une minute et demie. Le dos de Wacogne se détend imperceptiblement ; ils sont passés. Ils sont maintenant hors de portée. Sur le bord de la route, une petite troupe est arrêtée.

— Stoppons !

Buchoud descend de voiture. Les deux sections de mitrailleuses de Jeandel repartent vers l'arrière.

— Où étiez-vous, votre officier vous cherche partout ? aboit-il. Un sous-officier s'avance, l'air ennuyé.

— Mon lieutenant, le bruit a couru que les Allemands avaient passé la Seille. Alors, on se repliait pour aller chercher les ordres.

— Les Allemands ne sont pas passés du tout ! hurle Buchoud, fou de rage. Vos camarades sont en place à Burthécourt, rejoignez-les immédiatement...

La 302 repart. Il est 7 heures du matin lorsqu'elle entre dans

Bezanges-la-Grande. Le PC est là, installé dans une grande maison aux murs crépis.

— Buchoud ! Je vous croyais perdu corps et biens !

Le colonel Prat sourit, prend le lieutenant par l'épaule. Pourtant, l'heure n'est pas aux débordements. Un motocycliste du 15e GRCA arrive dans un nuage de poussière, saluant d'une main, et tendant de l'autre un papier plié au colonel qui en prend aussitôt connaissance. Ses lèvres lisent à mi-voix.

— Un certain capitaine Lhotte m'informe qu'il ne peut plus assurer la liaison avec nous, nos éléments du pont de Burthécourt ont lâché pied et les Boches ont passé la Seille !

Buchoud soupire ; décidément, ce bruit persiste, mais il sait bien que les Allemands sont toujours de l'autre côté et que son groupe-franc est toujours en place avec les sections Welter, Jeandel et Delfoos.

Le colonel relève la tête.

— Lhotte demande un officier de liaison, vous me paraissez tout désigné.

Sans perdre un instant Buchoud débarque Klusick, charge à sa place des vivres et des munitions pour ses hommes, et repart. La 302 roule deux kilomètres et longe un petit bois dans lequel doivent se trouver les cavaliers. Lhotte est là en effet, visiblement soulagé de voir arriver quelqu'un sachant avec précision quelque chose.

— Je ne comprends pas très bien, mon capitaine, c'est moi qui commande le groupe-franc en place à Burthécourt depuis hier soir. Il y a encore une heure, les Allemands piétinaient de l'autre côté du pont et cette nuit, nous leur avons esquinté du monde et du matériel.

— Pourtant le bruit a couru qu'ils avaient passé. Lesseps, allez avec le lieutenant jusqu'à la lisière du bois et tâchez de voir où nous en sommes !

L'aspirant de Lesseps accompagne Buchoud qui braque ses jumelles vers Burthécourt. Dans les oculaires, il aperçoit tous ses éléments, tels qu'ils les a laissés en place. En deux mots, appuyé sur son porte-cartes, Buchoud rédige un bref compte rendu pour le colonel. Il ajoute qu'il repart sur Burthécourt afin de renforcer la défense avec son groupe-franc.

Succédant au tir d'infanterie, l'artillerie allemande arrose maintenant les positions françaises. Buchoud retrouve en route son groupe-franc, qui a décroché comme prévu, mais avec difficulté ; il lui a fallu longer, pendant 200 mètres, à découvert, la route Nancy-Sarrebourg, battue à vue par les canons allemands. Les hommes ont progressé dans les fossés, courbant le dos sous le déluge ; heureusement, nombre d'obus n'éclatent pas. N'importe, lorsque les hommes entendent leur chef donner l'ordre de repartir en sens inverse et de retraverser cette zone, les grimaces éclosent sur les visages mangés de barbe.

Le groupe-franc revient en arrière, mettant près d'une heure pour regagner ses positions à Burthécourt. Les soldats de la section Welter sont démoralisés ; le bombardement les a décimés ; blessés et morts sont allongés un peu partout. Seuls trois FM sont en batterie sur les cinq qui devraient être là. Buchoud replace ses hommes suivant le même dispositif que la nuit précédente.

En face, sur la route qui remonte doucement vers la crête, toujours couchés dans les fossés, serrés les uns contre les autres, les Allemands n'ont pas bougé. Et puis, peu à peu, un mouvement se dessine ; les voltigeurs de la Wehrmacht tentent de se replier en rampant. Ils ont six cents mètres à parcourir avant d'être à l'abri.

De l'autre côté de la Seille, les Français ont armé leurs FM et leurs mousquetons. Un tir, meurtrier pour les Allemands, se déclenche à partir du carrefour. Buchoud tire lui-même une vingtaine de chargeurs, le canon de 25 crache ses obus sur les dos gris-vert.

— Ils ont du mal à décrocher !

Les gars jubilent, riant de toutes leurs dents, pris par la griserie du combat. Dans ses jumelles, Buchoud voit distinctement leurs adversaires ramper, tirer leurs blessés vers l'arrière, grimacer à leur tour sous l'orage de feu français. Il aperçoit aussi, avec satisfaction, les restes de la colonne blindée stoppée la veille au soir ; deux side-cars la précédaient suivis par des automitrailleuses légères à chenilles qui sont là, immobiles, l'acier des blindages rongé par le feu. Buchoud en compte six. De la tourelle de l'une d'elle, cassé en deux sur la croix noire, sort le corps d'un soldat, la mitraillette serrée dans les mains crispées.

Tout plaisir a son revers : les Allemands vont faire payer celui que vient de s'offrir le groupe-franc en infligeant de rudes pertes à leur adversaire. Un tir d'artillerie violent s'abat sur Burthécourt. Les canons de 25 sont gravement endommagés, les hommes tombent. Le lieutenant Welter est blessé, le sergent Hubert a la tête emportée par un obus. Schmitt et Bodet sont tous deux blessés. Ils repartent vers l'arrière, reprenant à quatre pattes le fameux fossé de la route à découvert. Au bout, Wacogne et sa 302 attendent et les évacuent sur Bezange. Enfin l'artillerie française répond ; ce matin Buchoud avait demandé l'aide du groupe d'appui.

— D'accord, avait répondu le commandant de ce groupe, mais ce ne sera pas facile d'être précis : nous manquons de cartes !

Il est dix heures. La situation se calme. Buchoud en profite pour foncer au PC du II/146 installé à Chambrey. Il reçoit du commandant Beaumier un ordre de repli. Le corps-franc du bataillon relève celui de Buchoud ; heure de décrochage, midi trente.

Le lieutenant repart, toujours à bord de sa 302 pilotée par le fidèle Wacogne. Pour la quatrième fois depuis le matin, la petite voiture parcourt la route sous les balles. Les hommes sont toujours à la même place. Mais leurs rangs se sont encore éclaircis. A l'ombre des arbres bordant le parc du château, des corps sont couchés. Pendant l'absence de Buchoud, d'autres obus sont tombés. Wacogne embarque de nouveaux blessés.

— Je deviens ambulancier, mon lieutenant...

Il rigole encore, malgré sa fatigue. Au même moment, le bombardement reprend, extrêmement précis. Les obus éclatent d'abord sur les restes du pont, puis détruisent en partie la voie ferrée, en un tir de barrage qui interdit au groupe-franc le repli par ce chemin. Des soldats se glissent aux emplacements occupés par ceux de Buchoud ; ce sont les hommes de la section Berthon, qui viennent relever leurs camarades. Le tir s'éloigne sur une ferme.

— Allons-y !

Buchoud a bondi en avant, entraînant ses gars derrière lui. Le groupe-franc, emportant toutes ses armes, se faufile dans un chemin creux bordé de haies, après avoir franchi la voie ferrée à l'abri du parc. Au milieu d'eux, une civière ballotte, transportant un blessé de la 5e compagnie, au visage déjà cireux. Les hommes se relaient pour le porter avec le plus de précautions possible. Devant, tenant fermement l'extrémité droite du brancard, le margis Boulanger et le soldat Revaine. Boulanger appartenait à la section de discipline et s'était porté volontaire pour le groupe-franc. Pendant le repli la section de discipline s'était débandée et Boulanger venait d'arriver, le sourire aux lèvres, en pleine bataille, son fusil à la main et 45 cartouches dans sa musette !

Les hommes de Buchoud progressent sans être repérés dans le bois de Bezange, se dirigeant vers le village. Buchoud sait que Wacogne l'attend avec la voiture au débouché du bois, sur la route nationale et il laisse filer ses hommes pour rejoindre son chauffeur. Long détour dans les arbres, dans le calme revenu. Le lieutenant savoure cet instant de solitude, par un temps magnifique, en ce début d'après-midi du 17 juin. La végétation s'éclaircit, le ruban gris de la route se voit à travers les basses branches, mais pas de voiture et pas de Wacogne. Buchoud attend une minute, dissimulé sur le bas-côté, puis sans perdre de temps, replonge dans le bois pour rattraper ses sections. Il est presque 13 heures lorsque, à la tête de son groupe-franc, il entre dans Bezange après avoir croisé le II/146 qui se replie. Le PC du colonel Prat est là, provisoirement installé avant d'être transporté encore plus loin. Wacogne est là aussi. Son visage s'éclaire en apercevant Buchoud.

— Ah, mon lieutenant, je suis bien content de vous retrouver !

— Mais ou diable étais-tu passé ?

— J'étais parti pour vous attendre au point convenu ; et puis j'ai ramassé trois blessés qui se traînaient et la voiture est tombée en panne d'accus ; impossible de repartir ! J'ai alors aperçu une pente assez forte qui menait à la nationale ; l'endroit idéal pour tenter de redémarrer. J'étais déjà engagé sur la route quand les Boches m'ont repéré et ont commencé à me tirer dessus. La voiture a été endommagée par un obus et j'ai été contraint d'abandonner deux de mes blessés, quasi moribonds, pour tenter de sauver le troisième en le portant sur mon dos... Voilà, mon lieutenant.

Buchoud regarde Wacogne. « Voilà », vient de conclure celui-ci, simplement, comme s'il venait de vivre une aimable partie de campagne ! Et pourtant, depuis ce matin, il a évacué à lui tout seul 25 blessés. Il est exténué.

Ils sont tous à bout de fatigue et de nerfs. L'espace de deux secondes, le soldat et l'officier se sentent saisis par une intense dépression. Ils sont assis l'un à côté de l'autre sur les marches d'une maison, dans ce village de Lorraine, au milieu d'armées en débâcle, à quelques kilomètres des Allemands qui roulent en vainqueurs sur les routes françaises. Sans qu'ils sachent pourquoi, les larmes coulent de leurs yeux. Oh, très peu. Ils pleurent comme des hommes. Sans sanglots. Pour se soulager, pour essayer d'atténuer l'immense fatigue physique et morale qui les accable.

Ils se relèvent ensemble, marchant d'un même pas vers le groupe-franc qui se repose dans un coin de la place.

— Wacogne, il faut retrouver des moyens de transport. Les bicyclettes et les motos ont été perdues cette nuit, quant à notre voiture...

Wacogne cligne de l'œil, part en vitesse, comme s'il était sûr de trouver rapidement de quoi satisfaire son chef. Une heure plus tard, les miracles existant encore, Wacogne revient avec une nouvelle Peugeot, une 201 quatre places, qu'un paysan a préféré lui donner plutôt que de la laisser aux Allemands. Pendant ce temps, Buchoud a trouvé une seconde voiture et deux chevaux, avec un plateau sur lequel s'installent les plus fatigués. Le groupe-franc repart. Il va marcher sans s'arrêter ou presque, durant tout l'après-midi, se repliant successivement sur Athienville, Serres et Valhey, se dirigeant vers le canal derrière lequel, depuis 24 heures, est établie une ligne de résistance avec plusieurs bataillons prélevés sur divers régiments, dont le 146e RIF.

Au soir, le groupe-franc, après avoir essuyé par erreur le tir des unités bordant le canal, passe enfin celui-ci. A 21 heures, Buchoud, précédant ses hommes, arrive au PC du colonel Prat à Jolivet, à quelques kilomètres de Lunéville. Epuisé, le patron du groupe-franc de ce qui fut le Secteur fortifié de Faulquemont s'écroule dans le lit que lui offre son oncle, dont la maison est toute proche.

Il n'a pas entendu, au cours de la retraite, la dramatique allocution de celui qui a succédé à Paul Reynaud à la tête du gouvernement, le maréchal Pétain, et qui à midi, sur les ondes, s'est adressé au pays en déroute :

« C'est le cœur brisé que je vous dis qu'il faut cesser le combat... »

Il ne sait pas non plus que le matin même, le général de Gaulle revenu depuis le 16 au soir en France, retour de sa mission en Angleterre, s'est envolé à nouveau de Bordeaux-Mérignac avec le lieutenant de Courcel et le général Spears *. Il quitte le sol français pour le défendre de l'étranger, ayant résolu en ce qui le concerne le grand dilemme qui va se poser dès cet instant à des milliers de Français aussi patriotes que lui : peut-on transporter la flamme de la patrie hors de son pays ou au contraire, celle-ci ne peut-elle être elle-même que sur le sol natal ?

Cette question, qui va déchirer la France pendant quatre ans et diviser ses meilleurs enfants en deux camps irréductibles, Buchoud, comme ses camarades connus et inconnus se battant ou tentant de se battre encore, n'y pense pas. En s'étendant sur le lit, avant de s'endormir d'un sommeil lourd, il a simplement songé que demain, tout à l'heure, il allait falloir, après un bref moment de répit, se replier encore tout en essayant de retarder l'inexorable avance des chars et des fantassins de la Wehrmacht.

18 juin 1940 le lieutenant Buchoud et son groupe-franc regardent les soldats du 82e RI et les chasseurs du 52e DI refluer dans Jolivet. Un caporal, en larmes, arrive à midi à la popote du colonel Prat et raconte que les Allemands ont franchi le canal au nord de la forêt de Parois et s'infiltrent partout. Durant tout l'après-midi, le groupe-franc refoule les fuyards et les renvoie dans la direction d'où ils viennent ; beaucoup ne vont d'ailleurs pas bien loin et tentent de se dissimuler dans les fossés.

Buchoud fait donner des FM et des mitrailleuses à ceux qui paraissent récupérables et tente de les mettre en ligne. A la fin de l'après-midi, le flot des soldats s'apaise ; plus rien ne passe.

A 22 h 30, l'ordre de repli arrive. Dans la nuit, le groupe-franc repart, à pied, vers la forêt de Mondon. L'ennemi déborde les troupes françaises et peu avant le lever du jour, un agent de liaison du colonel transmet à Buchoud l'ordre d'obliquer sur la lisière sud de la forêt, sur la route de Saint-Dié.

Lorsque le jour se lève, le groupe-franc marche sur un layon

* Il n'est plus alors, du fait de la démission du cabinet Reynaud, dont il faisait partie, secrétaire d'Etat, il est redevenu simple général attendant normalement une affectation sur le front.

forestier encombré de nombreux éléments appartenant à plusieurs régiments mélangés ; pagaille ininterrompue, que survole de temps à autre un avion espion allemand.

— Serrez les rangs ! Restez groupés !

Buchoud serre les dents devant le spectacle lamentable. Les Allemands sont tout proches. Ils pourraient rentrer dans ce magma militaire comme dans du beurre. Sur la route Lunéville-Saint-Dié, une nouvelle colonne se jette dans la leur. Y sont mêlés des engins de toutes sortes, voitures à chevaux, automobiles, qui se dirigent vers Baccarat.

— Si l'aviation ennemie s'avise d'attaquer, ce sera un véritable carnage !

Buchoud regroupe ses hommes, les arrête dans les bois, part à la recherche du PC du colonel. En vain, personne ne peut le renseigner.

Il est 10 heures passées. Les deux sections du groupe-franc pénètrent enfin dans le bois de Mondon. Le colonel Prat s'y trouve. Buchoud expose la situation. Le colonel baisse la tête.

— Les Allemands attaquent partout. Il faut absolument que vous teniez la ligne de la Meurthe. Tâchez de passer à Chenevières ; c'est le seul pont encore debout ; tous les autres ont sauté.

Une heure et demie plus tard, le groupe-franc franchit le fleuve ; les hommes à gué, le lieutenant et ses véhicules sur le pont, tous se dirigeant vers le village de Fraimbois.

Wacogne conduit à allure moyenne, klaxonnant sans cesse pour demander le passage aux masses compactes de soldats encombrant la route et les bas-côtés. Un nouveau village est laissé en arrière, Moyen. La dernière maison vient d'être dépassée lorsqu'un vrombrissement grandit, pour, en quelques secondes, devenir formidable. Les hommes se sont jetés dans les fossés, derrière les haies, Buchoud et Wacogne rentrent la tête dans les épaules. Une ombre immense passe au-dessus d'eux, à dix mètres à peine du sol. Buchoud, dans le tonnerre, reconnaît la silhouette caractéristique d'un Junkers et distingue l'objet oblong qui, se détachant du ventre de l'appareil, tombe vers le sol. La bombe disparaît dans un champ, à vingt mètres d'eux, et éclate en projetant tout autour éclats, mottes de terre, pierres et débris de toutes sortes.

— Fonce !

Wacogne ne se le fait pas répéter deux fois. La 201 bondit en avant. Encore émus, les hommes du groupe-franc arrivent un peu plus tard à Fraimbois. Ils marchent depuis la veille sans répit et s'écroulent sur place. Le 156e RI se met en ligne devant le village, et le 146e s'installe en point d'appui ferme dans le bois de la Taxinière vers 21 heures.

— Relevez-vous, nous partons !

Buchoud va d'homme en homme. Il faut quitter Fraimbois. Il fait nuit, et tout est calme. Mais au même instant, des coups de feu éclatent, semblant venir de l'intérieur du village. Une patrouille part aussitôt et rend compte que les Allemands ont attaqué le bataillon Dupas, à la sortie de Fraimbois. Le groupe-franc se porte sur place, prenant position au milieu du bataillon, sur les lisières nord et ouest. Durant toute la nuit, l'ennemi tire à la mitraillette et au FM ; Buchoud et ses hommes répliquent systématiquement, mais à l'aveuglette. Puis, à deux heures du matin, ils décrochent pour rejoindre le PC, difficile à repérer dans les bois, compte tenu du manque de cartes.

— Nous allons attendre la levée du jour ; d'ici là, repli sur la route de Gerbéviller, en colonne par un.

Une balle claque, tout proche. Un cri.

— De Verneuil est blessé !

Tous se sont jetés dans les fossés. Le maréchal des logis de Verneuil reste étendu sur la route. Il gémit, se plaint du ventre et de la poitrine.

— On ne voit rien, mon lieutenant !

Wacogne écarquille les yeux ; la blessure du maréchal des logis n'est pas apparente et il n'y a aucune trace de sang. Les hommes évacuent leur camarade sur le poste de secours dans la 201. Le major grimace.

— Pas beau tout ça... la balle est entrée par les reins de bas en haut, elle a transpercé la poitrine et s'est logée sous le cœur, hémorragie interne.

Verneuil est livide, le visage marbré et trempé de sueur.

— Mon lieutenant... je vais sans doute y rester... je vous en prie... demandez... une citation pour mon groupe... pour Burthécourt... les chars... Vous vous souvenez ?

— Ne vous en faites pas, mon petit, on va vous tirer de là, et pour la citation, j'en fais mon affaire

Buchoud presse la main du sous-officier, et quitte le poste de secours, pour tenter de retrouver le colonel qui arrive à la pointe du jour, après avoir mené lui-même une reconnaissance.

— Mon PC est par là — son bras indique la route à suivre —, rejoignez-le le plus vite possible.

Il est à peine reparti qu'un feu d'infanterie violent se déclenche, à partir des fossés de la route, à cent mètres de là, battant la lisière où se trouve le groupe-franc. Affolés, des hommes du 2e bataillon se replient en désordre. Buchoud et ses gars les repoussent vers l'avant. Le margis Boulanger, l'ancien de la section de discipline, ramène lui-même un petit groupe, leur remontant le moral en quelques mots bien sentis. Puis il repart, son mousqueton à la main. Une balle l'atteint en pleine poitrine, alors qu'il parvenait à la lisière. Un layon débouche à cet endroit, venant de l'intérieur du bois. Les Allemands doivent y être dissimulés, car un coup de fusil part à chaque passage. Wacogne évacue dans sa Peugeot le sergent-chef Riot, qui vient de recevoir une balle dans l'épaule.

— Il faut déloger absolument le salaud qui se trouve là !

Buchoud court vers le layon, scrute le fossé où est certainement caché le tireur allemand, qui attend tranquillement pour faire son carton.

— Un FM ici, prenez le layon en enfilade.

Le lieutenant passe près d'un second FM, appartenant au 2e bataillon.

— Vous appuierez et doublerez le tir de l'autre FM, qui va se mettre immédiatement en position.

Buchoud franchit d'un bond le chemin. Dans la seconde, un coup de feu claque, ratant sa cible, mais atteignant en pleine tête le tireur au FM auquel vient de s'adresser le chef du groupe-franc. Lentement, l'homme, dans un mouvement imperceptible, s'affaisse sur son arme. Sans un mot, son chargeur le repousse doucement et le remplace. Le FM du groupe-franc crache rafale sur rafale, arrosant le fossé suspect.

— Ça a l'air de se calmer, mon lieutenant.

Guilhuy, le petit soldat Camille Guilhuy se redresse, presque joyeux. En effet, le layon a l'air vide. Guilhuy regarde, scrute les herbes et les ronces. Plus rien, le Boche a dû comprendre, peut-être même est-il touché, tué ?

Une balle claque. Guilhuy s'effondre, une balle en pleine poitrine. On l'emmène, agonisant, au poste de secours.

⁂

Durant toute la journée du 20 juin, le groupe-franc poursuit le repli dans le sillage du PC, parcourant avec les plus grandes difficultés les quelque vingt-trois kilomètres séparant Moyen de Rambervillers, au sud-est de Lunéville. Les Allemands encerclent complètement les positions, attaquant constamment les unités en retraite, apparaissant dans un village, puis aux orées d'un autre, ne laissant pas le temps aux unités de s'établir en position défensive. Des blessés doivent être abandonnés, les plus valides se sauvent en courant, pansements sanglants au vent...

Buchoud décroche en dernier, couvrant le PC avec ses FM, puis repartant à son tour. La circulation est de plus en plus difficile. Les voitures ne peuvent plus marcher qu'au ralenti. Seules les motos peuvent passer. Chevauchant la sienne, Buchoud fait une liaison permanente entre le colonel Prat et ses hommes, qui restent pratiquement la seule unité constituée et en état de se battre au milieu de la déroute. Dans le village de Clézentaine, les véhicules sont serrés les uns contre les autres, offrant une cible idéale aux aviateurs allemands si ceux-ci s'avisaient d'attaquer. Tout le monde emprunte les routes secondaires comme celle qui traverse ce petit village, les Allemands fonçant, dit-on, sur les routes principales.

Le colonel Prat est à l'entrée de Clézentaine, un FM en batterie à ses pieds, sur le bord de la route. Buchoud arrête sa moto près de lui. Le colonel le regarde d'un air las. Il a posé son casque sur le talus et s'éponge le front.

— Le 2ᵉ bataillon s'est fait prendre au sud de Gerbéviller, à dix kilomètres au nord. Nous allons tenter de nous porter sur les crêtes, là-bas, au sud, le long de la lisière de ce bois. Nous pourrons y résister un certain temps et nous ménager une ligne de repli. Partez devant avec vos hommes.

Buchoud repart, longeant la colonne de voitures qui n'avance que par soubresauts.

— La route est bouchée jusqu'à Moyemont, lui dit un capitaine d'artillerie qui remonte dans l'autre sens.

Buchoud remet les gaz. Sur sa droite, suffoqué, il perçoit, arrivant dans un ordre parfait, une colonne d'artillerie automobile qui évite les chemins encombrés. Les voitures de tourisme qui l'accompagnent s'arrêtent. En descendent des officiers, cartes en main, qui commencent à discuter sous la direction de leur chef.

« Ahurissant, pense Buchoud, on les croirait sur le polygone ! »

Le groupe-franc arrive, poursuivant à pied sa progression sur Fauconcourt.

— Mettez-vous en batterie, une section sur chaque côté de la route. Si nous devons finir ici, que ce soit en beauté.

Les hommes se mettent en place, regardant défiler le morne troupeau des bataillons de toutes sortes qui ne les voit même plus. Spectacle démoralisant qui dure plusieurs heures, jusqu'à ce que le bois situé en arrière de la crête ait absorbé le dernier véhicule. La route est maintenant vide.

C'est à ce moment que débouche la colonne d'artillerie automobile qu'avait repérée Buchoud. Les hommes du groupe-franc lisent le numéro de l'unité sur le col des artilleurs : premier groupe du 39ᵉ RA. Il est commandé par le chef de bataillon Rousseau. Buchoud les regarde passer, maintenant un ordre parfait. L'officier commandant la dernière batterie se détache, lui fait un signe amical.

— Alors Buchoud... Vous tenez le coup ?

Le capitaine Vignal vient à lui, souriant. Il connaît bien Buchoud. Sa batterie appuyait le bataillon sur la ligne Maginot. Une idée vient à l'esprit du chef du groupe-franc.

— Mon capitaine, la route est complètement bloquée vers

l'arrière, vous allez immanquablement taper dedans. Si vous restiez avec nous ? Ce ne sera pas de trop si les Boches arrivent.

Le capitaine jette un coup d'œil sur la position, se retourne à nouveau en souriant.

— Pourquoi pas, autant servir à quelque chose plutôt que d'avoir l'air de foutre le camp !

Les artilleurs manœuvrent aussitôt, plaçant face au nord deux canons de 75 pendant que le reste de la batterie commence à exécuter des tirs sur Mattexey et Clézentaine, où l'on voit s'élever par intermittence une importante colonne de poussière.

— Certainement les colonnes motorisées fritz, commente Buchoud, l'œil rivé à ses jumelles.

Il laisse retomber celles-ci, puis saute sur sa moto et file de l'autre côté du bois et de la crête, vers le village de Fauconcourt. Lorsqu'il revient, la batterie est repartie, emmenant son groupe-franc sur les tracteurs, progressant à travers prés et champs pour éviter la route asphyxiée. Le soir tombe. La petite troupe a dépassé Moyemont et se dirige vers Rambervillers, évitant de justesse les Allemands qui sont tout près. Buchoud file, toujours sur sa moto, à Jeanménil, hameau à trois kilomètres de Rambervillers, emmenant derrière lui le lieutenant Levy, un artilleur du 39e. Dans la vaste ferme qui occupe la plus grande partie du hameau, il retrouve le colonel Prat, ses camarades Coronado et Riquier, le dentiste et le pharmacien du régiment.

La jeune fille de la maison leur sert un somptueux dîner, Buchoud repart chargé de victuailles pour ses hommes. Mais lorsqu'il parvient à la ferme où se reposent ses sections, il trouve l'ordre de repli immédiat ; les Allemands sont à Rambervillers et se dirigent sur Jeanménil.

Epuisé, le lieutenant monte dans une voiture et s'endort aussitôt.

Le 21 juin à 6 heures du matin, la colonne est arrêtée à Herbéville, à l'entrée de Saint-Dié, déclaré ville ouverte par le gouvernement, comme toutes les villes françaises de plus de 20 000 habitants. De nombreuses unités s'y dirigent pour y déposer leurs armes. Du 146e RI, il ne reste qu'une centaine d'hommes et de gradés, plus le groupe-franc. Les Allemands convergent vers la ville, venant de Baccarat, de Bruyères et de Saales. Le PC du régiment est à Herbéville, les hommes sont regroupés dans une ferme, non loin des premières maisons de la petite cité vosgienne.

— Mon colonel, demande Buchoud à Prat, ma grand-mère habite Saint-Dié, puis-je aller la voir et laisser chez elle quelques objets personnels ?

— Filez vite, mon petit, et rejoignez-nous ici...

Buchoud est revenu au bout de deux heures. Dans la ville, une multitude de soldats déambulent, attendant visiblement que l'ennemi vienne les prendre. Buchoud serre les dents. Lui et ses camarades ne veulent pas tomber aux mains des Boches ; ils veulent gagner les bois et y attendre un armistice dont on commence à entendre parler. Mais rien n'est certain : depuis le départ de la ligne Maginot, ils ont traversé des contrées où l'électricité était coupée et ils n'ont aucune nouvelle précise.

A midi, les derniers éléments du 146e montent vers le col du Haut-Jacques pour, de là, se jeter dans les bois en direction du sud, vers Vanémont, Corcieux et Gérardmer. Au PC, les officiers brûlent les derniers papiers du régiment. La petite colonne grimpe à travers les sapins, par un temps splendide, rejoignant de nombreux éléments qui se regroupent au col. Le général de Girval qui commandait le Secteur fortifié de Faulquemont est là lui aussi, organisant la défense du col en point d'appui fermé : il y a là des soldats des 156e et 69e RI, des coloniaux, des Polonais, de nombreux artilleurs qui seront suivis, durant tout l'après-midi par des isolés de toutes armes. Le colonel Prat vient vers Buchoud.

— Vous placez votre groupe-franc en couverture, face au nord.

Les hommes n'ont pas mangé depuis vingt-quatre heures. Wacogne, qui n'a pas lâché sa 201, descend à Saint-Dié encore libre. Buchoud attend, scrutant les champs, les chemins, parfaitement visibles du haut de sa position dominante. Une camionnette grimpe la route, un peu incongrue. Sur ses flancs, on distingue une inscription commerciale, le nom d'un magasin. Machinalement, Buchoud la suit des yeux. Elle arrive au col, se dirige droit sur l'emplacement du groupe-franc. Les gars regardent, interrogateurs. Une main s'agite derrière la vitre. Wacogne stoppe, s'extrait de la camionnette, toute neuve, trouvée abandonnée dans une rue de Saint-Dié. Elle appartenait à une coopérative et, ouvrant la porte arrière d'un geste large, Wacogne découvre aux yeux émerveillés de ses camarades, des piles de boîtes de conserve, de chocolat, de sucre, de paquets de café, de pâtes, des pains de guerre et même des vêtements ! Avec des cris de joie, les gars se précipitent...

Buchoud va pouvoir faire distribuer de larges provisions à tout son groupe-franc, aux hommes du 146 et du 156 et même de la roulante.

Lorsque les survivants du Secteur fortifié de Faulquemont s'endorment à la belle étoile, ce 22 juin au soir, ils ne savent pas que l'après-midi même, alors qu'ils organisaient leur défense au col du Haut-Jacques, la délégation du gouvernement français, conduite par le général Huntziger, rencontrait à Rethondes, dans le wagon historique de 1918, les représentants du IIIe Reich avec à leur tête le chancelier Hitler, afin de s'entendre exposer les conditions d'un armistice.

*
**

22 juin, 10 heures du matin. Une voiture grise roule lentement sur la route menant au col. Accroché au pare-brise, un drapeau blanc claque dans le vent. Un mouvement se fait parmi les soldats regroupés autour de leurs officiers. Le groupe-franc Buchoud, installé en pointe, suit lui aussi des yeux le véhicule allemand. Les doigts se crispent sur la détente des armes. Mais il est impossible de tirer, le drapeau blanc protège les parlementaires. La voiture stoppe. En descendent un colonel et un capitaine de la Wehrmacht, accompagnés d'un trompette. Les deux officiers, qui portent l'Edelweiss des troupes de montagne, sont très jeunes.

Le capitaine s'avance, salue.

— Nous représentons le général d'armée X..., qui se trouve à Saint-Dié et nous voulons rencontrer le général Condé.

Une voiture du Secteur fortifié de Faulquemont emmène les parlementaires aux Rouges-Eaux, auprès du général Hubert, puis à Biffontaine, où se trouve le général Condé, commandant du 2e groupe d'armées, en remplacement du général Prételat, comprenant les IIIe, Ve et VIIIe armées. Vers 11 heures, les yeux bandés, ils repartent avec un officier de l'état-major de l'armée qui doit revenir à midi.

Le bruit court rapidement que les Allemands viennent de demander la reddition de toutes les troupes, avec menace, en cas de refus, d'un bombardement général des montagnes et en particulier des PC.

A midi, ordre est donné aux Français de ne pas ouvrir le feu sur les Allemands et de se borner à riposter. Trois heures plus tard, un nouvel ordre arrive : déposer les armes. Officiers comme soldats ignorent toujours les pourparlers d'armistice et cet ordre anéantit et scandalise tout le monde. Les yeux brillent de larmes de rage et de désespoir. La destruction des armes collectives commence aussitôt. On incendie les chars, les pièces d'artillerie sautent ; les archives, les dossiers, l'argent sont mis au feu par les intendants et les officiers payeurs.

Les officiers errent au milieu de ce désarroi. Les anciens, ceux qui ont vécu 14, les colonels, les commandants, tremblent encore plus que leurs cadets. A 17 heures, les officiers allemands sont revenus. En maîtres, cette fois-ci. Ils donnent des ordres et rendent aux officiers leurs armes individuelles, qui avaient été mises en tas. Demain 23 juin, tous seront emmenés en captivité.

Buchoud réfléchit toute la nuit. Il ne veut sous aucun prétexte rendre son groupe-franc aux Allemands. Toutes les dispositions sont prises pour partir. Ils ont des cartes, des boussoles, des vivres. Mais Buchoud doit rapidement se rendre à l'évidence qu'il est impossible de s'échapper en unité constituée. L'échec est au bout, compte tenu de l'omniprésence des Allemands dans la région. D'un autre côté, si ses hommes sont faits prisonniers, il ne peut les abandonner.

La nuit passe, longue et éprouvante.

Le lendemain, Buchoud réunit son groupe-franc. Il les regarde tous un à un. Ils ne le quittent pas des yeux. En quelques mots, il leur explique la situation. A 9 heures, ils devront partir pour Saint-Dié, puis Saales. Ceux qui veulent s'en aller doivent se former en petits groupes et tâcher de disparaître dans la nature.

Plusieurs groupes de deux à trois hommes se forment. Le sergent-chef Gauville prend la tête du premier, Wacogne en prend un autre, un sous-officier du 156ᵉ un troisième. Quelques gars décident de tenter leur chance seuls. Buchoud distribue ensuite cartes et boussoles. Il est presque neuf heures. Le colonel Prat a demandé à ses officiers de le rejoindre. Il va être temps. Pour sa part, Buchoud fait son choix ; il ne sera pas prisonnier.

Le moment de se séparer est venu. Le chef du groupe-franc passe devant chacun de ses hommes, serre longuement les mains, les étreint plutôt. Tous échangent des promesses pour l'avenir. Buchoud revient devant ses deux sections, se fige au garde-à-vous, salue, puis, tournant les talons, ravalant son émotion, marche vers le groupe des officiers du 146ᵉ, réunis autour du colonel Prat.

Derrière lui, les groupes se dispersent, s'enfonçant rapidement dans les bois. Le groupe-franc du Secteur fortifié de Faulquemont n'existe plus.

***

La voiture du colonel est entrée dans Saint-Dié. Prat ne parle pas. Les officiers ont été désarmés au bas du col. Buchoud est à côté de lui. La voiture s'arrête une seconde sur la place Saint-Martin. Le lieutenant descend en s'efforçant de prendre une contenance normale. Une sentinelle allemande veille à quelques mètres. Sur le trottoir deux dames arrivent ; Buchoud les arrête, leur parle, leur dit n'importe quoi. Il sent le regard de la sentinelle. Puis celle-ci reprend sa marche. Buchoud s'éloigne dans l'autre sens, vers la maison de sa grand-mère. Il entre par une porte dérobée. Des vêtements civils l'attendent, étalés sur le lit.

***

Ce même 23 juin, au jour naissant, à une cinquantaine de kilomètres au nord-ouest de Saint-Dié, la centaine d'hommes aux ordres du commandant Viaud continuait à progresser le long de la vallée de la Meurthe, dans la direction du sud-est. En tête, la section franche du lieutenant Schaeffer, commandée pour l'instant par le sergent-chef Roger Agnès, le chef nominal faisant alors fonction d'adjoint direct du commandant Viaud. Les hommes du groupe-franc marchent silencieusement en file indienne, suivant Agnès qui jettent fréquemment un œil en arrière ; les Allemands ne sont pas loin et la méfiance est de règle. D'après les renseignements recueillis auprès de la population, l'ennemi est entré dans Nancy et tient les points principaux et une grande partie des ponts de la Meurthe et du canal du Rhin.

— Juste ceux que nous voulions franchir, avait pesté Agnès en apprenant les nouvelles. Il faut rebrousser chemin.

Docile, la petite troupe du commandant Viaud suit le groupe-franc, dont l'action au bois de Chemery-Thonville est encore dans tous les esprits. D'itinéraires défilés en chemins détournés, les hommes arrivent à la Chartreuse-de-Bosserville, sensiblement à hauteur de Laneuveville-devant-Nancy. Seule la vallée sépare la capitale lorraine de ceux qui, voici encore quelques jours, se battaient aux avant-postes de Teting. Agnès se penche légèrement ; à un kilomètre environ, une route semble se diriger vers la Meurthe et le canal. Peut-être au bout, y a-t-il un pont ou une écluse, points de franchissement possibles et, surtout, encore libres.

Agnès soliloque : « Il faut aller reconnaître, mais pas à pied. Il me faudrait une bicyclette. »

Une bicyclette, on en trouve une, prêtée par un habitant de la Chartreuse-de-Bosserville. Au demeurant, le bonhomme n'est pas encourageant.

— A mon avis, vous allez trouver les Boches, on les signale partout. Si j'étais à leur place, je mettrais tout de suite la main sur le pont !

Agnès hausse les épaules ! Qui ne risque rien n'a rien. Et puis, il faut passer d'une manière ou d'une autre. Il enjambe le vélo, après avoir retendu la chaîne bringuebalante qui risque de le faire repérer à dix lieues. Derrière lui, marchant au pas accéléré, deux de ses gars suivent, prêts à faire la liaison.

Le jour est levé, mais la visibilité n'est pas excellente, une légère brume, annonciatrice de chaleur, plane sur tout le paysage. Malgré tout, Agnès parvient à distinguer le pont qui s'ouvre au bout de la route pour franchir la Meurthe, dont il aperçoit très vaguement la rive opposée et les talus qui la bordent. Il met pied à terre. Le pont n'est qu'à cinquante mètres. Les trois hommes se dissimulent dans le fossé qui longe la route, clignant des yeux pour percevoir les détails. Agnès sursaute. En face, il a nettement vu des signaux. Des panneaux blancs qui se lèvent et s'abaissent verticalement.

— On dirait qu'ils sont manœuvrés par un homme placé à genoux derrière le talus !

Une minute se passe. A plusieurs reprises, les panneaux blancs s'abaissent et se relèvent. Rien d'autre ne bouge. Agnès hésite. Tout est calme, mais peut-on s'y fier ? Il jette un nouveau coup d'œil, en arrière cette fois-ci ; l'un des hommes de liaison s'approche. Agnès dépose à ses pieds le Mauser pris à l'officier allemand fait prisonnier à Chemery quelques jours auparavant et son fidèle mousqueton. Un signe de la main pour avertir le gars qui arrive, se jetant à plat ventre à la place qu'occupait le sergent-chef. Celui-ci est sorti du fossé, reprenant sa bicyclette, simplement armé des deux grenades qui pendent à sa ceinture. Il pédale, tous muscles tendus, les sens en éveil, pointant le nez vers le pont qui sort de la brume au fur et à mesure qu'il avance, mètre par mètre. Agnès sent son estomac se contracter ; il sait que si le pont est occupé par les Allemands, il n'aura, une fois repéré, que la solution de faire volte-face pour tenter de s'en sortir ! La distance diminue. Le pont n'est plus qu'à une trentaine de mètres, bien visible maintenant, apparemment désert.

— Halte-là !

Le commandement a claqué dans le petit matin, bien net, bien français aussi. Agnès s'est bloqué sur ses deux pieds, qui ont aussitôt quitté les pédales pour accrocher la route. Ses mains sont crispées sur le guidon. Devant lui, deux silhouettes viennent d'apparaître, sortant des arbres. A toute vitesse, Agnès les détaille ; les casques, équipements, tout cela paraît français, surtout les mousquetons braqués sur lui, visiblement prêts à faire feu. Agnès est descendu de son vélo et marche à côté, lentement, comptant ses pas, un léger doute subsistant encore.

— France ! crie-t-il, puis il ajoute : sergent-chef Roger Agnès, groupe-franc du 3e bataillon du 146e RIF !

Il pense en même temps qu'il ne connaît pas le mot de passe du jour et que s'il est tombé sur des sentinelles service-service...

— Avancez à l'ordre, lui crie une voix en réponse.

Agnès respire. Devant lui, une masse de soldats kaki sort de dessous le pont. Un poste entier. Un sous-lieutenant s'en détache. Agnès va vers lui, salue, présente ses papiers d'identité, explique sa présence. L'officier l'écoute puis le renseigne à son tour.

— Nous occcupons Laneuveville et nous tenons encore le pont sur la Meurthe, le dernier où l'un des derniers.

Derrière le groupe, des hommes de liaison arrivent à leur tour. Agnès tend son vélo au premier, un petit gars râblé, l'œil vif :

— Ramène-le à Bosserville et préviens que la voie est libre !

— A vos ordres chef !

Involontairement, l'œil d'Agnès est attiré par le pré qui s'étend de l'autre côté du pont, là où, tout à l'heure, il a vu les signaux, les panneaux blancs. Une folle envie de rire lui monte à la gorge. Tranquilles et dignes, une dizaine d'oies déambulent, taches blanches sur le vert de l'herbe folle. De temps à autre, un des volatiles s'agite et bat des ailes. Voilà donc ce qu'Agnès a très sérieusement pris pour des signaux sinon inquiétants du moins bizarres !

Le sous-lieutenant est sympathique, mais Agnès n'ose pas lui faire part de sa méprise. Il y a des moments où la peur du ridicule est plus forte que tout !

Trois quarts d'heure plus tard, la colonne du commandant Viaud, toujours précédée du groupe-franc, rejoint le pont. Les fantassins qui occcupent Laneuveville mettent à la disposition des nouveaux venus leurs granges et leurs litières, partagent leurs provisions.

— Ça doit se remarquer que nous sommes crevés ! chuchote Agnès au lieutenant Schaeffer qui, allongé au pied d'un arbre, dévore consciencieusement une tablette de chocolat.

Les hommes essaient de dormir, épuisés par plusieurs nuits de marche. Une heure est à peine écoulée qu'un bruit court le long de la colonne.

— On repart...

On repart en effet. Le colonel commandant les fantassins vient de recevoir l'ordre de se replier immédiatement. Grossie de cette unité, la troupe du commandant Viaud franchit le pont. Le groupe-franc est en arrière, protégeant l'opération. Les hommes ne râlent pas ; ils savent qu'ils sont devenus des spécialistes de l'arrière-garde, sauf quand on a besoin d'eux en pointe.

Les champs défilent. Sur la droite s'étend paresseusement le canal de jonction des canaux de la Marne au Rhin et de l'Est. Sur la gauche, on aperçoit les toits des villages de Saint-Héluire, de Gérarcourt et de Lubcourt. Il fait chaud, le soleil tape en plein sur la colonne qui serpente à travers champs, empruntant les chemins de terre et parfois les routes secondaires moins poussiéreuses. La Meurthe est dépassée maintenant depuis au moins une dizaine de kilomètres.

— Vivement la pause, gémit un « vieux » réserviste qui doit bien avoir trente ans.

Sans le dire, tous pensent comme lui : que la pause du matin a vraiment été très courte, trop courte. Tout à coup, comme pour lui faire écho, sans raison apparente, la colonne s'arrête. A l'arrière, Agnès se hausse sur la pointe des pieds pour apercevoir la tête de la colonne, qui disparaît dans un bois, à un kilomètre de là environ. Il ne voit rien, si ce n'est une suite ininterrompue de têtes casquées qui oscillent sur place, tentant elles aussi de savoir ce qui se passe. Une reconnaissance était peut-être partie en avant, afin de reconnaître le terrain, la Moselle et le canal de l'Est ne sont pas loin.

Une rumeur circule, s'enfle, arrive jusqu'au groupe-franc.

— Les Boches sont tout près d'ici, sur la départementale, avec des blindés et des véhicules !

Le lieutenant Schaeffer regarde sa carte. La seule départementale passant non loin de leur position porte le numéro 115, elle traverse le bois de Flavigny.

— C'est sans doute le bois qui se trouve devant nous.

Celui dans lequel disparaît la tête de la colonne. La rumeur revient à nouveau.

— Il paraît que nous sommes prisonniers !

Agnès regarde, incrédule. Devant, en effet, les fantassins ont repris leur marche. Mais de là à être prisonniers ! On n'entend que le raclement des brodequins sur la route. Pas un coup de fusil, pas un cri.

— Mon commandant, je vais aller voir !

Viaud approuve. Lui aussi voudrait savoir et tout cela ne lui dit rien qui vaille.

Agnès s'éloigne, marchant au pas de gymnastique, armant à tout hasard son mousqueton. Il dépasse la colonne qui continue à avancer lentement. Arrivé à proximité du bois, il entre sous les arbres, évitant la route ; voir sans être vu, c'est pour le moment ce qui lui paraît être la meilleure tactique.

Devant lui, légèrement sur la gauche, il aperçoit une clairière, ou du moins une éclaircie, correspondant au croisement avec la route départementale. Tout de suite, Agnès se rend compte que quelque chose cloche. La colonne ralentit, il entend un léger brouhaha de voix. Il franchit quelques mètres en se courbant, s'efforçant de se rendre invisible dans les fourrés du sous-bois. Et ce qu'il voit le laisse pétrifié, l'œil arrondi et la bouche ouverte.

Plusieurs blindés et véhicules de la Wehrmacht sont arrêtés au milieu du carrefour ; autour d'eux des soldats armés, casqués, venant visiblement de fournir une longue route, à voir la poussière qui recouvre leurs visages bronzés et leurs équipements. La colonne d'infanterie française avance lentement vers eux et, en arrivant devant un groupe d'officiers et de soldats gris-vert qui paraissent attendre, chaque fantassin, chaque sous-officier dépose à terre son arme individuelle, puis, ainsi désarmé, il continue d'avancer, les bras ballants, entre deux rangées de soldats feldgrau, Mauser ou mitraillette braqué. Les armes sont entassées dans un camion qui stationne lui aussi au carrefour.

Agnès contemple quelques secondes ce spectacle accablant. Personne ne réagit, un vague brouhaha de voix étouffées domine la scène. Le sous-officier n'attend pas plus. Silencieusement, reprenant son chemin dans le sous-bois, il revient vers le groupe-franc et le commandant Viaud, qui attendent à moins d'un kilomètre.

Le commandant est un ancien de 14. Il se mord les lèvres, de rage, d'indignation et d'accablement.

— Il est hors de question de suivre ces moutons ! Nous ne nous rendrons pas aussi lâchement.

Viaud sait que Schaeffer et les officiers qui le suivent partagent son point de vue sans restriction. Il se redresse et commande :

— En carré autour de moi !

En quelques minutes, disciplinés, les hommes obéissent. La centaine de rescapés du SFF * attend, arme chargée prête à se défendre sur place si les Allemands débouchent du bois, venant vers l'arrière de la colonne. Les derniers éléments de celle-ci disparaissent dans le bois. Entre les arbres et le carré, la route est vide. Agnès sent monter en lui un sentiment analogue à celui qui l'avait saisi le matin en approchant du pont ; les Allemands ne peuvent pas ne pas arriver ; ils vont venir contrôler qu'il n'y a plus personne en arrière, que tous les Français se sont constitués prisonniers. Mais, rien ne se passe. Le silence total est revenu. Et puis tout à coup crispés, tendus, les hommes groupés autour du commandant Viaud et du groupe-franc entendent les moteurs des véhicules allemands se remettre en marche, ronfler, tourner à plein régime. Le bruit décroît ; les vainquesr s'éloignent.

— En avant !

D'un geste large, le commandant Viaud entraîne son monde derrière lui. La progression reprend, prudente. Les hommes marchent en deux colonnes, sur le bord de la route, évitant de soulever trop de poussière. La forêt est traversée ; au-delà, un terrain relativement plat domine la vallée de la Moselle et le canal de l'Est.

— Silence, arrêtez !

La colonne se bloque à nouveau. En arrière, des moteurs se font à nouveau entendre. Sur la route une patrouille motorisée allemande passe, s'arrête, éteint les moteurs pour mieux écouter. Instinctivement, les Français se sont blottis derrière les arbres, s'efforçant de faire corps avec eux. Agnès se trouve juste à côté du lieutenant Schaeffer.

— Ils doivent s'être aperçus qu'il y avait encore des gars réfractaires et ils les cherchent.

Schaeffer hoche la tête en approuvant.

— Il faut quitter le secteur au plus vite. Ici, tout est malsain.

La colonne longe la rive nord de la Moselle, bordée de bois, dominant le fleuve qui coule, tranquille, en contrebas. Puis vient la vallée magnifique, spectacle pour cartes postale ou agence de tourisme. Un instant, les hommes oublient leur fatigue pour admirer le paysage. Mais à l'admiration fait place l'inquiétude. On distingue nettement, même à plusieurs kilomètres, l'animation qui

* SFF : Secteur fortifié de Faulquemont.

règne dans les agglomérations, et notamment à Flavigny-sur-Moselle, petit bourg que le lieutenant Schaeffer repère sur la carte. L'ennemi est là, occupant solidement non seulement le village, mais le pont sur la Moselle et le canal, qui forment un ensemble stratégique important.

D'ailleurs, si les Français repèrent les Allemands, ceux-ci en font autant. Presque aussitôt, un tir d'artillerie s'abat sur la colonne, tir de 75, petit calibre, et sans grande précision, mais qui suffit pour provoquer une dispersion générale ; le tir cesse aussi vite qu'il est venu. Les hommes cherchent à se regrouper, ramassant les quelques blessés légers qui sont rapidement pansés. La progression reprend dans le jour qui baisse. La nuit arrive, très claire, trop claire ; il faut passer le fleuve. Par miracle, un dernier pont reste libre à quelques kilomètres au sud-est de Flavigny. Le groupe-franc ferme à nouveau la marche. Agnès ne peut s'empêcher d'admirer le spectacle ; le ciel est sillonné de balles traçantes et, à intervalles irréguliers, des fusées éclairantes montent dans la nuit pour retomber en corolles blafardes. La campagne s'ouvre à nouveau devant eux, de l'autre côté du pont. Le commandant Viaud et le lieutenant Schaeffer, debout sur une petite éminence de terrain, refont le point sur la position occupée par la colonne. La marche reprend. Après une courte halte ; laissant sur la droite la nationale 113, silencieuse, la troupe du commandant Viaud pique plein sud, avançant avec prudence, écoutant avec attention à chaque approche de village. Le petit jour du 24 juin blanchit l'horizon lorsque, tapie au milieu des arbres, apparaît une nouvelle agglomération, Cintrey. Des Français l'occupent ; une unité du génie.

Les sapeurs se poussent, laissant une place aux arrivants qui s'écroulent dans la paille odorante des granges. Mais un soldat vient prévenir Agnès que le génie quitte Cintrey immédiatement. Les yeux bouffis de sommeil, le sergent-chef se lève. Le village est silencieux, rien ne paraît anormal. En quelques enjambées, il franchit les trente mètres qui séparent la grange où il se reposait de la maison où se sont installés les officiers. Viaud et Schaeffer se lèvent à leur tour, se regroupant avec Agnès autour de la carte Michelin, la seule disponible, que celui-ci a déployée sur une table. Tous trois se penchent, repérant les routes quittant Cintrey, supputant les meilleures chances de glisser à travers les mailles du filet qui se referme inexorablement depuis quarante-huit heures.

Agnès reste quelques minutes, puis repart pour réveiller les gars du groupe-franc. Au moment de tourner dans la ruelle ouvrant sur la grange, il se rejette en arrière ; ses hommes sont tous levés, les mains en l'air, rassemblés contre un mur ; devant eux, une dizaine d'Allemands, pistolet mitrailleur braqué.

Agnès repère immédiatement le FM, l'un de ceux du groupe-franc, abandonné sous une charrette de foin placée en travers de la rue.

« Il faut absolument que je m'en empare. »

Il prend son élan, respire profondément et bondit en avant, l'œil fixé sur l'arme. Il n'a pas fait deux mètres que les rafales allemandes le rejettent en arrière. Il fait un écart pour éviter les balles qui ricochent en miaulant. Un mur est là, proche. Une seconde plus tard, haletant, le souffle court, il est à l'abri derrière lui. L'abri est provisoire. A deux mètres une porte s'ouvre sur un couloir. Il se précipite dedans. Courant comme un fou, il oblique dans le jardin et, courbé en deux, saute de murette en haie pour tourner la grange et revenir par les arrières, vers la maison occupée par Viaud et Schaeffer. Il s'aperçoit alors que les uniformes allemands grouillent, et qu'il lui faut se dissimuler ; tout le village doit être occupé ! La maison qu'il veut atteindre se trouve en fait de l'autre côté de la rue principale, et il se demande comment y parvenir sans se faire voir.

A ce moment, une silhouette qui lui paraît familière se jette dans une haie d'arbres à quelques mètres de lui. Schaeffer ? Agnès souhaite ardemment que ce soit son lieutenant... mais il n'a pu qu'entrevoir.

Il se jette à terre, dépassant en rampant une meule de foin, se dirigeant droit vers des feuillages et des roseaux bordant un petit cours d'eau repéré tout à l'heure. Tout en tirant sur ses avant-bras, il réfléchit ; le lieutenant comme le commandant n'ont pas pu venir par ici ; il leur aurait fallu franchir la rue principale. Or les Allemands sont partout. C'est impossible.

Le rideau d'arbres est là, tout proche. A l'intérieur, une silhouette, celle de tout à l'heure tente de se dissimuler. D'un bond, Agnès est à l'abri de la végétation. Il reconnaît alors le sous-lieutenant Nicolas, jeune officier de réserve qui commande l'une des sections du corps-franc du 2e bataillon.

Nicolas lui donne une bourrade, désignant du menton le village qui résonne maintenant de commandements gutturaux. Ils entendent quelques coups de feu isolés.

— Ils donnent l'ordre de fouiller le village. On ne peut pas rester ici.

Ils demeurent cependant de longues minutes, observant à travers les feuilles le mouvement continu des soldats de la Wehrmacht, qui rassemblent les Français, séparent les officiers de leurs hommes, mettent en tas les armes confisquées.

Nicolas touche le bras d'Agnès.

— Voici ce que j'ai à vous proposer. Nous n'avons plus rien à faire ici. J'habite, ou plus exactement des parents habitent Viterne, à quelques kilomètres. Accompagnez-moi, nous aviserons une fois sur place.

Agnès est comme hébété. Tout cela est tellement soudain. Il se refuse à l'idée d'être séparé du groupe-franc, de ses copains du lieutenant Schaeffer. Mais il faut prendre une décision. Nicolas a raison, rester ici ne sert à rien. Alors, partir dans une direction ou une autre, c'est encore tenter d'échapper aux Boches ! Les deux hommes se relèvent, et filent en se dissimulant vers les rives du Madon, petite rivière dont les ombrages, en ce jour d'été, inspirent plus les promenades romantiques que la fuite devant l'ennemi.

Au bout de quelques heures de marche par des chemins de traverse, se dissimulant aux unités allemandes qui infestent maintenant la région, ils arrivent à Thuilley-aux-Groseilles. Le village grouille de militaires, habillés de kaki cette fois-ci. Mais l'atmosphère y est celle de la défaite. Les hommes comme les officiers tournent en rond, ne sachant visiblement quel parti prendre. Il semble que pour beaucoup, la reddition marque au moins la fin provisoire de soucis immédiats. Cet état d'esprit répugne aux deux fugitifs.

— Mon lieutenant, nous devrions aller vers le sud, et puis, d'après ce que je viens d'entendre, il y aurait plusieurs unités constituées sur les hauteurs, tout près d'ici. Tentons de les rejoindre.

Nicolas se rend facilement aux raisons du sergent-chef. En quelques minutes, ils sortent du village et gravissent un chemin qui mène au sommet d'une suite de collines vallonnées, dominant Thuilley-aux-Groseilles. Effectivement, des troupes à l'apparence plus guerrière que celles qu'ils viennent de quitter y stationnent. Mais le colonel auquel ils vont se présenter les regarde d'un œil méfiant, les questionne longuement. Ils ne s'en offusquent pas ; ils savent que l'on parle beaucoup de 5e colonne, et leur apparence, sans armes, sans équipements — ils n'ont même pas de casque — ne plaide pas en leur faveur.

— Accompagnez-moi jusqu'au village, nous verrons votre cas avec l'état-major de la division.

Impossible de refuser. A quoi bon, d'ailleurs ? Agnès est heureux d'apprendre qu'il existe encore une division dans cette foire d'empoigne et que ladite division pousse même le luxe jusqu'à avoir encore un état-major ! Ils rejoignent à nouveau Thuilley-aux-Groseilles. Dans une maison, plusieurs officiers supérieurs sont réunis. Un téléphone de campagne a l'air de fonctionner encore. Une demi-heure se passe. Le colonel revient vers eux :

— Vos identités ont été vérifiées, excusez-nous de ces tracasseries mais il y a des espions partout, vous êtres libres !

Libres ! Libres de quoi ? Agnès sent la moutarde lui monter au nez. Il ne paraît même pas possible de se battre. Allons, il n'y a aucune raison de ne plus suivre Nicolas chez lui. Une fois arrivé, il sera temps d'aviser.

Au lever du jour, ils se remettent en marche. Viterne n'est

qu'à huit kilomètres. Lorsqu'ils y arrivent, ils retrouvent autant de troupes qu'à Thuilley-aux-Groseilles, déjà prisonières, allégées de leurs armes et de leurs équipements, mais pas encore « prises en compte » par les Allemands. Tout ce monde vit donc encore en unités constituées, en attendant que les vainqueurs viennent les disloquer.

La maison où est attendu le sous-lieutenant Nicolas est là, accueillante et discrète, pour ces deux volontaires de corps-francs en cavale, Agnès troque son uniforme contre une cotte bleue d'ouvrier, mange à sa faim, dort tout son saoul. Mais il n'est pas question pour lui de s'attarder. Le 25 juin au matin, il repart. Marche prudente, petites routes et sentiers, avec l'aide unique de la carte départementale du calendrier des Postes, donné par ses hôtes. Germiny, Crépey, Selaincourt, Saulxerotte, Fannières, autant de villages, de panneaux indicateurs, de « planques » à l'entrée des bourgades, observant les maisons afin de savoir si elles sont ou non occupées par l'ennemi. Au soir, il arrive à Valaincourt. Il a parcouru près de quarante kilomètres et s'endort, fourbu, dans une grange hospitalière.

Le lendemain, à l'aube, il sort de la paille pour retrouver le ruban serpentant de la route. Un habitant le renseigne.

— Ne vous inquiétez pas, les Allemands ne s'occupent pas des civils. Vous ne courez aucun risque à marcher sur une route à grande circulation.

Naïvement, Agnès suit le conseil, empruntant la nationale qui conduit à Neufchâteau. Une montée, une bourgade : Châtenois. Au bout, les uniformes gris-vert d'une patrouille routière de la Wehrmacht. Une heure plus tard, il entre, sous bonne garde, dans le camp de prisonniers aménagé dans une prairie proche de l'agglomération, à proximité de la gare et de la route menant à Mirecourt. On est le 26 juin 1940. Le sergent-chef Roger Agnès allait devoir attendre le 13 septembre pour réaliser l'idée qui, aussitôt, avait commencé à obséder ses pensées, s'évader.

REMERCIEMENTS

Je remercie tous ceux qui ont bien voulu m'aider dans mon enquête et dans la collecte des documents ayant servi à la rédaction de ce livre, et en particulier :

Le lieutenant-colonel Vernet, du Service Historique de l'Armée de Terre, et sa collaboratrice, Mademoiselle Geze, dont l'aide m'a été particulièrement précieuse.

MM. le général Bigeard, le général Merglen, le colonel Glaizot, le colonel Jegou, MM. Agnès, Canivencq, Die, Metivier, Eric Vernhes, Verdeau.

Mesdames Buchoud et Pighetti de Rivasso.

M. Roger Bruge.

M. Eric Lefèvre enfin, auquel je suis spécialement redevable des recherches de documents photographiques.

Que tous trouvent ici l'expression de ma reconnaissance.

SOURCES

a) Principales sources d'archives consultées

Archives régimentaires des :

3e BCP, 8e BCP, 10e BCP, 24e BCA, 25e BCA, 27e BCA, 15e BCA, 47e BCA, 53e BCA, 65e BCA, 67e BCA ; 2e RI, 29e RI, 57e RI, 75e RI, 115e RI, 93e RI, 15e RIA, 99e RIA, 146e RIF, 69e RIF, 97e RIF, 154e RIF, 160e RIF, 4e RIC, 5e RIC, 51e RMIC, Secteur fortifié de Faulquemont, 29e DI, 601e et 602e GIA.

b) Bibliographie

Gazette des Uniformes, n° 24, mars-avril 1975.
R.L. Bruckberger, *Si grande peine.* Grasset 1967.
R.L. Bruckberger, *Tu finiras sur l'échafaud.* Flammarion 1978.
Roland Dorgeles, *La drôle de guerre 1939-1940.* Albin Michel 1957.
Lieutenant-colonel Beguier, *Les étapes d'un régiment breton :* le 71e RI et RIA. Berger-Levrault 1953.
Henri Giraud, *La 29e DI et le 141e RIA au feu.* Ed. Leconte. Marseille 1941.
Albert Merglen, *Groupe Franc.* Arthaud 1943.
Maurice Noel, *La guerre des Avant-Postes.* Plon 1943.
La campagne 1939-40 du 57e RI (Amicale des anciens combattants du 57e RI). Bordeaux 1954.
Roger Bruge, quatre ouvrages sur la Ligne Maginot. Fayard.

c) Divers journaux de marche d'officiers commandants de corps-francs

TABLE DES MATIERES

Achevé d'imprimer le 28 juillet 1983 sur les presses de la Simped à Evreux
pour les Presses de la Cité, éditeur à Paris

Numéro d'impression : 7358 ; numéro d'édition : 4788
Dépôt légal : septembre 1983

